PRÉCEPTES
DE
RHÉTORIQUE
TIRÉS
DES MEILLEURS AUTEURS
ANCIENS ET MODERNES

PAR L'ABBÉ GIRARD

RETOUCHÉE ET COMPLÉTÉE
PAR
A. F. MAUNOURY
PROFESSEUR AU PETIT SÉMINAIRE DE SÉEZ

PARIS
LIBRAIRIE DE Mme Ve POUSSIELGUE-RUSAND
RUE SAINT-SULPICE, 23

1859

PRÉCEPTES

DE

RHÉTORIQUE

PROPRIÉTÉ

V.te Poussielgue-Rusand

PRÉCEPTES
DE
RHÉTORIQUE

TIRÉS

DES MEILLEURS AUTEURS

ANCIENS ET MODERNES

PAR L'ABBÉ GIRARD

ÉDITION RETOUCHÉE ET COMPLÉTÉE

PAR

A. F. MAUNOURY

PROFESSEUR AU PETIT SÉMINAIRE DE SÉEZ

———oo❊oo———

PARIS

LIBRAIRIE DE Mme Ve POUSSIELGUE-RUSAND

RUE SAINT-SULPICE, 23

—

1859

AVERTISSEMENT DE L'ÉDITEUR

La Rhétorique de l'abbé Girard est de tous les livres de ce genre celui qui a eu le plus de succès ; et l'on peut dire que cet ouvrage n'est pas indigne de la faveur qu'il a obtenue. Les principes qu'il contient sont comme la fleur de ce qui a été dit de plus beau et de plus sage sur l'Éloquence par Cicéron, Quintilien, Longin, Rollin, Fénelon. Ce ne sont point des morceaux décousus, mais des pièces assorties, rangées en ordre, et bien enchaînées. Aux règles puisées à des sources si pures, l'auteur a joint des exemples choisis dans les plus grands orateurs de l'antiquité et des temps modernes : en sorte que ce livre, composé de préceptes sûrs et de modèles du meilleur goût, offre une lecture aussi utile qu'attachante. Ce n'est point le code sec d'un froid grammairien ; c'est l'Éloquence elle-même révélant ses secrets et ouvrant ses trésors.

Malheureusement les dernières éditions de ce livre étaient remplies de fautes grossières, qui en rendaient l'usage peu commode. Nous avons pensé qu'une édition plus correcte serait bien accueillie. En la préparant, nous avons tâché de faire disparaître certains défauts qu'on reprochait à ce livre, d'ailleurs excellent. Ainsi l'on y trouvera un chapitre sur les Lieux oratoires, dont l'abbé Girard n'avait rien dit; un autre sur les trois Genres de style, dont il avait dispersé les éléments çà et là; un troisième sur l'Éloquence de la Chaire, matière importante qu'il avait à peine effleurée. Nous ne parlons pas d'un certain nombre de définitions plus courtes, de règles plus justes, de petites suppressions, et de légères additions, travail qui exige beaucoup de soin, et dont le lecteur ne tient pas toujours compte; mais nous avons pris une mesure dont nous espérons que les élèves nous sauront gré: afin de soulager leur mémoire, nous avons indiqué par des astérisques les endroits essentiels qu'ils doivent apprendre. Il suffira qu'ils lisent le reste avec attention pour en rendre compte. De cette manière, ils auront un ouvrage assez développé pour qu'ils puissent facilement le comprendre, et si court, qu'ils le sauront promptement.

A. Maunoury.

PRÉCEPTES
DE
RHÉTORIQUE

―◊―

LIVRE I
DE L'INVENTION

―

CHAPITRE I
NOTIONS PRÉLIMINAIRES

―

§ I.

1. But de la Rhétorique. — **2.** Définition de la Rhétorique. — **3.** Son origine. — **4.** Son utilité.

1. « C'est une grande entreprise, dit Cicéron, et en même temps une tâche bien périlleuse, de se présenter au milieu d'une nombreuse assemblée pour y être entendu seul, dans le silence le plus profond, sur les affaires les plus importantes (1). »

Voilà ce que se proposent de faire un jour ceux qui veulent entrer dans la carrière de l'éloquence. On voit

―

(1) *Magnum quoddam est onus atque munus suscipere atque profiteri se esse, omnibus silentibus, unum maximis de rebus, magno in conventu hominum, audiendum.* (Cic. *de Orat.*, lib. I, c. 25, n. 116.)

d'abord combien un si noble dessein exige de talents et de travaux. Aider aux développements des uns, diriger les autres et en assurer le succès, tel est le *but* immédiat que se propose la Rhétorique.

* 2. Comme son nom même le fait entendre, la Rhétorique est l'*art de bien dire* (ἡ ῥητορικὴ τέχνη). On l'appelle un *art*, parce que c'est une méthode et une réunion de préceptes. On la nomme l'art de *bien dire*, parce qu'elle apprend à dire de bonnes choses de manière à les persuader.

* Il ne faut pas confondre l'Éloquence et la Rhétorique. La première est *le talent de bien dire*, tandis que la seconde a pour fin de développer et de perfectionner ce précieux talent.

3. L'Éloquence a existé avant la Rhétorique. Car il ne faut pas croire que les préceptes qui apprennent à *bien dire* soient des lois imaginées avant que personne se fût distingué par le talent de la parole (1). Il y avait des orateurs, lorsque personne n'enseignait encore à le devenir. Témoins de leurs succès, les gens sensés se dirent sans doute à eux-mêmes : Qu'il est beau de pouvoir conduire les hommes à son gré, par la seule force de ses discours ! Ceux en qui nous admirons ce talent sublime sont les plus puissants des mortels. Ils nous éclairent ; ils dissipent nos erreurs et nos préjugés ; ils gagnent notre estime et notre bienveillance ; ils excitent ou calment en nous toutes les

---

(1) *Verum ego hanc vim intelligo esse in præceptis omnibus, non ut ea secuti oratores eloquentiæ laudem sint adepti; sed quæ sua sponte homines eloquentes facerent, ea quosdam observasse atque id egisse; sic esse non eloquentiam ex artificio, sed artificium ex eloquentia natum.* (De Orat., lib. I, c. 32, n. 146.)

passions. Quelle gloire, si nous pouvions les égaler et partager leurs triomphes?

On se mit donc à observer les orateurs et à les étudier. On examina par quel art ils intéressaient l'esprit et touchaient le cœur; comment, dès le commencement de leurs discours, ils s'attiraient l'attention et la confiance de leurs auditeurs; comment ils annonçaient les vérités qu'ils voulaient persuader; comment ils les développaient et les rendaient sensibles par une suite de preuves étroitement liées les unes aux autres; comment enfin ils terminaient leurs harangues ou oraisons par des traits frappants, qui laissaient fortement empreintes dans les esprits les idées les plus essentielles de leur sujet, ou dans les cœurs les passions les plus convenables à leur but.

Ces observations, recueillies et mises au jour par des hommes judicieux, formèrent bientôt de nouveaux orateurs qui, joignant les talents naturels à l'étude des préceptes, réussirent mieux que leurs prédécesseurs, et fournirent eux-mêmes une matière abondante à de nouvelles réflexions. De nouveaux observateurs les firent; et ainsi l'on en a fait, de siècle en siècle, à mesure que le génie de l'homme a perfectionné l'Éloquence; et c'est de là qu'on a formé ce corps de préceptes appelé vulgairement *Rhétorique* (1).

* 4. Ces préceptes sont d'une haute importance, et leur *utilité* est incontestable, puisqu'ils abrègent nos veilles et hâtent nos progrès, en nous assurant le fruit des travaux et des peines de ceux qui nous ont devancés dans cette étude. Ils nous épargnent, pour ainsi dire,

---

(1) *Notatio naturæ et animadversio peperit artem.* (Cic. *de Orat.*, c. 55, n. 183.)

tout le chemin qu'ils ont fait et qu'il faudrait nécessairement recommencer, si leurs leçons n'étaient venues jusqu'à nous.

* Qu'on ne se persuade pas néanmoins que les règles puissent seules rendre les hommes éloquents. Déjà nous l'avons insinué : la Rhétorique suppose les talents naturels, du moins en germe ; elle favorise leur développement ; elle les aide, les éclaire, les dirige et contribue à leur perfection ; mais elle ne les donne à personne.

* On a mis en question, dit Horace, si un poëme est l'ouvrage de la nature ou de l'art. On pourrait demander la même chose d'une bonne pièce d'éloquence ; mais il faudrait répondre, comme Horace : Je ne vois pas ce que peut faire le travail sans le génie, ou le génie sans l'étude ; ces deux choses doivent s'entr'aider mutuellement et concourir au même but.

> *Natura fieret laudabile carmen, an arte,*
> *Quæsitum est. Ego nec studium sine divite vena,*
> *Nec rude quid prosit video ingenium : alterius sic*
> *Altera poscit opem res, et conjurat amice.*
> Art P., 408.

Inutilement donc se flatterait-on de devenir éloquent par le seul secours de l'art ; mais inutilement aussi croirait-on pouvoir se promettre des succès sans d'autres ressources que celles de la nature. Le génie est seul capable des grandes choses ; il enfante les nobles idées, les sentiments sublimes : il peut faire briller des traits éclatants de lumière, et produire même, si l'on veut, des morceaux vraiment éloquents. Mais seul il ne peut répandre l'intérêt, la grâce et la variété ; seul il ne peut disposer avec intelligence, orner avec goût, exprimer avec justesse ses hautes conceptions : seul il ne peut composer un discours qui soit parfait dans toutes ses parties. C'est l'expérience de tous les siècles. Les hommes que la nature avait le plus favorisés, à qui elle avait départi les plus heureuses dispositions, n'ont acquis qu'une gloire médiocre, quand l'étude des règles n'a point servi de base à leurs travaux littéraires. Leur génie a pris son essor, à la vérité, et s'est élevé de lui-même ; mais il n'a pu se soutenir, et il est tombé bientôt faute d'appui. Ils ont, par intervalle, frappé les esprits et ébranlé les cœurs ; mais le jugement, la raison et le goût, dont la perfection est certainement le fruit de l'étude des règles, ne présidaient point à leurs mouvements, et ils ont fait des écarts et des fautes monstrueuses (1). L'étude des préceptes est donc absolument nécessaire, et l'on peut dire qu'il n'est guère plus possible de s'en passer que de génie.

§ II.

1. Comment il faut étudier les préceptes. — 2. Où il faut les étudier. — 3. De la lecture des modèles. — 4. De la composition.

* 1. Comme ces préceptes ne sont point des lois arbitraires et inventées à plaisir, et qu'ils ont leur fondement dans la nature, dans la droite raison et dans l'expérience, il ne suffit pas de les connaître en eux-mêmes ; l'essentiel est d'en découvrir l'esprit et l'u-

---

(1) Point de vérité mieux sentie. « La nature est ce qu'il y a de plus nécessaire pour arriver au grand : cependant si l'art ne prend soin de la conduire, c'est une aveugle qui ne sait où elle va. » (LONGIN, *Traité du Sublime*, ch. 2.) C'est pour cela que depuis Aristote jus-

sage. La science des règles n'est qu'une science morte et stérile, si l'on manque du goût nécessaire pour en faire une juste application. De là l'obligation indispensable d'en discerner les motifs et les raisons véritables, et d'en faire bien plus un sujet d'exercice pour son jugement que pour sa mémoire.

2. On ne peut étudier ainsi les préceptes qu'à l'école des grands maîtres, c'est-à-dire à l'école seulement de ceux qui en ont parlé avec cette justesse de raison et cette maturité de bon sens qui donnent à l'instruction tout son prix. Mais quels sont ces grands maîtres? Nous nommerons, parmi les anciens, Aristote, Cicéron, Quintilien, Longin; et, parmi les mordernes, Rollin, Fénelon, Colin, Gisbert, la Harpe, Maury (1).

* 3. Mais il ne suffit pas de lire les préceptes dans les ouvrages des rhéteurs. C'est chez les orateurs mêmes qu'il faut les étudier. Lisez donc les anciens et les meilleurs d'entre les modernes. Analysez leurs discours, et observez l'art avec lequel ils savent s'insinuer dans les esprits, dire sans froisser les choses les plus délicates, développer leurs raisons, disposer leurs preuves, toucher les cœurs et entraîner les volontés. On ne comprend bien les règles qu'après les avoir vues appliquées dans les orateurs, et même la principale utilité qu'on en tire, c'est qu'elles aident à lire avec fruit les modèles.

qu'à nous, on a vu les plus grands génies s'appliquer à donner des préceptes et condamner à une éternelle médiocrité quiconque dédaignerait de les apprendre.

(1) Nous croyons que nos préceptes bien compris suffiront aux élèves. Ceux toutefois qui en auront le temps liront avec fruit le *De Oratore* de Cicéron, dont nous avons une belle traduction par Gaillard; les *Dialogues sur l'Éloquence*, par Fénelon, et l'excellent traité de saint Augustin *De Doctrina christiana*, lib. IV.

Les grands orateurs, voilà vos maîtres; c'est à leur éloquence que s'allumera la vôtre. Lisez-les donc sans relâche, avec intelligence, en tenant toujours à la main le flambeau des préceptes, qui vous aidera à découvrir les mystères de leur art.

Lire ou écouter un beau discours est un des plus grands plaisirs qu'il soit donné à l'homme de goûter. Mais l'étude patiente qu'il faut faire des preuves, du plan et du style, exige un travail sérieux et patient qui rebute les âmes vulgaires. Nous dirons donc au jeune homme devant qui s'ouvre la carrière de l'éloquence :

> *Qui studet optatam cursu contingere metam,*
> *Multa tulit fecitque puer; sudavit et alsit.*
>   Art P., 412.

Quoi donc! pour remporter le prix de la course, objet de ses vœux, un athlète se livre aux exercices les plus rudes, se condamne aux travaux les plus soutenus, et l'on voudrait, sans peine et comme en jouant, apprendre le premier des arts et acquérir le plus beau des talents! Ce serait un prodige dont il n'y a pas eu et dont il n'y aura jamais d'exemple.

Rentrons dans les sentiers suivis par nos pères. Soyons laborieux comme eux; comme eux formons-nous à l'école des anciens, et nous pourrons nous flatter, avec les mêmes talents, d'avoir un jour les mêmes succès (1).

4. A l'étude des préceptes et à la lecture des modèles ajoutez l'exercice. La théorie ne suffit pas si

---

(1) On peut voir dans Rollin (*Traité des Ét.*, l. I, c. 2) l'ardeur avec laquelle les jeunes gens d'autrefois se portaient à l'étude des langues anciennes et des grands écrivains de Rome et de la Grèce. Ces fortes études produisirent le beau siècle de Corneille et de Bossuet. Combien nous avons dégénéré!

l'on n'y joint la pratique, dit Cicéron : *Artem sine exercitatione dicendi non multum juvare* (I Herenn., 1). Des compositions fréquentes et soignées, dans lesquelles vous appliquerez les préceptes, et vous imiterez les modèles, vous sont indispensables. C'est en écrivant qu'on apprend à écrire, et en parlant qu'on se forme à parler (1).

§ III.

Devenir orateur est une entreprise possible, utile, glorieuse.

* 1. Au reste, on ne doit pas se laisser effrayer par la grandeur de l'entreprise. S'il faut un rare génie pour atteindre à la hauteur d'un Démosthène, d'un Cicéron ou d'un Bossuet, on peut espérer une place honorable dans un rang moins élevé. Avec des talents ordinaires et un travail soutenu, on peut devenir un bon orateur. Par là j'entends un homme qui a des idées sages, et qui sait les persuader à ceux qui l'écoutent. N'avez-vous pas entendu répéter cette maxime : *Nascuntur poetæ, fiunt oratores?* C'est par le travail et par une volonté constante que l'on devient orateur. Démosthène en est la preuve. Peu d'Athéniens avaient autant de difficultés à vaincre pour parler en public : malgré sa nature, il voulut être orateur, et il le fut.

> Travaillez, prenez de la peine :
> C'est le fonds qui manque le moins.

2. Eh! quelle récompense plus précieuse peut-on jamais espérer de son application et de ses veilles ?

---

(1) Nous reviendrons plus tard sur ce sujet important. Voyez liv. IV, ch. 5.

« C'est ce talent, a dit un écrivain français, qui fait réussir les plus grandes affaires et les plus difficiles entreprises; c'est ce talent par lequel un général inspire à ses soldats l'ardeur et le courage dont il est animé ; c'est ce talent qui attire à un avocat la considération, l'estime et la confiance du public; qui fait qu'un prédicateur, humainement parlant, a plus de succès dans la chaire qu'un autre; qu'un magistrat devient comme l'oracle de sa compagnie; qu'un ministre d'État domine dans les conseils; qu'un ambassadeur soutient mieux les intérêts de son prince : en un mot, c'est ce talent qui rend un homme le protecteur de la justice et de la vérité, le défenseur des biens, de l'honneur et de la vie de ses concitoyens. » (COLIN.)

« L'éloquence, ajoute le même auteur, ne se borne pas aux discours publics; elle est encore d'usage dans les conversations, dans les lettres et dans les négociations particulières. Faut-il instruire, consoler, louer, calmer, reprendre, dissiper la tristesse ou la crainte, blâmer la colère, réprimer l'orgueil, exciter la compassion : l'homme véritablement éloquent remplit avec succès tous ces différents devoirs, et l'éloquence est un arsenal où vous trouvez des armes toujours prêtes pour secourir vos amis et terrasser vos adversaires, dit Tacite. L'orage vient-il à gronder sur votre tête : l'éloquence vous met à l'abri de la foudre. C'est un bouclier qui repousse les traits, un glaive qui porte des coups victorieux : *Præsidium simul et telum.* » (TAC. *Dial. de Or.*, 5.)

3. Qu'il est donc beau, ce talent ! qu'il est précieux et digne de notre estime! « Non, s'écriait Cicéron, je ne connais rien de plus grand, de plus magnifique, de plus royal, de plus admirable! Aussi, SEUL, a-t-il

toujours fleuri et dominé chez les peuples libres et surtout dans les états paisibles (1), » et ceux qui l'ont cultivé avec quelque succès ont ordinairement tenu le premier rang parmi leurs concitoyens. C'est pour cette raison qu'Euripide appelait l'éloquence la *souveraine des âmes*. On peut dire, en effet, qu'elle élève au-dessus de tous les autres hommes celui qu'elle a enrichi de ses dons. Il exerce sur eux une puissance d'autant plus admirable, qu'elle est plus personnelle ; une puissance vraiment auguste, qui ne souffre sur la terre ni égalité ni comparaison, celle de conduire à son gré les volontés en éclairant les esprits et en touchant les cœurs.

§ IV.

1. Objet de l'Éloquence. — 2. Division de la Rhétorique.

* 1. Maîtriser ses semblables par la conviction et par la persuasion est, en effet, le trait caractéristique de la véritable éloquence. Il donne l'idée la plus juste de sa force invincible, en même temps qu'il semble reculer à l'infini les bornes de son empire.

* Tout ce qui est bon et honnête, tout ce qui tient à la vérité et à la vertu, tout ce qui intéresse le bonheur des hommes et la gloire de la religion, des sciences, des lettres, des arts, des sociétés, en un mot,

---

(1) *Neque mihi quidquam præstabilius videtur, quam posse dicendo tenere hominum cœtus, mentes allicere, voluntates impellere quo velit, unde autem velit deducere. Hæc UNA res in omni libero populo, maximeque in pacatis tranquillisque civitatibus, præcipue semper floruit, semperque dominata est. Quid enim est aut tam admirabile, aut tam potens, tamque magnificum ? Quid tam porro regium, tam liberale, tam munificum ?.....* (*De Orat.*, lib. I, c. 8, n. 30 et 31.)

tout ce qui peut être de quelque utilité publique ou particulière lui appartient, et elle se l'approprie comme l'objet naturel de ses nobles travaux.

Quel vaste domaine ! Quelle moisson de lauriers s'offre à l'orateur !

* 2. Quelque sujet qu'il traite, il a nécessairement trois opérations à faire : la première est de trouver les choses qu'il doit dire ; la seconde est de les mettre dans un ordre convenable ; la troisième est de les bien exprimer. C'est ce qu'on appelle Invention, Disposition, Elocution : *Quid dicat, et quo loco, et quo modo.* (Cic.)

* En étudiant ces trois parties de la Rhétorique, on peut devenir un habile écrivain. Mais, pour être orateur, il ne suffit pas de composer un discours, il faut encore savoir le prononcer. La Rhétorique comprend donc une quatrième partie, qui n'est pas moins nécessaire que les trois autres : c'est l'Action.

Nous traiterons successivement de ces quatre parties avec tout le soin dont nous sommes capable, ayant spécialement en vue de contribuer à former, pour la gloire de l'Église et le salut de la société, l'orateur dont parle saint Paul : *Ut potens sit exhortari in doctrina sana et eos qui contradicunt arguere.* (Tit., 1.)

CHAPITRE II

DÉFINITION ET DIVISION DE L'INVENTION.

* L'INVENTION est *la partie de la Rhétorique qui apprend à trouver les moyens de persuader.*

* Il y a trois moyens de persuader : instruire, plaire et toucher (1). Quelquefois un ou deux de ces moyens suffisent; mais le plus souvent il faut les réunir tous les trois. On instruit, en prouvant la vérité de la chose; on plaît, en rendant sa personne et ses mœurs aimables; on touche, en inspirant à ses auditeurs les sentiments et les passions convenables.

* L'invention doit donc avoir trois parties : les Preuves, les Mœurs et les Passions.

---

(1) *Erit eloquens is...... qui in foro causisque civilibus ita dicet, ut probet, ut delectet, ut flectat. Probare necessitatis est, delectare suavitatis, flectere victoriæ.* Ici *flectere* ne signifie pas fléchir, apaiser quelqu'un, mais « le faire agir et diriger son action : » *Voluntates impellere quo velit*, dit ailleurs Cicéron. (Cic. *Orat.*, c. 21, n. 69. — *Tria sunt quæ præstare debet Orator, ut doceat, moveat, delectet.* (QUINT. *Inst. Orat.*, lib. III, c. 5.)

CHAPITRE III

DES PREUVES.

ARTICLE I.

1. Définition des preuves. — 2. Leur importance. — 3. Deux sortes de preuves. — 4. Lesquelles sont préférables?

* Par preuves on entend *les raisons dont l'orateur appuie la vérité qu'il veut persuader.*

* 2. Quiconque veut parler en public se propose d'abord d'instruire, de convaincre; et tout discours oratoire a pour premier but de développer une vérité. Mais est-il possible d'établir une vérité et de la persuader aux autres, sans en donner des preuves solides? Attachez-vous d'abord, quand vous travaillerez un sujet, à trouver les preuves qui en démontrent la certitude. Il faut les chercher dans la raison ou apporter des autorités capables de déterminer l'assentiment des auditeurs : tout discours qui n'aura point ces fondements manquera de solidité, et n'atteindra jamais au but de l'éloquence (1).

* 3. On distingue deux sortes de preuves, les unes intrinsèques, les autres extrinsèques. Les premières sont renfermées dans le sujet même; les secondes existent

---

(1) On excepte le cas où le témoignage de l'orateur est lui-même considéré comme une autorité suffisante : tels sont les discours où le catéchiste a simplement pour but d'exposer la doctrine de l'Église au peuple ou aux enfants.

hors du sujet. Je suppose que j'aie à prouver qu'*il faut aimer son prochain*. Si je donne pour raison de cette vérité la ressemblance de la nature entre tous les hommes, l'unité de leur origine, le bonheur qu'ils goûteraient dans cet amour mutuel, alors j'emploierai des preuves intrinsèques. Si, pour confirmer cette vérité, j'ajoute l'autorité de l'Écriture et des Pères, les exemples des saints qui se sont signalés par une charité ardente envers le prochain, alors j'emploierai des preuves extrinsèques.

* Mais voici un exemple tiré d'un orateur : on y verra les deux espèces de preuves dont nous parlons. Massillon veut montrer que personne n'est à sa place dans un État où le prince ne gouverne point par lui-même. Il donne d'abord les preuves intrinsèques : « Nul
« n'est à sa place dans un État où le prince ne *gouverne*
« *pas* par lui-même ; le mérite est négligé, parce
« qu'il est ou trop modeste pour s'empresser, ou trop
« noble pour devoir son élévation à des sollicitations
« et à des bassesses ; l'intrigue supplante les plus grands
« talents ; des hommes souples et bornés s'élèvent aux
« premières places, et les meilleurs sujets demeurent
« inutiles. »

* Il continue par les preuves extrinsèques : « Souvent
« un David, seul capable de sauver l'État, n'emploie
« sa valeur, dans l'oisiveté des champs, que contre les
« animaux sauvages, tandis que des chefs timides,
« effrayés de la seule prséence de Goliath, sont à la
« tête des armées du Seigneur. Souvent un Mardochée,
« dont la fidélité est même écrite dans les monuments
« publics, qui, par sa vigilance, a découvert autrefois
« des complots funestes au souverain et à l'empire,
« seul en état par sa probité et par son expérience de

« donner de bons conseils et d'être appelé aux pre-
« mières places, rampe à la porte du palais, tandis
« qu'un orgueilleux Aman est à la tête de tout et abuse
« de son autorité et de la confiance du maître (1). »

*On voit par cet exemple, et par ce que nous avons dit précédemment, que les preuves intrinsèques dépendent du génie de l'orateur, qui les trouve en réfléchissant sur la nature des choses : au contraire, les preuves extrinsèques lui viennent du dehors, et ne supposent de sa part, quant à l'invention, que le talent de la mémoire, ou des instructions sûres et fidèles.

*4. Lesquelles sont préférables? Cela dépend des sujets que l'on traite, et des personnes devant lesquelles on parle. Il y a des choses qui ne se prouvent que par l'autorité, comme les faits historiques et les mystères de la religion ; d'autres peuvent se démontrer par la raison ; par exemple : que notre âme est spirituelle ; que le larcin est un crime. Souvent il est à propos de réunir ces deux espèces de preuves, et de les fortifier les unes par les autres, comme on l'a vu dans l'exemple tiré de Massillon.

ARTICLE II.

*Mais comment trouver les preuves? Nous indiquerons deux moyens généraux et trois moyens particuliers.

(1) MASSILLON, *Petit carême, dimanche des Rameaux*. — Autre exemple. Dans son plaidoyer pour le poëte Archias, Cicéron dit qu'on doit estimer les belles-lettres, et il le montre : 1° par l'autorité des grands hommes qui les ont cultivées (preuves extrinsèques) ; 2° par l'agrément qu'elles procurent (preuves intrinsèques). (*Pro Archia,* c. 7.)

§ I. — Moyens généraux de trouver les preuves.

* 1. Travailler de génie. Avant tout il importe extrêmement de s'accoutumer à chercher par soi-même, sans aucun secours étranger, les raisons naturelles de chaque chose. Cette manière de chercher les preuves intrinsèques féconde l'intelligence. Mise constamment en usage, elle assure les ressources les plus précieuses, même aux talents ordinaires et aux esprits médiocres.

* 2. Étudier les grands orateurs ; et les étudier, c'est les lire, les analyser, les juger.

* Quand les jeunes gens *lisent* un discours, il faut, dit Rollin, qu'ils se rendent surtout attentifs aux preuves et aux raisons ; qu'ils les séparent de tout l'éclat extérieur qui les environne, dont ils pourraient se laisser éblouir ; qu'ils les pèsent et les considèrent en elles-mêmes ; qu'ils examinent si elles sont solides, si elles vont au sujet, et si elles sont à leur place. Il faut que toute la suite, toute l'économie du discours soit bien présente à leur esprit, et qu'après qu'on le leur aura expliqué, ils soient en état de rendre raison du dessein de l'auteur, et de dire sur chaque endroit : Ici il veut prouver telle chose, et il la prouve par telles raisons.

* On retirera le plus grand fruit de ces lectures, si on y joint l'usage des *analyses*. Faire une analyse, c'est revenir sur ses pas après avoir lu une pièce d'éloquence, s'en former dans l'esprit un tableau exact, et en extraire un abrégé de preuves, dont la suite et la liaison soient rendues sensibles dans un style

simple, correct et presque sans ornements. On ne saurait trop l'inculquer aux jeunes gens : les analyses sont d'une utilité incroyable. Elles donnent à l'esprit une justesse singulière, l'accoutumant à voir les choses en grand, d'un coup d'œil toujours sûr, et le familiarisent avec l'ordre et la méthode, qualités précieuses, indispensables et trop souvent négligées.

Après avoir fait une analyse, tâchez d'apprécier l'ouvrage sous le rapport de l'invention, du plan et du style, et mettez par écrit votre *jugement* motivé, que vous soumettrez à un homme d'expérience. Cet exercice ouvre l'esprit, perfectionne le goût, fait saisir l'application des préceptes, et les grave profondément dans la mémoire.

§ II. — Moyens particuliers de trouver les preuves.

*1. Choisir un sujet proportionné à ses forces. Avant de vous charger d'un fardeau, pesez longtemps ce que peuvent ou ne peuvent pas porter vos épaules :

> *Sumite materiam vestris, qui scribitis, æquam*
> *Viribus, et versate diu quid ferre recusent,*
> *Quid valeant humeri.*
>
> (Art P., 38.)

Vouloir traiter un sujet au-dessus de ses forces, et qu'on ne connaît pas assez, c'est imiter le voyageur qui s'engage dans un chemin difficile, dont il ignore les issues : c'est un grand hasard s'il arrive à son but. Comment pouvoir bien parler de ce qu'on n'entend pas, ou de ce qu'on n'entend qu'à demi ? Quelque talent qu'on ait d'ailleurs, pourra-t-on trouver des pensées justes, des raisons solides, des preuves persuasives et convaincantes ? « Mais celui qui aura pris un sujet assorti à son talent, dit encore Horace, trouvera toujours sous sa main les richesses qui peuvent l'embellir. »

Cui lecta potenter erit res,
Nec facundia deseret hunc, nec lucidus ordo.

* 2. Le sujet choisi, il faut l'étudier. « Apprenez ce que vous voulez enseigner : » *Disce quod doceas*, dit saint Augustin. Pour cela consultez les sages qui ont parlé du sujet que vous avez à traiter ; méditez-le vous-même. Votre génie s'échauffera ; et d'une profonde méditation vous verrez avec étonnement sortir, comme d'une source féconde, les preuves les plus fortes et les plus nombreuses.

* Mais qu'est-ce que méditer un sujet? Il n'y a guère que l'expérience qui nous découvre le sens et l'énergie de ce mot. Méditer un sujet, ce n'est pas lui donner un coup d'œil rapide ; c'est l'envisager attentivement de tous ses côtés ; c'est en examiner tous les détails, c'est se rendre présentes à l'esprit toutes ses circonstances ; c'est enfin y penser si sérieusement qu'on puisse en approfondir le fort et le faible, le partager en plusieurs parties, connaître bien celles-ci les unes après les autres, les comparer ensemble, et voir si de leur réunion il résulte un corps de preuves qui mette la vérité principale dans tout son jour (1).

3. Enfin, pour aider la méditation, il est utile de recourir aux topiques. Mais, comme c'est une matière qui exige quelques développements, nous en ferons un article à part.

(1) L'exercice de la méditation pratiqué dans tous les séminaires ne sert pas seulement à nourrir la piété : il contribue singulièrement à former des esprits réfléchis et solides.

ARTICLE III.

Des Topiques.

* Les *Topiques* (τόποι) sont des sources où l'on peut puiser les preuves dont on a besoin pour traiter un sujet quelconque. On les appelle encore *Lieux communs* ou *Lieux oratoires*. Ils se divisent, comme les preuves elles-mêmes, en lieux intrinsèques et en lieux extrinsèques.

§ I. — Lieux intrinsèques.

* Il y a sept lieux intrinsèques : la Définition, l'Énumération des parties, la Cause et l'Effet, le Genre et l'Espèce, la Comparaison, les Contraires, les Circonstances.

* 1. La Définition explique la nature d'une chose. Souvent l'orateur peut trouver dans la définition même de la chose dont il parle la preuve de ce qu'il affirme. Par exemple, si je veux prouver que la Rhétorique est utile, je puis le démontrer ainsi par la définition : « L'art de bien dire est utile ; or la Rhétorique est l'art de bien dire : donc la Rhétorique est utile. »

* La Définition philosophique n'admet que les mots nécessaires pour exprimer la nature de la chose. La Définition oratoire développe les traits qui sont utiles au but que l'orateur se propose, et néglige les autres. Ainsi le philosophe définira l'homme : « Un animal raisonnable. » Mais le poëte Rousseau, voulant montrer la faiblesse de l'homme, le définit de la manière suivante :

> L'homme en sa course passagère
> N'est rien qu'une vapeur légère

Que le soleil fait dissiper.
Sa clarté n'est qu'une nuit sombre,
Et ses jours passent comme l'ombre
Que l'œil suit, et voit échapper.
(Liv. I, ode xiii.)

* Si je voulais au contraire montrer la grandeur de l'homme, je dirais : C'est le roi de la création. Par son intelligence et par sa volonté il domine sur tous les animaux, dompte les éléments, s'élève jusque dans les cieux, y voit l'infini, aime et adore son auteur.

Voyez dans Cicéron (*Pro Milone*, 90) une belle définition du sénat; et dans Massillon (*la Toussaint*) une éloquente définition du monde.

* A la Définition se rapporte l'argument étymologique. Exemple : « Hommes, soyez humains. Chrétiens, écoutez le Christ. »

* 2. L'Énumération consiste à examiner les différentes parties d'un tout, afin de conclure du tout ce qu'on affirme de chaque partie. Exemple : « Le nombre des élus est petit parmi les riches et parmi les pauvres, parmi les grands et parmi le peuple : donc il y aura peu d'élus dans tout le genre humain. » Voyez cette énumération développée dans Massillon. (*Petit nombre des Élus.*) De même : « La véritable Église de Jésus-Christ doit être une, sainte, catholique et apostolique. Or l'Église romaine a ces quatre qualités : donc elle est la véritable Église de Jésus-Christ. » De même encore, Cicéron, énumérant les qualités d'un grand capitaine, et les trouvant toutes réunies dans Pompée, conclut que Pompée est un grand capitaine. (*Pro lege Man.*)

* 3. La Cause et l'Effet. Je prouverai par ce moyen que le dévouement du chevalier d'Assas est une action sublime; « car ce dévouement part du sentiment le plus généreux et le plus noble (Cause); et il sauve l'armée (Effet). »

*4. Le Genre et l'Espèce. En voici un exemple : « Toute vertu est estimable. Or la pauvreté volontaire est une vertu : donc elle est estimable.» C'est argumenter par le genre (1).

* Et quand je dis : « Cet homme n'est pas sans vertu, puisqu'on lui reconnaît la charité envers les pauvres, » j'argumente par l'espèce.

*5. La Comparaison (qu'il ne faut pas confondre avec la figure de ce nom) établit un rapprochement entre deux choses, afin de conclure du plus au moins, du moins au plus, ou d'égal à égal.

* Du plus au moins (*a fortiori*) : « Dieu, qui nous a donné son Fils, peut-il rien nous refuser? » *Qui proprio Filio suo non pepercit, sed pro nobis omnibus tradidit illum, quomodo non etiam cum illo omnia nobis donavit ?*

*Du moins au plus (*a minori*) : *Si fenum agri Deus sic vestit, quanto magis vos, modicæ fidei?*

* D'égal à égal (*a pari*) : « Les saints, qui étaient des hommes semblables à moi, ont vaincu leurs passions : donc je puis vaincre les miennes. »

Bourdaloue réfute avec cet argument l'incrédule qui nie la Providence. « Il croit qu'un État ne peut être bien
« gouverné que par la sagesse et le conseil d'un prince;
« il croit qu'une maison ne peut subsister sans la vigi-

---

(1) Il faut joindre à cet argument celui du Genre et de l'Individu. **Exemple :** « Il est défendu de battre de verges un citoyen romain. Or je suis citoyen romain : donc il vous est défendu de me battre de verges. » (S. Paul, *Act. Ap.*, XXII.)

« lance et l'économie d'un père de famille ; il croit
« qu'un vaisseau ne peut être bien conduit sans l'at-
« tention et l'habileté d'un pilote ; et quand il voit ce
« vaisseau voguer en pleine mer, cette famille réglée,
« ce royaume dans l'ordre et la paix, il conclut sans
« hésiter qu'il y a un esprit, une intelligence qui y pré-
« side ; mais il prétend raisonner tout autrement à l'é-
« gard du monde entier, et il veut que sans Providence,
« sans prudence, sans intelligence, par un effet du ha-
« sard, ce grand et vaste univers se maintienne dans
« l'ordre merveilleux où nous le voyons. N'est-ce pas
« aller contre ses propres lumières et contre la raison ? »

Voyez comment Cicéron prouve la même vérité dans la milonienne, n° 84.

* 6. Les Contraires. Ce raisonnement est fondé sur ce principe, que des causes différentes doivent produire des effets opposés. Par exemple : « Si le luxe, si la mollesse, si la nonchalance ruinent les princes et les États, il est clair que la retenue, la discipline, l'activité, doivent opérer leur conservation. » (BOSSUET.)

Aux Contraires on a coutume de joindre les choses qui repugnent, c'est-à-dire qui sont incompatibles. C'est l'argument qu'Hippolyte emploie, dans Racine, pour prouver son innocence.

> Ainsi que la vertu le crime a ses degrés,
> Et jamais on n'a vu la timide innocence
> Passer subitement à l'extrême licence.
> Un seul jour ne fait point d'un mortel vertueux
> Un perfide assassin, un lâche incestueux.

* 7. Les Circonstances se divisent en celles qui précèdent, celles qui accompagnent et celles qui suivent.

Exemple : « Il a pris ses armes ; il est sorti en murmurant; il est entré sur le soir dans le bois où s'est fait le meurtre. » Ce sont les circonstances qui précèdent. « On l'a vu marcher secrètement, se couler derrière un buisson, tirer. » Voilà celles qui accompagnent. « Il est revenu troublé, hors de lui-même ; une joie maligne, qu'il tâchait de tenir cachée, a paru sur son visage, avec je ne sais quoi d'alarmé ! » Voilà celles qui suivent. (BOSSUET.)

* On a renfermé toutes les circonstances dans ce vers technique, qu'il est utile de retenir :

Quis, quid, ubi, qua vi, quoties, cur, quomodo, quando?

Ce qui comprend la *personne*, la *chose*, le *lieu*, les *moyens*, le *nombre de fois*, les *motifs*, *la manière*, le *temps*.

§ II. — Lieux extrinsèques.

* Les lieux extrinsèques, que Cicéron comprend sous le nom général de *témoignages*, reposent tous sur l'autorité.

* Ceux qui appartiennent au barreau sont au nombre de cinq : les lois avec les jugements qui les expliquent, les titres et toutes les autres pièces écrites, les témoins, les serments, et l'opinion publique, à laquelle il faut joindre les maximes reçues.

* Les lieux extrinsèques qui appartiennent à la chaire sont : l'Écriture sainte, les Conciles, les décrets des souverains Pontifes, les saints Pères, et les Théologiens.

* L'histoire est, pour l'orateur du barreau, de la tribune et de la chaire, une source féconde ; il y puise des exemples qui produisent un excellent effet sur

l'esprit des auditeurs. Cicéron et Démosthènes ne sont jamais plus éloquents que lorsqu'ils rappellent à leurs contemporains les vertus de leurs ancêtres ; et, dans nos églises, le peuple n'est jamais plus attentif que lorsqu'on lui raconte à propos les belles actions des héros du christianisme.

Nous ne faisons qu'indiquer ces topiques. Mais l'orateur devra continuellement étudier les sources du genre auquel il se livre. Qu'il n'affecte pas des connaissances variées ; mais qu'il possède à fond les choses dont il parle. Je lui conseille de circonscrire ses études, au lieu de les étendre. Qu'ainsi le prédicateur choisisse un ou deux bons théologiens, un ou deux saints Pères ; qu'il lise les Vies des Saints, et surtout qu'il médite la Bible. En voilà assez pour devenir un Massillon, et même un Bourdaloue.

ARTICLE IV.

Résumé.

Voilà donc tout le secret de l'invention des preuves : bien choisir son sujet, l'étudier et le méditer profondément, après s'être préparé de longue main à la composition par la lecture réfléchie et par l'analyse raisonnée des bons orateurs. Quant aux lieux communs, quoique les disciples de l'éloquence ne doivent point dédaigner ces théories, bientôt ils pourront s'en passer, ou plutôt ils en feront usage sans y réfléchir.

Il ne nous reste qu'à recommander aux jeunes gens de ne point se livrer, lorsqu'ils composent, aux égarements d'une imagination vague, et de bien se persuader que, pour approfondir un sujet et pour trouver des preuves solides, ils ont besoin surtout de bon sens et de réflexion.

Scribendi recte sapere est et principium et fons.
(Hor.)

Tout doit tendre au bon sens. (Boileau.)

Ce point est essentiel à retenir. Qu'on le mette en pratique, et l'on se convaincra bientôt que l'embarras est moins dans l'invention des preuves que dans le choix qu'il faut en faire et dans la manière de les traiter. Quel est celui, en effet, qui, sur une matière qu'il possède à fond, ne trouve pas dans le sens commun des raisons et des pensées ?

Aimez donc la raison : que toujours vos écrits
Empruntent d'elle seule et leur lustre et leur prix.
(Boileau.)

CHAPITRE QUATRIÈME

DES MŒURS

ARTICLE I.

L'orateur a des devoirs à remplir envers lui-même ; il en a à remplir envers ses auditeurs. Il y a donc une morale oratoire qui en trace les règles, et dont la pratique est aussi nécessaire à l'homme qui parle en public pour opérer la persuasion, que la morale sociale l'est elle-même à l'homme qui agit dans le monde pour se concilier l'estime de ceux avec qui il vit.

Telle est l'idée que les anciens nous ont laissée des mœurs considérées dans l'orateur. Ils veulent d'abord qu'il donne de lui-même, dans ses discours, une opinion avantageuse et capable de lui gagner l'estime et la confiance ; et ils exigent ensuite qu'il traite toujours ses auditeurs avec bienséance, c'est-à-dire de la manière la plus convenable à leur personne et à la sienne propre, à la personne de ceux pour qui il parle ou dont il parle, aux temps, aux lieux, à son sujet. En effet, disent-ils, l'orateur doit plaire à ceux qui l'écoutent ; or il est impossible qu'il atteigne ce but, s'il ne remplit scrupuleusement ces obligations importantes. Il transportera donc, pour ainsi dire, les mœurs sociales ou les mœurs réelles dans ses discours, et il les peindra ou les imitera si bien qu'il paraîtra aussi agréable et aussi estimable aux yeux de tous ses auditeurs, que l'est aux yeux de la société celui qui donne constamment, dans toutes les circonstances de la vie, l'exemple de toutes les vertus dont elles demandent la pratique.

Ces principes vont nous guider dans ce que nous avons à dire des Mœurs. Nous les considèrerons dans l'orateur, d'abord relativement à lui-même, et ensuite relativement aux personnes, aux temps, aux lieux, etc. Sous ce dernier point de vue, elles renferment ce qu'on appelle les *Bienséances*: matière intéressante et vaste, qu'on ne peut ignorer sans ignorer en même temps les plus grands secrets de l'art.

ARTICLE II.

DES MŒURS CONSIDÉRÉES DANS L'ORATEUR RELATIVEMENT A LUI-MÊME.

§ I. — 1. Définition des mœurs. — 2. Leur importance. — 3. Mœurs réelles et mœurs oratoires. — 4. Que les unes et les autres sont nécessaires à l'orateur.

* 1. On entend par les Mœurs oratoires *le soin que prend l'orateur de donner, dans ses discours, une idée avantageuse de son mérite personnel.*

2. Il n'est pas besoin de prouver combien cette estime et cette confiance sont nécessaires : d'elles dépend la persuasion presque tout entière (1). Pour les mériter, l'orateur tâchera de paraître également éclairé et vertueux. Si ses discours ne portent un caractère de bonne foi et de probité, il courra le risque d'échouer,

---

(1) La confiance fait la moitié de la persuasion. (FLEURY, *Disc. sur l'hist. eccl.*)

même avec les meilleures raisons. Le précepte que Boileau donne aux poëtes convient aussi aux orateurs :

> Que votre âme et vos mœurs, peintes dans vos ouvrages,
> N'offrent jamais de vous que de nobles images.
> (*Art poét.*)

* 3. Pour bien entendre cette matière, distinguons plus clairement encore les mœurs oratoires des mœurs réelles. Qu'un homme ait de la piété, de la justice, de la bonne foi, de la tempérance, en un mot, qu'il mène une vie conforme aux règles de la saine morale; ou qu'au contraire il soit impie, fourbe, injuste, etc.; c'est ce qu'on appelle *mœurs réelles* : mais qu'un homme paraisse, quand il parle, avoir de la piété, de la justice, de la bonne foi, c'est ce qu'on appelle *mœurs oratoires*.

* 4. On voit par cette distinction que les moralistes enseignent la pratique des mœurs, et que les rhéteurs en exigent l'expression. Doit-on en conclure qu'il suffit à l'orateur de paraître vertueux, et qu'il peut, sans nuire aux succès de son éloquence, se dispenser de l'être? Non, sans doute. Ici, en effet, l'imitation qu'il voudrait faire de vertus qui lui seraient étrangères ne serait qu'une fiction, qu'un vrai mensonge et une pure hypocrisie : il se trahirait toujours par quelque endroit (1). Comment bien exprimer ce qu'on ne sent pas, ce qu'on n'éprouve pas, ce dont on n'a que des idées imparfaites? En imitant les mœurs, l'orateur doit trouver son modèle en lui-même, peindre son propre cœur et parler d'après ses affections. C'est donc pour lui une nécessité de joindre les mœurs réelles aux

---

(1) « Le vers se sent toujours des bassesses du cœur, » a dit Boileau. *Art. poét.*, liv. IV. Et la prose aussi.

mœurs oratoires, c'est-à-dire d'être vertueux pour pouvoir le paraître (1).

Aussi est-ce là le fondement de l'estime qu'on fait de lui et de la persuasion qu'il opère. Pour s'en convaincre, il ne faut que consulter l'expérience. S'il y a dans un barreau un avocat dont la probité soit seulement équivoque, quels effets produisent ses discours auprès des juges? Il parle, et même avec beaucoup de facilité et de grâce; mais on se méfie de lui, on craint de tomber dans ses piéges, on oppose à toutes ses raisons une résistance secrète, mais invincible. Il a beau déployer toutes les ressources d'un génie adroit et fécond, ses efforts sont inutiles, et il perd sa cause précisément parce qu'une conduite peu régulière a jeté des nuages sur sa bonne foi et sa droiture.

Mais, au lieu de cet orateur, faites-en paraître un autre qui ait les vertus de son état, et surtout cette probité à toute épreuve qui fait de l'avocat un citoyen si respectable: sa présence est un heureux présage; on sait qu'il est l'ami de la vérité et de la justice, qu'il ne consacre ses veilles qu'au soutien de l'innocence et de ses droits; on fait silence, on l'écoute, on cède à son éloquence, et, même avec des talents médiocres, il remporte une victoire qui ne laisse aux juges aucun regret, et qui, en le comblant de gloire, assure la tranquillité et la paix à ceux qu'il a vengés par des moyens si nobles et si dignes de lui. « Sa voix, dit la Harpe, au moment où elle s'élève dans le temple de la justice, est comme un premier jugement. »

(1) En effet, dit Cicéron, insistant sur cette vérité, *Conciliantur animi dignitate hominis, rebus gestis, existimatione vitæ, quæ facilius ornari possunt, si modo sunt, quam fingi, si nulla sunt.* (*De Orat.*, lib. II, c. 43, n. 182.)

On peut raisonner de même de tout autre orateur, quelles que soient les circonstances où il parle. Il n'en est aucun, s'il veut plaire et être cru, qui ne doive montrer habituellement, dans sa personne, les vertus dont il faut qu'il donne l'empreinte à ses discours (1).

* Le parfait orateur doit donc être vertueux. C'est l'idée qu'en avaient les anciens lorsqu'ils le définissaient : « Un homme de bien qui possède le talent de la parole : *Vir bonus dicendi peritus*. » Le plus éloquent de tous les discours est celui auquel la vertu prête ses charmes et son inimitable accent.

§ II. — Quatre vertus nécessaires à l'orateur.

* Quatre qualités ou vertus principales sont nécessaires à tout orateur : la probité, la modestie, la bienveillance et la prudence.

* 1° *La Probité.* « Elle consiste dans une certaine droiture d'esprit et de cœur qui fait que nous ne voulons jamais tromper personne. » Il importe beaucoup au succès d'un discours qu'on regarde celui qui en est l'auteur comme un homme vrai et sincère, plein d'honneur et de bonne foi, ennemi capital du mensonge, incapable d'user de fraude et d'artifice (2). Un orateur de ce caractère persuade plus aisément qu'un autre ; sans y penser il se peint dans ses discours, il inspire la confiance, il s'insinue dans les cœurs, il

(1) *Valet multum ad vincendum probari mores, instituta, et facta, et vitam eorum, qui agent causas.* (De Orat., lib. II, 182.)

(2) *Plurimum ad omnia momenti est in hoc positum, si vir bonus creditur (orator).* (QUINT., lib. IV, c. 1.) — L'éloquence demande que l'orateur soit homme de bien et cru tel. (FÉNELON, *Lettre à l'Académie française.*)

gagne jusqu'aux plus rebelles ; tout plie sous son ascendant victorieux.

* 2° *La Modestie*. Il est plus aisé de la sentir que de la définir. On dit que « l'orateur est modeste, lorsqu'en parlant il paraît s'oublier lui-même pour ne s'occuper que de son sujet. » La modestie plaît à tout le monde, tandis que l'orgueil et la présomption révoltent tous les esprits.

« Un orateur, dit Quintilien, a mauvaise grâce de tirer vanité de son éloquence : rien ne donne tant de dégoût à ceux qui l'entendent, et souvent tant d'aversion. Nous avons tous je ne sais quelle fierté naturelle qui fait que nous ne pouvons souffrir de supérieur. C'est pourquoi nous élevons plus volontiers ceux qui sont dans un état abject ou qui s'abaissent eux-mêmes : ils nous donnent un air de grandeur. Celui qui s'en fait trop accroire blesse notre orgueil ; nous croyons qu'il nous rabaisse, qu'il nous méprise ; et en effet, il semble moins se faire plus grand qu'il n'est, que faire les autres plus petits qu'ils ne sont. » (Lib. IX, c. 1.)

* L'orateur sera donc simple, sans faste, sans prétention : il fuira les airs d'affectation et de hauteur, ne parlera de lui-même que très-rarement, avec beaucoup de précautions, et lorsqu'il y sera forcé (1).

* 3° *La Bienveillance* de l'orateur « est le zèle qu'il montre pour les intérêts de ceux qui l'écoutent. » Nous sommes naturellement portés à croire aux discours de ceux qui nous aiment. Si l'orateur paraît nous vouloir

---

(1) Le *moi* est haïssable, dit Pascal ; je le haïrai toujours. Il est l'ennemi et voudrait être le tyran de tous les autres. (*Pensées*, c. 29.) — Jeunes gens, haïssez le *moi*, mais dans votre bouche encore plus que dans celle des autres.

du bien et chérir nos intérêts, il nous plaira, et nous serons de son avis. Qu'on remarque donc en lui un grand désir d'être utile; qu'on s'aperçoive aisément qu'il est bien disposé à l'égard de ses auditeurs et animé pour eux du zèle le plus pur : c'est un moyen puissant de déterminer les volontés. Il s'ensuit de là que l'orateur doit avoir le cœur bon et aimer sincèrement les hommes (1). Un méchant ou un égoïste remplirait mal ce précepte de rhétorique. Il s'ensuit encore que l'orateur doit toujours envisager ses sujets du côté le plus utile, et s'interdire d'en traiter aucun qui ne puisse qu'amuser sans profit réel.

Omne tulit punctum qui miscuit utile dulci,
Lectorem delectando pariterque monendo.
(Hor.)

* 4° *La Prudence* est « un fonds de bon sens et de lumières qui empêche de tomber dans l'erreur (2). » Elle relève infiniment les autres vertus de l'orateur. Dans une route difficile et incertaine, il faut un guide non-seulement homme de bien, mais encore éclairé (3). On observera donc dans le véritable orateur un grand fonds de bon sens et de raison; il paraîtra grave, mûr et réfléchi; on le jugera incapable de tomber dans l'erreur et d'y faire tomber les autres : ainsi son autorité aura le plus grand poids, et ses discours seront

(1) *Nihil est tam durum atque ferreum, quod non amoris igne vincatur*, a dit saint Augustin. Aimez donc les hommes, ou renoncez au moyen le plus puissant de régner sur eux par la parole.

(2) *Prudentia est rerum bonarum et malarum, neutrarumque scientia*, dit Cicéron. (*Invent.*, lib. II, c. 15, n. 160.)

(3) Les meilleures intentions destituées de lumières font de grandes fautes, et plus on court dans un chemin ténébreux, plus les chutes sont fréquentes et dangereuses. (Fleury, 4ᵉ disc.)

presque des oracles. Mais si, pour donner de lui cette idée, il doit montrer des lumières et des connaissances, il doit aussi éviter d'en être prodigue, et d'en faire, pour ainsi dire, parade. Il n'est pas de vanité plus ridicule et plus insupportable. Servez-vous de ce que vous savez, mais avec discrétion, et ornez-en vos discours dans une juste mesure. Ne point paraître trop savant et ne pas l'être hors de propos, est toujours une grande preuve de discernement et de goût.

* Les quatre vertus dont nous venons de parler sont d'usage dans tous les discours. Mais elles ne sont pas les seules destinées à rendre aimable la personne de l'orateur. Chaque circonstance particulière lui impose des devoirs particuliers, et doit lui rappeler quelque vertu dont il faut qu'il fasse comme l'âme de ses discours. C'est tantôt la bonté et la douceur, tantôt le courage et l'intrépidité, ici l'amour et la tendresse, là le respect et le dévouement, ailleurs le mépris de la gloire, des plaisirs, des richesses.

C'est une vérité bien honorable aux beaux arts et particulièrement à l'éloquence, qu'on ne puisse y exceller sans un grand fonds de vertu : qu'on cite tant qu'on voudra des orateurs qui en ont manqué; ils en ont au moins pris les livrées. L'hypocrisie rend hommage à la vertu en se parant de ses dehors. L'horrible Catilina jouait l'homme de bien dans ses harangues. Les discours les plus séditieux, les plus sanguinaires, les plus impies ont toujours invoqué les noms sacrés d'humanité, de patrie, de concorde, de bonnes mœurs, de religion même. C'est que l'homme ne trouve de sauvegarde que dans la vertu, pour laquelle il est né et dont les apparences le séduisent, le gagnent, l'entraînent.

L'orateur le plus admirable, le plus prodigieux, serait donc celui qui aurait à la fois le plus de vertu et le plus de génie.

§ III. — Expression des mœurs.

* Mais voyons en quoi consiste l'expression des mœurs oratoires, c'est-à-dire comment l'orateur pourra persuader qu'il est homme de bien.

* Il ne le dira point en termes formels. Nous connaissons les hommes à leurs discours; chacun se peint dans son propre langage. Ainsi, lorsque Théodose le Grand, après avoir ordonné, aux fêtes de Pâques, qu'on remît en liberté les prisonniers détenus dans les prisons publiques, ajoutait : « Je voudrais pouvoir ressusciter les morts », il montrait beaucoup d'humanité, sans dire cependant de lui-même qu'il fût humain.

* Soyez naturellement bon, généreux, reconnaisssant désintéressé : d'elles-mêmes vos vertus prêteront leurs charmes à vos discours et les éclaireront, pour ainsi dire, de leur douce et vive lumière. Heureux les hommes doués d'un caractère aimable! sans effort comme sans étude, ils pratiquent ce beau précepte de l'orateur romain sur le sujet qui nous occupe: *Facilitatis, liberalitatis, mansuetudinis, pietatis, grati animi, non appetentis, non avidi, signa proferri perutile est : eaque omnia, quæ proborum... sunt, valde benevolentiam conciliant* (1).

* Il est aussi des hommes pleins de vertus, mais d'une nature brusque et violente. Ceux-là sont très-exposés à échouer dans leurs discours. Qu'ils travaillent à dompter leur humeur. Ils feront bien, lorsqu'ils se

---

(1) *De Orat.*, lib. xi, 182. — *Jucundissima in oratore humanitas, facilitas, moderatio, benevolentia.* (Quint., lib. xi, c. 1.)

disposent à parler en public, de chercher toujours quelque chose d'aimable à dire à leurs auditeurs; et pendant qu'ils parlent, ils doivent veiller sur eux-mêmes pour ne laisser échapper rien qui puisse offenser.

C'est l'expression naïve et simple des plus belles mœurs qui donna tant de succès aux admirables discours du *Petit Carême* de Massillon, et c'est aujourd'hui encore ce qui en rend la lecture si attachante. Les péroraisons surtout sont ici des modèles parfaits. Lisez celle du sermon sur le *Triomphe de la Religion*. Que l'orateur vous paraîtra sage, modeste, religieux, sensible, affectionné au jeune roi devant qui il parle !

« Vous êtes, Sire, le seul héritier de leur trône (des
« Charlemagne et des saint Louis); puissiez-vous l'être
« de leurs vertus ! Puissent ces grands modèles revivre
« en vous par l'imitation plus encore que par le nom !
« Puissiez-vous devenir vous-même le modèle des rois
« vos successeurs !

« Déjà, si notre tendresse ne nous séduit pas, si
« une enfance cultivée par tant de soins et par des
« mains si habiles, et où l'excellence de la nature
« semble prévenir tous les jours celle de l'éducation,
« ne nous fait pas de nos désirs de vaines prédictions;
« déjà s'ouvrent à nous de si douces espérances ; déjà
« nous voyons briller de loin les premières lueurs de
« notre prospérité future ; déjà la majesté de vos an-
« cêtres, peinte sur votre front, nous annonce vos
« grandes destinées. Puissiez-vous donc, Sire, et ce
« souhait les renferme tous, puissiez-vous être un jour
« aussi grand que vous nous êtes cher !

« Grand Dieu ! si ce n'étaient que mes vœux et mes
« prières, les dernières sans doute que mon minis-
« tère, attaché désormais par les jugements secrets de
« votre providence, au soin d'une de vos églises (1),
« me permettra de vous offrir dans ce lieu auguste ;
« si ce n'étaient là que mes vœux et mes prières
« (eh ! qui suis-je pour espérer qu'elles puissent mon-
« ter jusqu'à votre trône ?) : mais ce sont les vœux de
« tant de saints rois qui ont gouverné la monarchie,
« et qui, mettant leurs couronnes devant l'autel éter-
« nel, aux pieds de l'Agneau, vous demandent pour
« cet enfant auguste la couronne de justice qu'ils ont
« eux-mêmes méritée.

« Ce sont les vœux du prince pieux surtout qui lui
« donna la naissance (2), et qui, prosterné dans le
« ciel, comme nous l'espérons, devant la face de votre
« gloire, ne cesse de vous demander que cet unique
« héritier de sa couronne le devienne aussi des grâces
« et des miséricordes dont vous l'aviez prévenu lui-
« même.

« Ce sont les vœux de tous ceux qui m'écoutent, et
« qui, ou chargés du soin de son enfance, ou attachés
« de plus près à sa personne sacrée, répandent ici leurs
« cœurs en votre présence, afin que cet enfant pré-
« cieux, qui est comme l'enfant de nos pleurs et de
« nos larmes, non-seulement ne périsse pas, mais de-
« vienne lui-même le salut de son peuple.

« Que dirai-je encore ? Ce sont, ô mon Dieu ! les

---

(1) Massillon venait d'être nommé évêque de Clermont.
(2) Louis XV était fils du duc de Bourgogne, qui fut l'élève de Fénelon, et qu'on citera toujours comme un modèle accompli des plus grandes vertus.

« vœux que toute la nation vous offre aujourd'hui par
« ma bouche; cette nation que vous avez protégée dès
« le commencement, et qui, malgré ses crimes, est
« encore la portion la plus florissante de votre Église.

« Pourrez-vous, grand Dieu! fermer à tant de vœux
« les entrailles de votre miséricorde? Dieu des ver-
« tus, tournez-vous donc vers nous : *Deus virtutum,*
« *convertere.* Regardez du haut du ciel, et voyez, non
« les dissolutions publiques et secrètes, mais les mal-
« heurs de ce premier royaume chrétien, de cette
« vigne si chérie que votre main elle-même a plan-
« tée, et qui a été arrosée du sang de tant de mar-
« tyrs : *Respice de cœlo; et vide, et visita vineam istam*
« *quam plantavit dextera tua.* Jetez sur elle vos anciens
« regards de miséricorde; et si nos crimes vous for-
« cent encore de détourner de nous votre face, que
« l'innocence du moins de cet auguste enfant que
« vous avez établi sur nous, vous rappelle et vous
« rende à votre peuple : *Et super filium hominis quem*
« *confirmasti tibi.* (Ps. LXXIX.)

« Vous nous avez assez affligés, grand Dieu! essuyez
« enfin les larmes que tant de fléaux, que vous avez
« versés sur nous dans votre colère, nous font ré-
« pandre : faites succéder des jours de joie et de mi-
« séricorde à ces jours de deuil, de courroux et de
« vengeance : que vos faveurs abondent où vos châ-
« timents ont abondé, et que cet enfant si cher soit
« pour nous un don qui répare toutes nos pertes.

« Faites-en, grand Dieu, un roi selon votre cœur,
« c'est-à-dire le père de son peuple, le protecteur de
« votre Église, le modèle des mœurs publiques, le
« pacificateur plutôt que le vainqueur des nations,

« l'arbitre plus que la terreur de ses voisins; et que
« l'Europe entière envie plus notre bonheur, et soit
« plus touchée de ses vertus, qu'elle ne soit jalouse de
« ses victoires et de ses conquêtes.

« Exaucez des vœux si tendres et si justes, ô mon
« Dieu ! et que ces faveurs temporelles soient pour
« nous un gage de celles que vous nous préparez dans
« l'éternité. »

La piété même, la religion et l'amour semblent avoir dicté à Massillon ce superbe morceau (1).

C'est ici l'occasion de le dire, en nous emparant d'une pensée de Chateaubriand : « Il y a *dans l'expression des mœurs oratoires* des délicatesses et des mystères de langage qui ne peuvent être révélés *à l'orateur* que par son cœur, et que n'enseignent point les préceptes de Rhétorique. » *Pectus est quod disertos facit.* (QUINT., lib. x, c. 7.)

ARTICLE III.

DES BIENSÉANCES.

§ I. — 1. Définition des bienséances. — 2. Leur difficulté. — 3. Leur importance.

*Cicéron définit les Bienséances, l'*Art de placer à propos tout ce que l'on fait et tout ce que l'on dit* (2).

---

(1) Massillon est peut-être, parmi les orateurs modernes, le plus beau modèle des *mœurs oratoires*. Aussi avait-il les *mœurs réelles* excellentes, et jamais personne n'a mieux pratiqué que lui ce précepte donné au prédicateur, dans l'*Art de parler :*

Que partout sa conduite à ses sermons réponde,
Et qu'il prêche d'exemple au milieu du grand monde.

(2) *Scientia earum rerum quæ agentur, aut dicentur, suo loco*

Elles font donc une partie essentielle des mœurs (1).

Cette définition approfondie donne une magnifique idée du discours public, en nous le montrant dans son ensemble comme la plus belle image de l'unité, c'est-à-dire des rapports parfaits qui doivent se trouver entre les pensées, les sentiments, le langage de l'orateur, et le sujet, les circonstances et l'auditoire.

Aussi n'est-il point dans toute la Rhétorique de matière plus importante ni peut-être plus difficile ; et peu s'en faut que ce que disait le comédien Roscius ne trouve ici son application, que « le point capital de son art était de garder *les bienséances*, mais que ce point était aussi le seul que l'art ne pouvait enseigner (2). »

En effet, « le bon sens, dit Cicéron (3), est le fondement de l'éloquence, comme de toute autre chose. Mais si rien n'est plus difficile que de connaître ce qui sied le mieux dans chaque action de la vie, rien aussi n'est moins aisé que de connaître, dans les ouvrages d'esprit, en quoi consiste la décence. »

Cette matière a donné lieu à un grand nombre d'excellents préceptes, qu'on doit apprendre exactement, si l'on ne veut s'exposer à commettre une infinité de fautes, tant dans la conduite de la vie que dans la composition des ouvrages de prose ou de poésie.

---

collocandarum. (Off., lib. 1, 40.) — Πρέπον *appellant hoc Græci; nos dicamus sane decorum.* (Orat., XXI, 70.)

(1) Les convenances, dans l'exercice de tout ministère public, appartiennent éminemment à la morale. (MAURY, *Essai sur l'Éloq.*, t. I.)

(2) *Caput esse artis decere: quod tamen unum id esse quod tradi arte non possit.* (Cic., *de Orat.*, lib. 1, c. 29, n. 132.)

(3) *Est eloquentiæ, sicut reliquarum rerum, fundamentum sapientia. Ut enim in vita, sic in oratione, nihil est difficilius, quam quid deceat videre......* (Orat., c. XXI, 70.)

* « La qualité la plus nécessaire, dit Quintilien (1), non-seulement pour l'art de parler, mais encore pour toute la conduite de la vie, est ce goût, ce discernement des bienséances qui apprend, en chaque matière et en chaque occasion, ce qu'il faut faire et comment il faut le faire. »

On voit par là que les bienséances s'étendent à toutes les parties de la Rhétorique : ce qui fait que cette matière est extrêmement vaste, et qu'il faudrait beaucoup de temps pour la traiter à fond : nous n'avons que celui d'indiquer les principales sources des bienséances.

§ II. — Sources des bienséances.

* L'orateur qui a des mœurs et le talent de les bien retracer dans ses discours, observera donc très-attentivement les circonstances dans lesquelles il est placé, et il examinera ce qu'exigent de lui :

* 1. Les bienséances relatives à la personne de ses auditeurs.

* « Il importe extrêmement, dit Cicéron, de considérer devant qui l'on parle ; si c'est le sénat qui nous écoute, ou le peuple, ou des juges ; si l'on s'adresse à un auditoire nombreux, à peu de personnes, ou à un seul homme (2). »

---

(1) *Illud dicere satis habeo, nihil esse, non modo in orando, sed in omni vita prius consilio.* (Lib. VI, cap. 5.) — Suivant les meilleurs interprètes, *consilio* signifie là *goût, discernement des bienséances.* En effet, l'on ne parle bien et l'on n'agit bien qu'autant qu'on agit et qu'on parle à propos, c'est-à-dire avec goût et avec discernement. Les règles de l'éloquence et celles de la conduite de la vie sont sous la direction de la prudence (*consilii*) qui applique tout selon le sujet et l'occasion.

(2) *Refert etiam qui audiant, senatus, an populus, an judices; frequentes, an pauci, an singuli.* (De Orat., lib. III, c. 55, n. 211.)

*Quintilien observe la même chose. « On ne parle pas, dit-il, devant le prince comme devant un magistrat, ou devant un sénateur comme devant un particulier. Qui ne sait que la gravité du sénat demande un genre d'éloquence, et que la légèreté du peuple en demande un autre? Ce qui conviendrait à un homme grave et sérieux ne conviendrait pas à un autre qui serait plus superficiel ou plus gai; ce qui serait bon pour un savant ne le serait ni pour un homme de la campagne, ni pour un homme de guerre. »

* Il faut donc parler différemment suivant que les auditeurs eux-mêmes sont différents, et ces différences se tirent de leur âge, de leur éducation, de leur rang, de leur puissance, de leur caractère, de leur état, de leurs mœurs, et d'autres choses semblables, que l'orateur doit toujours avoir sous les yeux quand il compose ses discours.

* 2. Les bienséances relatives à la personne de l'orateur même.

* « Qu'il ne perde jamais de vue, dit Cicéron au même endroit, son âge, sa dignité, sa réputation(1). » Qu'il considère bien ce qu'il est, pour bien dire ce qu'il faut, et ne rien dire de plus. Il appartient à Bossuet de parler de ses cheveux blancs ; à Massillon, de son expérience; à Bourdaloue, de ses inspirations: mais le pardonnerait-on à tout autre qui n'aurait pas la même autorité? Ce qui fait plaisir dans la bouche d'un orateur, à qui l'âge concilie tous les respects, devient indécent et déplaît dans celle d'un jeune homme. Le magistrat ne s'exprime pas comme le simple citoyen, et celui dont

---

(1) *Quales ipsi oratores, qua sint ætate, honore, auctoritate, debet videri.* (De Orat., lib. III, c. 55, n. 211.)

la réputation s'étend au loin pourra se permettre bien des choses défendues avec raison à celui qui a toujours vécu dans l'obscurité.

* 3. Les bienséances relatives à la personne de ceux pour qui il parle.

*Elles regardent principalement l'orateur du barreau. C'est un devoir qui lui est imposé par la probité même et par l'honneur, de ne défendre que des accusés dont il peut espérer qu'il établira l'innocence. Or n'est-il pas convenable qu'il en cherche et qu'il en montre les preuves dans leurs mœurs et dans leur conduite habituelle? Peignez vos clients, dit Cicéron, sous des traits qui en donnent une opinion favorable. Ne parlez d'eux que pour relever leur honnêteté, leur douceur, leur amour de la paix; qu'ils paraissent sans prétentions, sans opiniâtreté, sans orgueil, ennemis des procès et de la chicane. Rien n'est plus propre à concilier la bienveillance et la faveur des juges, surtout si l'orateur a l'art de faire apercevoir des mœurs toutes contraires dans ceux contre qui il est obligé de défendre ses clients. Cicéron en donne lui-même un bel exemple dans son plaidoyer *pro Roscio Amerino*, où il démontre l'innocence de ce jeune homme par la peinture qu'il fait de ses mœurs et de celles de ses adversaires (1).

* 4. Les bienséances relatives à la personne de ceux dont il parle.

*On doit des égards à leur rang, à leur profession, à leur âge, à leur caractère, à leur situation heureuse ou

---

(1) Voyez encore, dans le discours *De Signis*, avec quels traits il peint Hejus, son désintéressement, sa religion, sa mansuétude; comme l'auditeur s'indigne contre Verrès, qui n'a pas craint de spolier un aussi honnête homme ! (C. 3, n. 18.)

malheureuse. Serait-il permis d'y manquer, en leur refusant la justice ou les éloges qu'ils méritent, ou en lançant contre eux des traits trop libres ou trop hardis?

Ce n'est pas l'exemple qu'a donné Fontanes dans sa belle harangue, lors de la translation aux Invalides de l'épée de Frédéric le Grand. Il est obligé de rappeler les reproches faits à ce héros de la Prusse par une postérité aussi éclairée que juste : au lieu de les aggraver, avec quel art il sait les présenter, les adoucir par tout ce que les bienséances ont de plus noble et de plus délicat !

« Des sages, je ne peux le dissimuler, dit-il, ont fait
« quelques reproches à Frédéric. S'ils admirent en lui
« l'administrateur infatigable et le grand capitaine, ils
« n'ont pas la même estime pour quelques opinions
« du philosophe-roi. Ils auraient voulu qu'il connût
« mieux les droits des peuples et la dignité de l'homme.
« Aux écrits du *Philosophe de Sans-Souci* ils opposent
« avec avantage ce livre où Marc-Aurèle, qui fut aussi
« guerrier et philosophe, rend grâce au Ciel, en com-
« mençant, de lui avoir donné une mère pieuse et
« de bons maîtres qui lui ont inspiré l'amour et la
« crainte de la Divinité. Au lieu de cette philosophie
« dédaigneuse et funeste, qui livre au ridicule les tra-
» ditions les plus respectées, les sages dont je parle ai-
« ment à voir cette philosophie grave et bienfaisante
« qui s'appuie sur la doctrine des âges, qui enfante les
« beaux sentiments, qui donne un prix aux belles ac-
« tions, et qui fit plus d'une fois, en montant sur le
« trône, les délices et l'honneur du genre humain. Ils
« pensent, en un mot, qu'un roi ne peut impunément

« professer le mépris de ces maximes salutaires, qui
« garantissent l'autorité des rois.

« Je m'arrête : il me siérait mal, en ce moment, d'ac-
« cuser avec amertume la mémoire d'un grand mo-
« narque, dont la postérité vient de subir tant d'infor-
« tunes. Son image n'est déjà que trop attristée du
« spectacle de notre gloire et de ces pompes triom-
« phales que nous formons des débris de son dia-
« dème (1). »

* 5. Les bienséances relatives aux temps et aux lieux.

* « Le temps et le lieu, dit Quintilien, ont aussi besoin
d'une observation particulière. A l'égard du temps, il
est tantôt gai, tantôt triste, tantôt libre, tantôt limité, et
il faut que l'orateur se règle là-dessus. Il n'est pas indifférent non plus que le lieu où nous parlons soit un
lieu public ou particulier, fréquenté ou solitaire ; que
ce soit dans notre ville ou dans une ville étrangère ;
dans un champ ou dans un barreau. Il est aisé de voir
que chacune de ces circonstances veut une sorte d'é-
loquence qui lui soit propre. La raison qu'en donne
Quintilien est remarquable, et fait voir bien clairement
l'usage des bienséances. « En effet, ajoute-t-il,
comme il est une bienséance relative aux lieux pour
les actions de la vie, et qu'elles ne se font pas de la même
manière indifféremment partout, et que plusieurs
choses qui ne sont pas mauvaises de leur nature, qui
quelquefois sont nécessaires, deviennent néanmoins

(1) Voyez encore avec quelle politesse et quel respect Cicéron combat l'autorité de Caton son adversaire, dans son beau plaidoyer pour
Murena. (C. 19.) — *Quam molli autem articulo tractavit Catonem,
cujus naturam summe admiratus, non ipsius vitio, sed stoicæ
sectæ, quibusdam in rebus factam duriorem videri volebat.*
(QUINT., XI, 1.)

blâmables quand on les fait ailleurs qu'où l'usage les autorise; il est de même une décence pour les discours relative aux lieux où l'on doit les tenir, et dépendante, ainsi que la première, des opinions fondées et des usages reçus. »

Le commencement de l'exorde de l'Oraison funèbre de Michel le Tellier, par Fléchier, est un bel exemple de cette espèce de bienséances. « A quel dessein, « Messieurs, êtes-vous assemblés ici? et quelle idée « avez-vous de mon ministère? Viens-je vous éblouir « de l'éclat des honneurs et des dignités de la terre? et « venez-vous interrompre ici l'attention que vous de- « vez aux saints mystères, pour nourrir votre esprit du « récit spécieux d'une félicité mondaine? Attendez- « vous qu'au lieu d'exciter votre piété par des instruc- « tions salutaires, j'irrite votre ambition par de vaines « représentations des prospérités de la vie? Oserais-je, « à la vue de ce tombeau, fatal écueil des grandeurs « humaines, à la face de ces autels, demeure sacrée « de Jésus-Christ anéanti, louer les vanités du siècle, « et, dans un jour de tristesse et de deuil, étaler à « vos yeux l'image flatteuse des faveurs et des joies du « monde? »

* 6° Les bienséances relatives au sujet traité par l'orateur.

* Elles consistent principalement à le revêtir d'un style qui lui soit propre, c'est-à-dire à en parler, dans l'ensemble et dans les détails, avec les mots, les expressions, les tours et les mouvements convenables. *Perspicuum est*, dit Cicéron, *non omni causæ congruere orationis unum genus. Nam aliud dicendi genus deliberationes, aliud laudationes, aliud judicia, aliud ser-*

mones, aliud consolatio, aliud objurgatio, aliud disputatio, aliud historia desiderat. (De Orat., lib. III, c. 55, n. 211.) Comme cette espèce de bienséance est une des parties les plus essentielles de l'Élocution, nous y reviendrons, pour en parler plus longuement, au livre troisième de la Rhétorique.

ARTICLE IV.

DES PRÉCAUTIONS ORATOIRES.

* Finissons cette matière par dire un mot de ce que les rhéteurs appellent *Précautions oratoires*. Ils donnent ce nom à de certains ménagements que l'orateur doit prendre pour ne point blesser la délicatesse de ceux devant qui ou de qui il parle; à des tours étudiés et artificieux dont il se sert pour dire certaines choses qui autrement paraîtraient dures et choquantes.

On voit par cette définition que les *Précautions oratoires* rentrent dans les bienséances, que les circonstances les indiquent à l'orateur habile et leur donnent tout leur prix.

* En effet, avez-vous à exposer des vérités peu agréables à des auditeurs que le préjugé aveugle, que la passion domine, que l'habitude entraîne, vous devez ménager les esprits, ne rien brusquer, tout adoucir. *Non semper fortis oratio quæritur*, dit Cicéron, *sed sæpe placida, summissa, lenis.* (De Orat., lib. II, c. 43, n. 183.) Bourdaloue pratiquait ce conseil en homme supérieur, lorsqu'il disait aux courtisans : « Plus votre rang vous distingue des autres, plus vous « devez vous en approcher; plus vous devez, pour user

« de cette expression, vous humaniser ; plus vous de-
« vez avoir de douceur, de modération, de charité. »
Quelque vraie et quelque juste que soit cette morale,
elle pouvait néanmoins paraître peu accommodante
à des hommes infatués de leur naissance et du haut
rang qu'ils occupaient dans le monde. Mais eussent-ils
osé s'en plaindre et même ne pas la goûter, quand
l'orateur ajoutait, avec autant de fermeté et de raison
que de douceur et de modestie, cette précaution si
adroite : « Si j'insiste sur cette morale, et si je le fais
« avec la sainte liberté de la chaire, vous ne pouvez
« la condamner. Quand je parle aux peuples, mon
« ministère m'oblige à leur apprendre le respect et
« l'obéissance qu'ils vous doivent ; mais puisque je vous
« parle dans cette cour, puisque je parle à des grands,
« je dois leur dire ce qu'ils doivent aux peuples. »

* Êtes-vous obligé de tonner contre des désordres,
contre des crimes, et avez-vous à craindre de trop
humilier, d'ulcérer même ou de révolter les coupables, vous devez témoigner que c'est malgré vous
que vous en venez à de dures extrémités ; mais que la
raison, l'honneur, l'amour du bien, l'intérêt de ceux
qui vous écoutent vous arrachent ce que vous voudriez
taire. *Si quid persequare acrius*, ajoute Cicéron, *ut invi-
tus et coactus facere videare*. (De Orat., l. II, c. 43, n. 182.)
Vous devez supposer peu de coupables, et accuser les
circonstances plus que les hommes. Scipion harangue
ses soldats révoltés ; quelle énergie, mais en même
temps quelle adresse il met dans ses reproches ! « Non,
« s'écrie-t-il, vous n'avez pas tous désiré ma mort.
« Ah ! si je croyais que l'armée entière fût coupable
« d'un crime aussi affreux, à l'instant même je mour-

« rais ici sous vos yeux. Pourrais-je donc aimer une
« vie odieuse à mes concitoyens et à mes soldats?.....
« Mais non ; quelques furieux ont porté le désordre
« au milieu de vous ; ils sont la cause de tout le mal ;
« une contagion malheureuse a gagné les autres (1). »

* Craignez-vous de faire des impressions fâcheuses, émoussez vos traits et lancez-les avec moins de force; jetez un voile adroit sur des images trop révoltantes; tempérez les effets d'une lumière trop vive ; ayez recours à des expressions, à des tours, à des circonlocutions qui affaiblissent, qui masquent, qui adoucissent ce qui vous paraît trop fort, trop accablant, trop amer. Bossuet craint de dire en termes formels, dans son Oraison funèbre de la reine d'Angleterre, que Charles Ier est mort sur un échafaud. Sa délicatesse répugne à prononcer ce mot infâme, en présence des enfants de ce malheureux prince. Il rappelle néanmoins cet horrible événement ; mais voyez par quel tour et avec quelle adresse : « Qui pourrait exprimer
« ses justes douleurs (de la reine d'Angleterre)? Qui
« pourrait raconter ses plaintes? Non, Messieurs, Jé-
« rémie lui-même, qui seul semble être capable d'é-
« galer les lamentations aux calamités, ne suffirait pas
« à de tels regrets. Elle s'écrie avec ce prophète : *Voyez,*
« *Seigneur, mon affliction. Mon ennemi s'est fortifié et*
« *mes enfants sont perdus. Le cruel a mis sa main sacri-*
« *lége sur ce qui m'était le plus cher. La royauté a été*
« *profanée, et les princes sont foulés aux pieds. Laissez-*

---

(1) *Non quo ego vulgari facinus per omnes velim ; equidem si totum exercitum meum mortem mihi optasse crederem, hic statim ante oculos vestros morerer : nec me vita juvaret, invisa civibus et militibus meis. Sed..... causa atque origo omnis furoris penes auctores est, vos contagione insanistis.* (T. Liv., lib. XXVIII.)

« *moi : je pleurerai amèrement ; n'entreprenez pas de me*
« *consoler. L'épée a frappé au dehors ; mais je sens en*
« *moi-même une mort semblable.* » Cette citation heureuse, mise dans la bouche de la reine elle-même, est admirable. Jamais orateur ne vainquit une aussi grande difficulté avec plus de noblesse ni d'une manière plus touchante.

Ces exemples suffisent pour faire sentir l'importance et la nécessité des Précautions oratoires. Faut-il s'étonner que les plus grands orateurs y aient eu si souvent recours, et qu'ils aient porté quelquefois jusqu'au scrupule la crainte de déplaire à leurs auditeurs ? Quintilien rapporte de Périclès, qu'il avait coutume de souhaiter qu'il ne lui vînt pas dans l'esprit un seul mot qui pût offenser le peuple (1). Périclès avait raison : un mot, un seul mot peut faire échouer un discours tout entier. Jamais on ne choque impunément un auditeur délicat et sensible.

* Il faut plaire pour persuader, c'est-à-dire se rendre aimable par l'expression des *Mœurs ;* c'est l'objet de la seconde partie de l'invention. Il nous reste à parler de la troisième, qui consiste à trouver les moyens de toucher, c'est-à-dire de remuer les Passions.

(1) *Pericles solebat optare ne quod sibi verbum in mentem veniret quo populus offenderetur.* (QUINT., lib. XII, c. 9.)

CHAPITRE CINQUIÈME

DES PASSIONS.

ARTICLE I.

1. Définition des passions. — 2. Source des passions. — 3. On peut légitimement les exciter. — 4. Quand faut-il les exciter? — 5. C'est le grand art de l'orateur. — 6. Moyen d'y réussir.

* 1. Les Passions sont « des mouvements de l'âme excités par le sentiment du plaisir ou de la douleur, et qui nous portent vers un objet, ou nous en éloignent. »

2. Naturellement on hait et l'on fuit ce qui cause de la douleur; au contraire, on aime et l'on recherche ce qui cause du plaisir. *Trahit sua quemque voluptas,* a dit Virgile.

Voilà les deux sources de toutes les passions humaines, et voilà aussi les deux ressorts qui, touchés adroitement par l'orateur, font mouvoir les hommes à sa volonté. Comme une verge aimantée attire le fer, qui suit tous ses mouvements, de même un orateur habile à manier les passions gouverne son auditoire, et le fait obéir à toutes les impulsions qu'il lui donne.

* On dirige l'homme dans la voie du devoir en lui montrant le bonheur dans le devoir, et le malheur dans la violation du devoir. Mais pour cela il ne suffit pas d'une preuve ou d'un raisonnement qui ne s'adresse qu'à son intelligence; il faut encore des peintures vives et sensibles qui échauffent l'imagination ; l'imagination enflammée allume la passion, et celle-ci emporte la volonté.

3. Mais est-il permis d'exciter les passions ? Exciter les passions mauvaises est un crime ; mais rien n'est plus excellent que d'exciter dans l'homme la passion du bien. A Dieu ne plaise que l'orateur abuse de sa puissance pour tromper les hommes ! L'éloquence, qui est un présent du Ciel, lui est donnée pour faire connaître, aimer, embrasser la vérité, dit saint Augustin : *Ut veritas pateat, ut veritas placeat, ut veritas moveat.* (Doctr. Christ., IV, 61.) Tel est le devoir de quiconque parle en public. « L'homme digne d'être écouté, dit Fénelon, est celui qui ne se sert de la parole que pour la pensée, et de la pensée que pour la vérité et la vertu. » Celui qui emploie son talent à pervertir les hommes ne méritera jamais le nom de grand orateur, puisque le véritable orateur doit être avant tout homme de bien : *Vir bonus dicendi peritus.*

4. Boileau a dit aux poëtes :

> Que dans tous vos discours la passion émue
> Aille chercher le cœur, l'échauffe et le remue.

Ce précepte est vrai dans la tragédie ; mais au barreau et dans la chaire il n'est pas toujours nécessaire d'émouvoir les passions : souvent il suffit d'instruire et de plaire. S'il s'agit, par exemple, de prouver qu'un mur est mitoyen, il n'y a point là de passion à exciter.

* Quand donc faut-il non-seulement instruire et plaire, mais encore toucher, c'est-à-dire remuer les passions? C'est lorsqu'un homme, connaissant son devoir, refuse de l'accomplir. Il faut alors que l'éloquence déploie toutes les ressources du pathétique pour changer la volonté rebelle, et pour l'entraîner où elle doit aller.

5. Je ne sais, dit Quintilien, s'il y a rien de plus grand et de plus important dans tout l'art oratoire. En effet, un esprit médiocre, avec le secours des préceptes et de l'expérience, peut arriver à convaincre et à plaire (ce qui déjà n'est pas un léger avantage), et beaucoup y ont réussi (1). Mais ravir et enlever les auditeurs, leur donner telle disposition d'esprit que l'on veut, les enflammer de colère, ou les attendrir jusqu'aux larmes, voilà ce qui est rare. Les preuves, il est vrai, éclairent l'auditeur, mais les passions l'entraînent et le subjuguent. Quand une fois, dit encore Quintilien, le juge commence à partager nos sentiments, à être épris de haine ou d'amitié, saisi d'indignation ou de crainte, alors il fait de notre affaire la sienne propre, il n'examine plus, le torrent l'entraîne, et il se laisse aller. (Lib. VI, c. 2.)

« La haute éloquence, a dit Blair (*Leçon XXV*), cette éloquence qu'on admire et qui qualifie le grand orateur, suppose toujours de la passion et du feu. Un degré de passion, qui élève l'âme et l'échauffe, sans lui ôter l'empire sur ses facultés, leur donne à toutes plus d'énergie. L'esprit semble acquérir de nouvelles lumières, il devient plus pénétrant, plus ferme et plus

---

(1) *Cætera forsitan tenuis quoque et angusta ingenii vena, si modo vel doctrina vel usu sit adjuta, generare atque ad frugem aliquam perducere queat : certe sunt semperque fuerunt non parum multi qui satis perite quæ essent probationibus utilia reperirent : quos equidem non contemno.* (QUINT., lib. VI, c. 2.) Cet aveu de Quintilien confirme ce que nous avons dit (chap. 1er), qu'avec des talents médiocres on peut devenir un bon orateur.

étendu. Une passion vive élève un homme au-dessus de lui-même. Il sent sa force, il a de plus hautes pensées, conçoit de plus grands desseins, les exécute avec audace, et obtient des succès qu'en tout autre temps il n'aurait pas osé espérer. C'est surtout dans l'art de persuader que la passion exerce son influence. Un homme passionné est presque toujours éloquent. Il communique, par une sympathie contagieuse, ses sentiments à ceux qui l'écoutent. Ses gestes, ses regards produisent la persuasion. »

L'art de régner par le discours est donc tout entier dans l'art de remuer les passions. C'est donc à toucher les cœurs que l'orateur doit surtout s'appliquer dans les sujets où il faut non-seulement instruire, mais encore agir sur les volontés. *Huc igitur incumbat*, dit Quintilien (lib. vi, cap. 2). Qu'il porte là tous ses efforts. Ce doit être l'objet essentiel de ses travaux et de ses peines. Tout le reste sans cela ne serait que nudité, pauvreté, stérilité, faiblesse. *Hoc opus ejus, hic labor est : sine quo cœtera nuda, jejuna, infirma, ingrata sunt.*

6. Le grand secret de toucher les autres, c'est que nous soyons touchés nous-mêmes (1).

> .... *Si vis me flere, dolendum est*
> *Primum ipsi tibi.* (Hor.)

Pour me tirer des pleurs, il faut que vous pleuriez.

Tous les grands maîtres se sont réunis, comme de concert, pour donner ce précepte. Mais Cicéron et Quintilien l'ont développé avec beaucoup de force.

---

(1) *Summa enim circa movendos affectus in hoc posita est, ut moveamur et ipsi.* (Quint., lib. vi, c. 2.)

Dans un de ses excellents ouvrages sur la Rhétorique, le consul romain fait ainsi parler l'orateur Antoine : « Il est mal aisé d'exciter l'indignation de votre juge, s'il ne s'aperçoit pas que vous êtes réellement indigné ; de lui inspirer de la haine pour votre ennemi, s'il ne remarque pas en vous une haine véritable ; de le remplir de commisération et de pitié, si vos pensées, vos expressions, le son de votre voix, vos traits, vos larmes, n'attestent pas votre douleur. Comme les matières les plus combustibles ont besoin d'être approchées du feu pour s'embraser, ainsi la passion ne s'allumera dans les âmes qu'autant que l'orateur sera lui-même enflammé de l'ardeur qu'il veut communiquer aux autres. » (*De Orat.*, l. II, c. 45, n. 90.) Aussi, ajoute Antoine, le conseil que je vous donne, après avoir approfondi cette matière, c'est qu'en parlant vous sachiez vous animer de colère, ressentir de la douleur, vous attendrir jusqu'aux larmes (1).

* Quintilien n'est ni moins vif, ni moins pressant. « Voulons-nous, dit-il, exciter les passions avec force, prenons les sentiments intérieurs de ceux qui souffrent véritablement. Soyons animés des mêmes mouvements, et que toujours notre discours parte d'une disposition de cœur telle que nous la voulons faire prendre aux autres. Pense-t-on, en effet, que l'auditeur puisse s'attrister d'une chose qu'il me verra lui raconter avec indifférence ? ou qu'il se mette en fureur lorsque moi, qui l'y excite, je ne sens rien de semblable ? ou qu'il verse des larmes quand je plaiderai devant lui avec des yeux secs ? Cela ne se peut : on n'est échauffé que par

---

(1) *Quamobrem hoc vos doceo magister...... ut in dicendo irasci, ut dolere, ut flere possitis.* (De Orat., lib. II, c. 47, n. 197.)

le feu. Il faut donc que ce qui doit faire impression sur nos auditeurs en fasse premièrement sur nous, et que nous soyons touchés avant que de songer à toucher les autres. »

* Pour arriver à ce double but, l'orateur doit réunir une Imagination vive et une Sensibilité exquise à un Jugement très-sain. Ces qualités sont toujours nécessaires à l'orateur; mais il n'en a jamais un besoin plus pressant que quand il faut exciter les Passions : nous allons examiner quels sont, sous ce rapport, les secours qu'il reçoit de chacune d'elles en particulier.

ARTICLE II.

DE L'IMAGINATION.

1. L'imagination supplée aux sens. — 2. Qu'est-ce que l'imagination? — 3. Nécessité de l'exercer. — 4. Elle est la source des plus grandes beautés. — 5. Moyens de féconder son imagination.

1. Les objets extérieurs excitent nos passions suivant les impressions diverses qu'ils font sur nos sens. Par exemple, lorsqu'on voit un objet effrayant, on est malgré soi saisi de terreur. Au contraire, l'aspect d'un objet aimable inspire l'affection ; et la vue d'une personne vertueuse dans le malheur remplit l'âme de pitié.

Si donc l'orateur pouvait présenter aux sens les objets mêmes dont il parle, il lui serait facile d'émouvoir ses auditeurs (1). Mais comme, la plupart du

(1) C'est ainsi que Marc-Antoine alluma la fureur du peuple romain en étalant sous ses yeux la robe de César encore dégouttante de son sang. Tout le monde savait que César était tué; mais la vue de cette robe trempée de sang retraça si vivement l'image du crime dans l'es-

temps, cette puissante ressource lui manque, il y supplée par des descriptions animées; et ses tableaux vivants excitent dans les esprits le désir ou la crainte, l'amour ou la haine. Ce qu'il ne peut montrer aux sens, il le peint à l'imagination.

* 2. L'Imagination est « cette faculté de l'âme par laquelle nous nous peignons promptement dans l'esprit les objets vers lesquels se porte la pensée, » avec toutes leurs circonstances intéressantes. C'est par elle, dit Quintilien, que les objets même absents deviennent aussi présents à notre esprit que si nous les avions sous les yeux. Nous croyons en voir les images, nous croyons les toucher. Quiconque, ajoute-t-il, concevra bien ces images, réussira parfaitement à exciter les passions (1). »

* 3. L'Imagination est plus ou moins vive dans les différents hommes. Mais il dépend de chacun de se servir de celle qu'il a, avec plus ou moins de succès. Il faut l'exercer sans relâche, l'appliquer fortement à des objets capables de l'enflammer. Et quel est celui, pour peu qu'il ait à parler de choses intéressantes, à qui elle n'offre des ressources? « Faudra-t-il, dit

---

prit du peuple, qu'il courut aussitôt à la vengeance comme si l'on eût poignardé César à l'heure même sous ses yeux. — Un autre exemple indique combien la vue des choses dont on parle ajoute de force à l'éloquence sur des esprits bien préparés. L'orateur Antoine défendait Aquilius, accusé de concussion. A la fin de son discours, emporté par un mouvement pathétique, il saisit tout à coup l'accusé, le fit lever de son banc, et déchirant la robe de ce vieillard consulaire, il montra, sur sa poitrine, les blessures glorieuses qu'il avait reçues pour la patrie en commandant les armées. On ne put résister à un spectacle si touchant; le peuple fondit en larmes, et renvoya le criminel absous. (Cic., de Orat., l. II, c. 28 et 47. Quint., lib. II, c. 15.)

(1) *Has imagines quisquis bene conceperit, is erit in affectibus potentissimus.* (Lib. VI, c. 2.)

Quintilien, que je touche mes auditeurs par la peinture d'un crime affreux, d'un assassinat, par exemple ? Ne pourrai-je point me figurer tout ce qui doit s'être passé en cette occasion ? Ne verrai-je point l'assassin attaquer un homme à l'improviste, lui mettre le poignard sur la gorge; celui-ci saisi de frayeur, crier, supplier, faire de vains efforts pour se défendre, et enfin tomber percé de coups ? Ne verrai-je point son sang qui coule, la pâleur qui est sur son visage, ses yeux qui s'éteignent, sa bouche qui s'ouvre pour rendre le dernier soupir (1) ? » C'est ainsi qu'en se représentant les choses vivement, on vient à bout d'exprimer avec chaleur ce qu'elles ont de louable, de bon, de juste, ou de cruel, d'atroce, de barbare.

* 4. La plupart des beautés qui nous émeuvent si puissamment dans les auteurs anciens et modernes, sont dues à la force et à la vivacité de l'imagination. Quel tableau que celui où Andromaque, voulant prouver qu'elle ne doit pas épouser Pyrrhus, retrace les fureurs qu'il a exercées au siége de Troie !

> Songe, songe, Céphise, à cette nuit cruelle,
> Qui fut pour tout un peuple une nuit éternelle.
> Figure-toi Pyrrhus, les yeux étincelants,
> Entrant à la lueur de nos palais brûlants,
> Sur tous mes frères morts se faisant un passage,
> Et de sang tout couvert, échauffant le carnage :
> Songe aux cris des vainqueurs, songe aux cris des mou-
> Dans la flamme étouffés, sous le fer expirants ;   [rants,

---

(1) *Hominem occisum queror : non omnia quæ in re præsenti accidisse credibile est, in oculis habebo ? non percussor ille subitus erumpet ? non expavescet circumventus ? exclamabit ? vel rogabit, vel fugiet ? non ferientem, non concidentem videbo ? non animo sanguis, et pallor, et gemitus, extremus denique exspirantis hiatus insidet ?* (Quint., lib. vi, c. 2.)

Peins-toi, dans ces horreurs, Andromaque éperdue :
Voilà comme Pyrrhus vint s'offrir à ma vue.
(RACINE, *Androm*.)

Qui peindrait mieux que le jeune Télémaque le spectacle de la tête de Bocchoris montrée comme en triomphe à une armée victorieuse? « Je me souvien-« drai toute ma vie d'avoir vu cette tête qui nageait « dans le sang, ces yeux fermés et éteints, ce visage « pâle et défiguré, cette bouche entr'ouverte qui sem-« blait vouloir encore achever des paroles commen-« cées, cet air superbe et menaçant que la mort même « n'avait pu effacer. Toute ma vie il sera peint devant « mes yeux. » (TÉLÉM., liv. II.)

Quelles tristes images! comme elles représentent les choses avec vérité! comme elles les mettent sous les yeux! Mais quelle impression ne font-elles pas sur le cœur? Attachez-vous donc à peindre, si vous voulez faire couler les larmes. « Les images, dit Longin, animent et échauffent le discours; elles ne persuadent pas seulement, mais elles domptent, pour ainsi dire, elles soumettent l'auditeur. » L'imagination n'est que le talent de les former facilement. Voyez comme les sens sont frappés par celles qu'on remarque dans les exemples suivants :

Un poignard à la main, l'implacable Athalie
Au carnage animait ses barbares soldats.
(RACINE.)

La mollesse oppressée
Dans sa bouche, à ce mot, sent sa langue glacée,
Et lasse de parler, succombant sous l'effort,
Soupire, étend les bras, ferme l'œil et s'endort.
(BOILEAU.)

« Elle lui a montré (Mme de Montausier au jeune Dauphin, fils de Louis XIV), elle lui a montré à élever ses mains pures et innocentes vers le ciel, à tourner ses premiers regards vers le Créateur. » (Fléchier.)

« Esprit, talents, opulence, crédit, autorité, réputation; ces dons, ces trésors de la nature ou de la fortune, souvenons-nous qu'ils sont renfermés dans un vase d'argile; il tombe, il se brise, il ne reste que des ruines et des débris. » (Neuville.)

* 5. On se féconde l'Imagination par la lecture des bons auteurs, et surtout par des compositions fréquentes et soignées. Mais cette faculté précieuse ne produit ses plus grands effets que lorsqu'elle est soutenue et, pour ainsi dire, animée par une autre plus précieuse encore, la Sensibilité.

ARTICLE III.

DE LA SENSIBILITÉ.

1. Définition de la sensibilité; — 2. son importance; — 3. à quoi il faut l'exercer. — 4. Modèles de sensibilité chez les anciens; — 5. chez les modernes.

* 1. La Sensibilité est « une disposition naturelle du cœur à recevoir aisément les impressions de la tendresse et de la pitié. »

* 2. Malheur à l'orateur qui manque de sensibilité! il marche sans succès dans la carrière de l'éloquence. Il pourra feindre la douleur et mettre sur son visage le masque de la tristesse; mais on ne verra point couler de ses yeux ces larmes réelles et sincères, et par là même toujours victorieuses, qu'on demande au véritable orateur (1). Celui qui n'est pas sensible et qui se croit éloquent, se trompe grossièrement; lorsqu'il vise au pathétique, il n'est qu'un vain et froid déclamateur. Ne nous lassons pas de le répéter : le cœur est le siége de l'éloquence : *Pectus est quod disertos facit.* (Quint., lib. x, c. 7.) (2)

* 3. Soyons donc sensibles à tout ce qui peut faire quelque impression sur des âmes honnêtes, et laissons-nous toucher d'abord à la beauté de la vérité et de la vertu. Lorsque leur image auguste s'offrira à nos regards, qui de nous pourrait ne pas éprouver une forte émotion? Laissons-nous toucher aussi à la beauté de la nature. Les cieux et leur admirable structure, la terre et tout ce qu'elle présente à notre avide curiosité, sont pour les belles âmes une source intarissable de sentiments. Mais l'humanité surtout doit intéresser nos cœurs. Qui ne s'attendrirait pas au spectacle touchant des revers, des afflictions, des dangers, des chaînes, des prisons, des tourments, des maladies, de tous les maux auxquels les infortunés mortels sont exposés? C'est du sentiment profond de ces objets divers que naissent ces élans pathétiques et sublimes qui mettent nos auditeurs comme hors d'eux-mêmes. Vous ne verrez point, a dit un de nos poëtes, le laurier de l'éloquence

> Ceindre le front glacé d'un auteur apathique...
> Son âme est sans chaleur; jamais sur son visage
> La sensibilité ne grava son image.

---

(1) *Non simulacra neque imitamenta, sed luctus verus atque lamenta vera et spirantia.* (Cic.)

(2) « Les grandes pensées viennent du cœur. » Ce mot si connu n'est au fond que la traduction de celui de Quintilien.

Il entend sans pâlir les cris des malheureux
Et la douleur d'autrui ne mouille point ses yeux.
(La Serre.)

Il en est tout autrement de celui qui a exercé de bonne heure sa sensibilité. Il se livre sans peine aux impressions de la tendresse et de la pitié. Il exprime tout ce qu'il sent, avec vivacité et énergie. Soit qu'il parle pour lui-même, soit qu'il parle pour les autres, il est également touchant, parce que son cœur est toujours le foyer de son éloquence.

4. Tels furent autrefois les Salluste, les Tite-Live, les Tacite. Voulaient-ils introduire sur la scène un Romain, un Carthaginois, un patricien, un plébéien, leur cœur facile à s'émouvoir se prêtait à toutes les situations. Habiles à connaître les mœurs et les caractères de leurs personnages, ils se les appropriaient en quelque manière, et se persuadant qu'ils avaient les mêmes intérêts et qu'ils étaient dans les mêmes circonstances, ils ressentaient véritablement les passions qui les avaient fait agir et parler. C'est pour cela que ces historiens nous ont laissé tant de harangues qui sont des chefs-d'œuvre admirables. Germanicus, mourant dans la persuasion qu'il a été empoisonné par Pison et par Plancine, a-t-il pu parler à ses amis et leur recommander sa vengeance d'un ton plus vrai, plus naturel, plus touchant, qu'il ne le fait par le discours que Tacite lui met dans la bouche?

« Si je mourais de mort naturelle (1), j'aurais droit

---

*(1) *Si fato concederem, justus mihi dolor etiam adversus Deos esset, quod me parentibus, liberis, patriæ intra juventam præmaturo exitu raperent. Nunc scelere Pisonis et Plancinæ interceptus, ultimas preces pectoribus vestris relinquo; referatis patri ac fratri, quibus acerbitatibus dilaceratus, quibus insidiis cir-*

d'accuser d'injustice les Dieux mêmes, qui m'enlèveraient précipitamment, dans la fleur de l'âge, à mes parents, à mes enfants, à ma patrie. Mais, victime de la scélératesse de Pison et de Plancine, je dépose dans vos cœurs mes dernières prières, et je vous conjure d'apprendre à mon père et à mon frère les indignités que l'on m'a fait souffrir, les piéges que l'on m'a tendus, et la funeste mort qui termine ma malheureuse vie. Ceux qui partageaient mes espérances ou qui m'étaient unis par le sang, ceux mêmes que l'envie animait contre moi, s'attendriront sur mon sort, et verront avec douleur que, dans un âge et dans une fortune florissante, après avoir échappé aux hasards de tant de guerres, il m'ait fallu périr par la fraude d'une femme. Vous pourrez porter vos plaintes au Sénat et invoquer les lois. Le principal devoir des amis n'est pas de plaindre inutilement leur ami mort, mais de conserver le souvenir de ses volontés et de les exécuter. Ceux mêmes qui ne connaissent pas Germanicus le pleureront ; vous le vengerez, vous, si vous teniez à sa personne plus qu'à sa fortune. Montrez au Peuple Romain la petite-fille d'Auguste (1), qui est en même

cumventus, miserrimam vitam pessima morte finierim. Si quos spes meæ, si quos propinquus sanguis, etiam quos invidia erga viventem movebat, illacrymabunt, quondam florentem et tot bellorum superstitem, muliebri fraude cecidisse. Erit vobis locus querendi apud senatum, invocandi leges. Non hoc præcipuum amicorum munus est, prosequi defunctum ignavo questu, sed quæ voluerit meminisse, quæ mandaverit exsequi : flebunt Germanicum etiam ignoti : vindicabitis vos, si me potius quam fortunam meam fovebatis. Ostendite Populo Romano divi Augusti neptem, eamdemque conjugem meam : numerate sex liberos. Misericordia cum accusantibus erit : fingentibusque scelesta mandata, aut non credent homines, aut non ignoscent. (TAC. *Ann.*, 2.)

(1) Agrippine.

temps mon épouse : montrez-lui nos six enfants. Quoique accusateurs, vous exciterez la compassion ; et si les accusés osent alléguer des ordres criminels (1), on ne les croira pas, ou ils ne laisseront pas d'être punis. »

5. On peut citer comme rempli des mouvements de la sensibilité la plus vive et la plus touchante, le morceau suivant, où Philoctète exprime à Télémaque les sentiments qu'il éprouva quand Ulysse et Néoptolème voulurent emporter ses armes. « Alors, dit-il, je me
« sentis comme une lionne à qui on vient d'arracher
« ses petits ; elle remplit les forêts de ses rugissements.
« O caverne, disais-je, jamais je ne te quitterai, tu seras
« mon tombeau ! O séjour de ma douleur ! Plus de
« nourriture, plus d'espérance ! Qui me donnera un
« glaive pour me percer ! Oh ! si les oiseaux de proie
« pouvaient m'enlever ! Je ne les percerai plus de mes
« flèches. O arc précieux, arc consacré par les mains
« du fils de Jupiter ! O cher Hercule, s'il te reste encore
« quelque sentiment, n'es-tu pas indigné ? Cet arc
« n'est plus dans les mains de ton fidèle ami ; il est dans
« les mains impures et trompeuses d'Ulysse. Oiseaux
« de proie, bêtes farouches, ne fuyez plus cette ca-
« verne, mes mains n'ont plus de flèches. Misérable,
« je ne puis vous nuire ; venez me dévorer (2). »

* La Sensibilité et l'Imagination seraient des guides

---

(1) Donnés par Tibère.
(2) Les ouvrages modernes où l'on trouve les plus beaux modèles de sensibilité sont *Télémaque*, *Esther*, *Athalie*, et les *Prisons* de Silvio Pellico. Mais si vous voulez devenir sensible, avant tout soyez charitable. Les plus belles lectures ne remplacent point les œuvres de miséricorde. Rien sur la terre n'est bon et tendre comme le cœur d'un saint.

souvent très-infidèles, si elles n'étaient réglées par le Jugement. C'est la qualité qui doit dominer dans l'orateur ; elle donne aux autres un prix singulier, surtout à celles qui contribuent à toucher les cœurs. En effet, les mouvements les plus forts et les plus véhéments seraient-ils autre chose que des extravagances, s'ils n'avaient leur fondement dans le bon sens et la raison?

ARTICLE IV.

DU JUGEMENT.

§ I. — Notions générales.

* 1. Connaître la nature et le caractère des passions, savoir le langage qui leur est propre, distinguer les ressorts qui peuvent les mettre en jeu, n'ignorer aucune des bienséances qui leur conviennent, relativement aux temps, aux lieux, aux personnes, tout cela sans doute est bien nécessaire pour remuer les cœurs ; aussi est-ce le fruit d'une réflexion profonde, d'un discernement exquis et d'un Jugement sain.

* 2. Nous avons dit qu'on peut rapporter toutes les passions à deux sources principales, la douleur et le plaisir, d'où se forment immédiatement l'amour et la haine. Car toutes nos passions nous portent à aimer ou à rechercher ce qui nous paraît capable de nous donner du plaisir, ou à détester et à fuir ce qui peut nous causer de la douleur.

3. Si les rhéteurs, en cela d'accord avec les philosophes, ont distingué un grand nombre de passions,

c'est parce que tous les mouvements de notre cœur, quoique produits par deux principes seulement, se multiplient à l'infini, et avec des différences très-sensibles, suivant que les objets qui les excitent sont eux-mêmes différents : c'est parce que l'amour et la haine nous affectent de mille manières et sous tant de rapports, que le plus habile observateur du cœur humain ne pourrait se flatter de les saisir. Ainsi la haine prend les noms de crainte, de honte, de ressentiment, de colère, de vengeance, d'indignation, suivant que l'objet détesté nous présente le danger, l'infamie, le mépris, l'outrage, la violence, etc. Et l'amour s'appelle pitié, tendresse, respect, reconnaissance, admiration, émulation, etc., suivant que l'objet aimé nous présente des malheurs qui nous touchent, des qualités qui nous gagnent, des bienfaits qui nous attirent, des avantages qui nous plaisent et que nous désirons.

4. Il n'y a donc point de passions qui se ressemblent. Elles donnent toutes à l'âme des secousses différentes et se manifestent au dehors par des traits divers. L'orateur saura donner à chacune le caractère et le langage qui lui est propre. Pour apprendre à le faire avec succès, il ne sera pas inutile de jeter les yeux sur le tableau suivant. Il est d'un habile maître, et les passions y paraissent bien caractérisées.

5. « L'admiration entasse les hyperboles emphatiques, les parallèles flatteurs. L'ironie perçante, le reproche amer, la menace cruelle sont les traits favoris de la haine et de la vengeance. L'envie qui brûle de se satisfaire et qui rougit de se montrer, cache le dépit sous le dédain, prélude à la satire par l'éloge. L'or-

gueil défie, la crainte invoque, la reconnaissance adore. Une marche chancelante, un accent rompu, l'égarement de la pensée, l'abattement du discours annoncent la douleur. Le plaisir bondit, pétille, éclate, se rit des obstacles et de l'avenir, se joue des règles et du temps, s'évapore en saillies, écarte les réflexions, appelle les sentiments. Des traits moins vifs et plus touchants, un épanouissement moins subit et plus durable, moins de paroles et plus d'expression, caractérisent la joie douce et sensible. La sombre et inquiète mélancolie se plaît à rassembler autour d'elle les images funestes, les tristes souvenirs, les noirs pressentiments. La vertueuse espérance ne s'exprime que par des soupirs ardents, que par des vœux répétés, que par des regards tendres, élevés vers le ciel. Le criminel désespoir garde un morne silence, qu'il ne rompt que par des imprécations lancées contre la nature entière; dans sa fureur, il regrette, il invoque le néant. » (CÉRUTY.)

* 6. Mais le vrai moyen d'apprendre à connaître les passions, c'est de les étudier dans son propre cœur. Tous les hommes en portent en eux-mêmes le germe plus ou moins développé, d'où naissent à peu près dans tous les mêmes sentiments et les mêmes affections. Les uns s'en laissent dominer, les autres y résistent : c'est la différence entre l'homme vertueux et celui qui ne l'est pas.

* Imposez-vous donc la loi de descendre en vous-même, quand vous voudrez peindre les passions. *C'est moi que j'étudie*, disait Fontenelle, *quand je veux connaître les autres*. Le meilleur peintre des passions sera donc toujours celui qui aura profondément observé en lui-même, sinon leurs effets réels, au moins leurs effets possibles (1).

* 7. Maintenant, par quelles avenues pénètrerons-nous jusqu'aux cœurs de ceux que nous voulons émouvoir? C'est ce qui demande encore un examen très-réfléchi. Il faut employer tantôt la douceur et les promesses, tantôt la crainte et les menaces. Ici, faites valoir les ruses innocentes; là, déployez la force ouverte. Présentez à l'un l'appât des récompenses; éblouissez les yeux de l'autre par l'éclat de la gloire. Couvrez celui-ci de confusion, lancez contre lui les traits du ridicule; faites trembler celui-là par l'aspect des dangers, de la servitude et de la mort. On a comparé très-ingénieusement l'orateur qui veut gagner les cœurs, à un général qui fait le siége d'une ville. On peut approfondir et étendre cette comparaison par la réflexion. Elle donne l'idée la plus juste de l'art admirable de triompher des cœurs par le talent de la parole, et du discernement subtil qu'il suppose dans l'orateur.

* Ces notions générales ne suffiraient pas, sans les sept observations suivantes.

§ II. — Observations.

* *Première observation.* Avant toutes choses, l'orateur doit considérer si sa matière se prête aux mouvements des passions, et jusqu'à quel point elle s'y prête. En effet, celui qui dans un petit sujet ferait des efforts pour exciter de grands mouvements, manquerait aux bien-

(1) Massillon avouait que son propre cœur était celui de ses livres qui l'avait le plus instruit. Voyez *sur l'avantage de s'étudier soi-même* pour connaître les autres, le cardinal Maury, *Essai sur l'Éloquence de la chaire*, t. I.

séances, et l'on serait plus tenté d'en rire que de répandre des larmes. (1). Martial a joliment tourné en ridicule ce défaut, commun à plusieurs orateurs. « Il ne s'agit dans ma cause, dit-il à son avocat (2), ni de violence, ni de meurtre, ni de poison, mais de trois chèvres qu'on m'a enlevées. J'en accuse mon voisin, et il faut prouver à mon juge que j'ai raison. Et vous parlez de la bataille de Cannes et de la guerre de Mithridate ; et vous rappelez la perfidie et la cruauté des Carthaginois ; et d'une voix sonore et avec de grands gestes, vous nommez les Sylla, les Marius, les Mucius. Eh ! de grâce, avocat, dites un mot de mes trois chèvres (3). »

Seconde observation. Lors même que la nature du sujet donne lieu aux mouvements passionnés, l'orateur ne doit pas s'y jeter sans préparation, mais y venir par degrés et y conduire insensiblement les cœurs. Qu'il

(1) *Non enim parvis in rebus adhibendæ sunt hæ dicendi faces, ne irrisione digni putemur, si tragœdias agamus in nugis.* (CIC., de Orat., lib. II, c. 51, n. 205.)

* (2) *Non de vi, neque cæde, nec veneno,*
Sed lis est mihi de tribus capellis ;
Vicini queror has abesse furto ;
Hoc judex sibi postulat probari.
Tu Cannas, Mithridaticumque bellum
Et perjuria Punici furoris,
Et Sullas, Mariosque, Muciosque
Magna voce sonas manuque tota.
Jam dic, Postume, de tribus capellis.
(Epigr. XIX, lib. VI.)

(3) C'est ce que Racine a dit autrement, mais aussi agréablement, dans les *Plaideurs* :

Avocat, je prétends
Qu'Aristote n'a point d'autorité céans.
Avocat, il s'agit d'un chapon,
Et non point d'Aristote et de sa politique.

expose d'abord ses raisons, qu'il développe les faits: l'auditeur, ainsi prévenu, se laissera plus aisément toucher. C'est la méthode de Cicéron. Voyez surtout son plaidoyer pour Milon, et son discours contre Verrès, *de Suppliciis*. Il y produit les émotions les plus fortes; mais chaque mouvement est amené, et suit plutôt qu'il n'accompagne les raisons et les faits. L'orateur les rassemble, les accumule, les arrange avec un art infini, toujours en s'élevant, tantôt avec force, tantôt avec grandeur, jusqu'à ce que, dominant de haut sur tout ce qui l'environne, il donne, suivant l'expression de Laharpe, une secousse impétueuse à tout cet amas, et en écrase son adversaire.

* Un orateur qui, sans préparation et sans un motif raisonnable, vu et senti par ses auditeurs, s'abandonne à des mouvements passionnés, ressemble, dit Cicéron, à un homme ivre au milieu d'une troupe d'hommes à jeun : *Vinolentus inter sobrios* (1). C'est *une fureur hors de saison*, dit un ancien cité par Longin.

* *Troisième observation.* N'insistez pas trop longtemps sur les passions oratoires : il est de justes bornes en deçà desquelles il faut s'arrêter. Rien ne tarit si aisément que les larmes, dit Cicéron (2). Vous éviterez donc de pousser trop loin les mouvements passionnés, ils ne doivent régner que par intervalles; un discours où ils seraient soutenus d'un bout à l'autre ressemblerait à un orage pendant lequel les éclats de la foudre

---

(1) *Si is, non præparatis auribus, inflammare rem cœpit, furere apud sanos et quasi inter sobrios bacchari vinolentus videtur.* (Cic., *de Orat.*, c. 38, n. 99.)

(2) *Commiserationem brevem esse oportet ; nihil enim lacryma citius arescit.* (Ad Herenn., lib. II, c. 31.) *Lacrymis fatigatur auditor,* dit Quintilien, *et requiescit.* (Lib. VI, c. 1.)

se succèderaient sans aucune interruption. La foudre éclate et gronde; puis elle se repose au sein de la nue pour éclater encore; voilà la nature. Rien de ce qui est violent ne peut être durable. Si l'orateur a les poumons assez forts pour tonner pendant tout un discours, le cœur des auditeurs est trop faible pour tenir à cet excès d'agitation. L'âme, comme le corps, cesse d'être frappée de ce qui dure; elle s'endurcit aux mouvements et aux coups réitérés. Cicéron est encore ici le modèle le plus parfait qu'on puisse indiquer.

* *Quatrième observation.* Si c'est une faute grave de soutenir trop longtemps les mouvements oratoires, c'en est une plus grave peut-être encore de les arrêter trop tôt. On voit des orateurs trouver assez heureusement les avenues du cœur, y arriver et commencer même à l'émouvoir; mais comme s'ils craignaient eux-mêmes l'incendie qu'ils vont allumer, ils laissent tout à coup leur feu s'éteindre, et l'auditeur surpris court en vain après une émotion qui lui échappe, regrette d'avoir été trompé, et retombe tristement dans une sorte d'apathie qu'il déteste. Laisser ainsi l'œuvre de l'éloquence imparfaite, c'est manquer de tact et de goût, et n'avoir aucune connaissance du cœur humain. Nous n'aimons que les orateurs qui nous remuent; ils ne règnent, ils ne plaisent que par là. Achevez donc de donner à vos mouvements toute la force et la véhémence dont une raison sage vous dira qu'ils sont susceptibles.

* *Cinquième observation.* Tout ce qui est incompatible avec un mouvement, tout ce qui ne lui est même qu'étranger ou peu convenable, lui donne un air faux, qui le rend froid et ridicule.

* Vous prétendez inspirer la joie : gardez-vous d'interrompre votre discours par aucun sujet de tristesse. L'âme ne saurait se partager entre des mouvements contraires et opposés. La passion n'a plus d'effet quand elle n'a plus d'unité. L'esprit de l'auditeur se détend, le cœur se refroidit, et vos efforts deviennent inutiles.

* Quand on a le cœur pénétré, échauffé, brûlant, on ne calcule pas ses mouvements ; on s'y abandonne, sans penser à d'autre objet qu'à celui de la passion qui les excite. C'est là qu'il est presque impossible d'être distrait. Voyez comme la douleur est soutenue dans ce morceau de Bossuet :

* « J'étais donc encore destiné à rendre ce triste
« devoir à très-haute et très-puissante princesse...
« Elle, que j'avais vue si attentive pendant que je ren-
« dais le même devoir à la reine sa mère, devait être
« sitôt le sujet d'un discours semblable, et ma triste
« voix était réservée à ce déplorable ministère ! O va-
« nité ! ô néant ! ô mortels ignorants de leur destinée !
« L'eût-elle cru, il y a dix mois ! Et vous, Messieurs,
« eussiez-vous pensé, pendant qu'elle versait tant de
« larmes en ce lieu, qu'elle dût sitôt nous y rassembler
« pour la pleurer elle-même ? Princesse, le digne sujet
« de l'admiration de deux grands royaumes, n'était-ce
« pas assez que l'Angleterre pleurât votre absence,
« sans être réduite encore à pleurer votre mort ? Et la
« France, qui vous reçut avec tant de joie, environnée
« d'un nouvel éclat, n'avait-elle d'autres pompes et
« d'autres triomphes pour vous au retour de ce voyage
« fameux, dont vous aviez remporté tant de gloire et
« de si belles espérances ? Vanité des vanités ! »

* *Sixième observation.* Otez donc de vos mouvements

tout ce qui peut attiédir ou refroidir la passion ; mais surtout ayez assez de goût pour ne point en faire un sujet de ridicule. « Les grands efforts, dit Quintilien (1), en sont très-près, et il arrive fréquemment que ce qui ne fait pas pleurer fait rire. » Un orateur s'agite, s'échauffe, s'enflamme ; mais il outre ses expressions ou ses images ; il se fait trop petit ou trop grand ; il rampe sur la terre ou se perd dans les nues ; il frappe fort plutôt que juste ; il est plus fade que tendre, plus langoureux que sensible, plus tendu que véhément, plus guindé que sublime : en un mot, peu maître de sa matière, il ne sait point la traiter. Il ressemble à l'acteur qui joue mal son rôle, il endort ou fait rire :

Male si mandata loqueris,
Aut dormitabo, aut ridebo. (Hor.)

Malherbe, qui est d'ailleurs un si grand poëte, veut donner de l'intérêt au repentir de saint Pierre. Un faux mouvement lui arrache ces vers, dont le ridicule est ineffaçable :

C'est alors que ses cris en tonnerres éclatent :
Ses soupirs se font vents, qui les chênes combattent ;
Et ses pleurs qui tantôt descendaient mollement,
Ressemblent un torrent qui du haut des montagnes,
Ravageant et noyant les voisines campagnes,
Veut que tout l'univers ne soit qu'un élément.

Malherbe était jeune quand il écrivait ces vers. Oui, sans doute ; mais nous travaillons pour les jeunes gens : ils doivent sentir de bonne heure de quelles fautes le mauvais goût est capable. Aussi Quintilien donne-t-il pour conseil de ne point essayer le *pathétique*, si l'on

(1) *Nihil habet ista res medium, sed aut lacrymas meretur, aut risum.* (Quint., lib. vi, c. 1.)

ne se sent point le talent nécessaire pour le manier à son gré (1), et ce conseil ne saurait être médité trop tôt, ni avec trop d'attention.

* *Septième observation.* Étudiez les dispositions de ceux que vous voulez émouvoir, ou attendez-vous à produire souvent un effet tout contraire à celui que vous désirez. Vous n'inspirerez pas subitement la joie à celui qui est dans la tristesse. Conformez-vous d'abord à la situation et à la pensée de ceux qui vous écoutent, et ensuite, par degrés, avec art et insensiblement, calmant les passions qui vous sont contraires, vous exciterez celles que vous souhaitez. Ainsi Horace, dans l'ode touchante sur la mort de Quintilius, console Virgile de la perte de cet illustre ami (2).

« Peut - on rougir, peut - on cesser jamais de

---

(1) *Illud præcipue monendum est, ne quis sine summi ingenii viribus, ad movendas lacrymas aggredi audeat... Metiatur ac diligenter æstimet vires suas, et quantum onus subiturus sit intelligat* (QUINT., lib. VI, c. 1.)

* (2) *Quis desiderio sit pudor aut modus*
Tam cari capitis? Præcipe lugubres
Cantus, Melpomene, cui liquidam Pater
   Vocem cum cithara dedit.
Ergo Quintilium perpetuus sopor
Urget! cui pudor, et justitiæ soror
Incorrupta Fides, nudaque Veritas,
   Quando ullum invenient parem?
Multis ille bonis flebilis occidit,
Nulli flebilior quam tibi, Virgili.
Tu frustra pius heu! non ita creditum
   Poscis Quintilium Deos.
Quod si Thrcicio blandius Orpheo
Auditam moderere arboribus fidem,
Non vanæ redeat sanguis imagini,
   Quam virga semel horrida,
Non lenis precibus fata recludere,
Nigro compulerit Mercurius gregi.

« pleurer une tête si chère? Inspire-moi des chants
« lugubres, ô Melpomène, à qui le Dieu dont tu reçus
« le jour a donné la lyre et le charme de la voix.

« C'en est donc fait, Quintilius est enseveli dans un
« éternel sommeil! Honneur, Bonne-Foi, incorrup-
« tible sœur de la Justice, et toi, Vérité sans fard,
« quand trouverez-vous un mortel qui lui ressemble?

« Il meurt digne des regrets de tous les gens de bien:
« mais aucun ne lui doit plus de larmes que toi, cher
« Virgile. Hélas! c'est en vain que la tendre amitié
« redemande aux Dieux Quintilius: ces Dieux ne te
« l'avaient pas confié pour toujours.

« Non, quand ta lyre harmonieuse ferait entendre
« aux arbres mêmes des sons plus doux que ceux d'Or-
« phée, tu ne rappellerais pas à la vie une ombre
« vaine, que l'inexorable Mercure, avec sa verge
« terrible, a réunie une fois au noir troupeau. Destin
« cruel! Mais on adoucit par la patience le mal qu'on
« ne saurait guérir. »

Disons donc, avec tous les habiles maîtres, que l'art de remuer les passions est le grand art de l'orateur, parce qu'elles sont l'aliment naturel de la haute éloquence. Le nom d'orateur ne peut convenir à ceux qui ne savent parler qu'à l'esprit. Il leur faudrait des auditeurs sans cœur; et quel est l'homme qui voudrait ou pourrait se dépouiller du sien? Un long discours où le cœur ne se trouve nulle part intéressé, est un discours ennuyeux. Quand vous parlez à l'homme de ses devoirs, remuez-le tout entier, si vous voulez

Durum! Sed levius fit patientia
Quidquid corrigere est nefas.
(Lib. I, od. 20.)

l'entraîner. Vous m'avez convaincu peut-être en parlant à mon esprit; mais vous n'avez rien dit à mon cœur, je ne suis point persuadé. Il vous reste à vaincre une moitié de moi-même, et quelle moitié! la plus puissante, la plus énergique, celle qui maîtrise l'autre, celle qui en triomphe presque toujours.

On nous saura gré de terminer cette matière par la citation d'un morceau qui justifie en quelque sorte le soin particulier que nous avons mis à la traiter. Nous le tirons du discours de Cicéron *de Suppliciis*. C'est l'admirable peinture des traitements indignes que le licteur Sestius faisait souffrir aux infortunées victimes de la cruauté de Verrès (1).

« Condamnés à mourir, les capitaines des vais-

(1) *Includuntur in carcerem condemnati: supplicium constituitur in illos. Sumitur de miseris parentibus navachorum: prohibentur adire ad filios: prohibentur liberis suis cibum vestitumque ferre. Patres hi quos videtis jacebant in limine; matresque miserœ pernoctabant ad ostium carceris, ab extremo complexu liberum exclusœ: quœ nihil aliud orabant, nisi ut filiorum extremum spiritum ore excipere sibi liceret. Aderat janitor carceris, carnifex prœtoris, mors terrorque sociorum et civium lictor Sestius; cui ex omni gemitu doloreque certa merces comparabatur. Ut adeas, tantum dabis; ut cibum tibi intro ferre liceat, tantum. Nemo recusabat. Quid ut uno ictu securis afferam mortem filio tuo, quid dabis? Ne diu crucietur? Ne sœpius feriatur? Ne cum sensu doloris aliquo, aut cruciatu spiritus auferatur? Etiam ob hanc causam pecunia lictori dabatur. O magnum atque intolerandum dolorem! O gravem acerbamque fortunam! Non vitam liberum, sed mortis celeritatem pretio redimere cogebantur parentes. Atque ipsi etiam adolescentes cum Sestio de eadem plaga et de uno illo ictu loquebantur. Idque postremum parentes suos liberi orabant, ut, levandi cruciatus sui gratia, lictori pecunia daretur. Multi et graves dolores inventi parentibus et propinquis, multi. Verumtamen mors sit extrema. Non erit. Est ne aliquid ultra, quo progredi crudelitas possit? Reperietur. Nam illorum liberi cum erunt securi percussi ac necati, corpora feris abjicientur. Hoc si luctuosum est parenti, redimat pretio sepeliendi potestatem.* (De Suppl.)

« seaux sont enfermés en prison : on prépare leur sup-
« plice. Déjà on l'exécute dans la personne de leurs
« malheureux parents. On leur défend d'approcher
« de leurs fils, on leur défend de porter à leurs enfants
« des vêtements et de la nourriture. Ces pères, que
« vous voyez ici présents, étaient étendus sur le seuil
« de la prison. Les mères éplorées y passaient les nuits,
« privées de la consolation d'embrasser leurs enfants
« pour la dernière fois ; elles ne demandaient pour
« toute grâce que de recueillir au moins leurs derniers
« soupirs, et le demandaient en vain. Là veillait un
« geôlier impitoyable, le ministre des cruautés du
« préteur, la terreur et le fléau des alliés et des
« citoyens, le licteur Sestius, qui se faisait un revenu
» sur la douleur et les gémissements de ces malheu-
« reux. — Pour entrer dans la prison vous donnerez
« tant ; tant pour qu'il vous soit permis d'y porter de la
« nourriture. — Personne ne refusait. — Et pour que
« d'un seul coup j'abatte la tête à votre fils, que
« donnerez-vous ? pour qu'il ne souffre pas long-
« temps ? pour qu'il ne soit pas frappé plusieurs fois ?
« pour qu'il ne se sente pas mourir ? — On lui
« comptait encore de l'argent pour obtenir ces tristes
« avantages. O douleur amère et cruelle ! ô sort
« affreux et déplorable ! Ce n'était point la vie de
« leurs enfants, c'était une mort plus prompte que
« des parents étaient contraints d'acheter pour eux à
« prix d'argent. Les jeunes gens eux-mêmes traitaient
« avec Sestius pour ne recevoir qu'un seul coup. Ils
« demandaient à leurs parents, comme une dernière
« marque de leur tendresse, de payer au licteur cet
« adoucissement à leurs souffrances. Les tourments

« les plus affreux ont été multipliés dans cette cir-
« constance contre les parents et les proches des
« malheureux capitaines ; oui, ils ont été multipliés ;
« mais au moins que la mort soit le dernier de tous :
« elle ne le sera pas. La cruauté peut-elle donc aller
« plus loin ? Oui, sans doute : quand ils auront eu la
« tête tranchée, leurs corps seront exposés aux bêtes
« féroces. Si c'est désolant pour un père, qu'il achète
« la permission de donner la sépulture à son fils. »

Comme ce tableau va au cœur ! comme il excite au plus haut degré la pitié, l'indignation, l'horreur !

LIVRE II

DE LA DISPOSITION

CHAPITRE I

Définition de la disposition, son importance; combien de parties dans un discours.

* 1. La Disposition est *la partie de la Rhétorique qui apprend à mettre dans un ordre convenable les moyens de persuader fournis par l'Invention.*

* 2. On peut considérer un discours comme un édifice dont l'orateur est l'architecte. C'est l'idée qu'en donne Cicéron lorsqu'il dit que toute pièce d'éloquence est bâtie avec des mots et des choses : *Orationis ipsa exædificatio posita est in rebus et in verbis.* (De Orat., lib. II, c. 15, n. 63.) « Or, de même que pour bâtir, dit Quintilien, il ne suffit pas d'assembler des pierres, des matériaux, enfin toutes les choses nécessaires à un édifice, et qu'il faut encore qu'une main habile les dispose et les place ; de même, en matière d'éloquence, quelque multitude de choses que nous ayons à dire, ce ne sera qu'un amas confus, si la disposition ne les arrange et ne les lie les unes avec les autres, pour en faire un tout bien régulier ». (*Lib.* VII, Proœm.)

* Cette seconde partie de la Rhétorique est donc bien

importante, puisque la première n'est presque d'aucun mérite sans elle. En effet, c'est l'ordre et l'arrangement qui donne du prix aux plus belles choses. « Voyez, dit encore Quintilien, ces membres finis et parfaits, mais épars: en ferez-vous une statue, si vous ne savez les unir? Et dans le corps humain n'aurez-vous pas un monstre, si vous mettez une partie à la place d'une autre? Et les muscles et les nerfs feront-ils leurs fonctions, pour peu qu'ils soient dérangés? Les grandes armées où se met la confusion s'embarrassent et se défont d'elles-mêmes. L'univers ne se maintient que par l'ordre, et si cet ordre venait à se troubler, tout périrait ». (*Lib.* vii, Proœm.)

Toutes les idées y sont brouillées, confuses : c'est l'image du chaos. C'est un vaisseau sans gouvernail, qui est le jouet des vents. C'est un voyageur qui erre la nuit dans des lieux inconnus. L'orateur qui n'avance pas vers un but fixe, mais qui marche à l'aventure, sans se proposer rien de lié, rien de suivi, n'éclaire, ni ne plaît, ni ne touche : il ennuie (1).

L'objet de ce livre est de faire connaître les différentes parties du discours, et de montrer la liaison qui doit régner entre elles. Nous le finirons par indiquer les qualités nécessaires à ce qu'on appelle ordinairement le Plan du discours.

* 3. « La nature même, dit Cicéron, nous apprend combien un discours doit avoir de parties. C'est elle qui nous avertit de ne pas entrer brusquement en matière, mais d'y préparer les esprits ; d'exposer ensuite la chose dont il s'agit ; puis de la prouver en

---

(1) L'ordre est la *loi suprême des êtres intelligents*, a dit un profond philosophe.

faisant valoir nos raisons; enfin de mettre au discours une conclusion qui le termine (1). »

* Il suit de là que tout discours a nécessairement quatre parties : 1° l'Exorde, qui prépare les esprits; 2° la Proposition, qui expose le sujet; 3° la Confirmation, qui le prouve; 4° la Péroraison, qui conclut.

* Certains discours, comme les plaidoyers, ont deux parties de plus, savoir : la Narration, qu'on place après la Proposition, et la Réfutation, qu'on place avant ou après la Confirmation. Nous parlerons successivement de chacune de ces parties.

(1) *Nam ut aliquid ante rem dicamus; deinde, ut rem exponamus; post, ut cam probemus nostris præsidiis confirmandis, contrariis refutandis; deinde, ut concludamus atque ita peroremus; hoc dicendi genus natura ipsa præscribit.* (De Orat., lib. II, c. 76, n. 307.) Voyez aussi Aristote, *Rhét.*, liv. III, c. 13.

CHAPITRE II

DE L'EXORDE.

§ I.

1. Définition de l'Exorde. — 2. But de l'Exorde. — 3. De la bienveillance. — 4. Des compliments. — 5. De l'attention. — 6. Qualités de l'Exorde. — 7. Modèles.

* 1. L'Exorde est la partie du discours par laquelle on entre en matière.

* 2. Le but de l'Exorde est en général de préparer l'auditeur à comprendre, à écouter, à recevoir favorablement ce qu'on va lui dire (1).

* Pour faire bien comprendre ce qu'il va dire, l'orateur désigne le sujet dont il veut parler; il marque les circonstances et les motifs qui l'engagent à le traiter; et il rappelle les principes ou les faits qui peuvent jeter de la lumière sur le reste de son discours.

Mais il doit en outre se concilier la bienveillance et l'attention de ses auditeurs.

* 3. Il se conciliera la Bienveillance par l'expression des mœurs, c'est-à-dire par cet air de douceur, de probité, de modestie, si prévenant dans tous ceux qui parlent en public. Quoique l'orateur doive plaire dans

---

(1) *Principium ita sumitur ut attentos, ut dociles, ut benevolos auditores habere possimus.* (Ad Herenn., lib. 1, c. 4, n. 6.) *Dociles* signifie *doceri faciles,* comme Cicéron l'explique ailleurs : *Principium sumitur trium rerum gratia, ut amice, ut intelligenter, ut attente audiamus.* (Part. or., c. 8, n. 28.)

tout le discours, il doit tâcher de le faire surtout en commençant. Un air trop confiant révolterait les esprits. Son début sera donc simple, modeste et naturel. La modestie, compagne inséparable du vrai mérite, attire l'estime et la bienveillance; l'air simple et naturel porte un caractère de candeur qui ouvre le chemin à la persuasion.

* On voit beaucoup d'orateurs qui parlent d'eux-mêmes dans l'exorde; ils ont presque toujours tort. (Colin.) L'orateur cesse d'être quelque chose dès qu'il fait penser à lui. Il ne faut parler de soi que quand la nécessité l'exige. Ceux mêmes qui s'excusent sur la faiblesse de leurs talents ne sont pas à l'abri des reproches : ce n'est le plus souvent de leur part qu'un raffinement d'amour-propre, qui aime mieux dire du mal de soi que de s'en taire.

* 4. Il arrive dans bien des occasions que, sur la fin de l'exorde, on ménage un compliment pour ses auditeurs ou pour quelqu'un d'entre eux. C'est un moyen de se concilier leur bienveillance, mais qu'il n'est pas toujours facile d'employer avec succès. Complimenter, c'est louer. Or « c'est un grand art de savoir bien « louer, a dit un écrivain de beaucoup d'esprit, et à « mon avis nul genre ne demande des pensées plus « fines, ni des tours plus délicats que celui-là (1). » Aussi a-t-il été l'écueil des plus grands orateurs chez les anciens comme chez les modernes. Je conseillerais donc volontiers aux jeunes gens de louer peu, ou mieux de louer indirectement. C'est la manière la plus fine. Boileau nous en donne un modèle ingénieux dans son

(1) Bouhours, *Manière de bien penser dans les ouvrages d'esprit*, 2ᵉ dialogue.

épître à Lamoignon. Il feint qu'à son retour de la campagne un de ses amis lui parle des victoires de Louis XIV.

> Un bruit court que le roi va tout réduire en poudre,
> Et dans Valencienne est entré comme un foudre...
> Dieu sait comme les vers chez vous s'en vont couler !
> Dit d'abord un ami qui veut me cajoler,
> Et, dans ce temps guerrier et fécond en Achilles,
> Croit que l'on fait les vers comme l'on prend les villes.
> Mais moi, dont le génie est mort en ce moment,
> Je ne sais que répondre à ce vain compliment ;
> Et, justement confus de mon peu d'abondance,
> Je me fais un chagrin du bonheur de la France.

En affectant un air d'humeur contre son ami, qui *croit que l'on fait les vers comme l'on prend les villes*, le poëte loue d'autant plus finement qu'il semble refuser de le faire. (TUET.)

Mais il n'est pas toujours possible de se dispenser d'un éloge direct. Les compliments sont souvent commandés par les bienséances, par l'usage, par ce qu'on appelle *étiquette*. S'en abstenir dans ces circonstances, serait un manque d'égards et ressemblerait même quelquefois à une injure. Quelques principes généraux sur l'art de louer ne seront donc point ici déplacés.

Un de nos écrivains qui a le mieux connu, au temps de sa gloire, les secrets de l'éloquence, a bien fait sentir la difficulté de faire un compliment, quand il a dit (1) « qu'il faut le lier au sujet qu'on traite, louer par les faits pour louer sans flatterie ; ennoblir l'éloge en l'associant avec courage à quelque grande et utile vérité ; éviter les généralités, qui ne carac-

---

(1) MAURY, *Essai sur l'Éloquence de la chaire*, XXXIV, *des Compliments*. — Voyez, sur l'Art de louer, d'utiles conseils dans Aristote, *Rhét.*, liv. I, c. 9.

térisent et ne satisfont personne; mêler avec une sage hardiesse l'instruction aux louanges, ou plutôt la faire sortir de la louange elle-même ; se borner à un petit nombre d'idées vives et frappantes; tâcher de consacrer tout éloge individuel par des pensées aussi brillantes que justes et faciles à retenir; rester avec art, dans l'expression de son estime, en deçà de la vérité, plutôt que d'aller au delà. »

Ces préceptes sont remplis de goût : nous ajouterons qu'ils ne sont jamais bien observés que par les orateurs qui joignent beaucoup de naturel à beaucoup d'art, la finesse et la délicatesse à une sorte de simplicité et de naïveté, l'élévation et la noblesse à l'élégance et à la grâce, qualités qui paraissent quelquefois peu compatibles entre elles, et sans lesquelles néanmoins un compliment est presque toujours froid, languissant, fade, bas ou ridicule.

* Un des plus ingénieux et des mieux tournés dont s'honore notre langue, est celui de **Massillon** à Louis XIV, dans l'exorde si justement vanté de son sermon pour le jour de la Toussaint. L'orateur y prend pour texte ces trois mots tirés de l'évangile du jour, *Beati qui lugent* : « Bienheureux ceux qui pleurent. » C'est en les commentant, qu'il donne au plus grand roi de son siècle les louanges les plus adroites et les mieux méritées.

« Sire, si le monde parlait ici à la place de Jésus-
« Christ, sans doute il ne tiendrait pas à Votre Majesté
« le même langage. Heureux le prince, vous dirait-il,
« qui n'a jamais combattu que pour vaincre; qui n'a
« vu tant de puissances armées contre lui, que pour
« leur donner une paix plus glorieuse; et qui a tou-

« jours été plus grand que le péril ou que la victoire.
« Heureux le prince qui, durant le cours d'un règne
« long et florissant, jouit à loisir des fruits de sa
« gloire, de l'amour de ses peuples, de l'estime de ses
« ennemis, de l'admiration de l'univers, de l'avan-
« tage de ses conquêtes, de la magnificence de ses
« ouvrages, de la sagesse de ses lois, de l'espérance
« auguste d'une nombreuse postérité ; et qui n'a plus
« rien à désirer que de conserver longtemps ce qu'il
« possède. Ainsi parlerait le monde. Mais, Sire, Jésus-
« Christ ne parle pas comme le monde. »

Il est impossible de rien trouver d'aussi parfait (1).

* 5. L'orateur se conciliera l'Attention, s'il donne dès le commencement une bonne idée de ses talents et de ses lumières, s'il sait faire envisager son sujet comme capable d'intéresser; enfin, s'il est clair, net, court et précis. D'où l'on doit conclure : 1° qu'il faut travailler l'Exorde avec un soin particulier; 2° y présenter en gros son sujet par les endroits les plus frappants, sans toutefois entrer dans les détails et sans rien approfondir; 3° s'exprimer en termes usités, qui ne sentent ni l'apprêt ni la recherche; 4° ne donner à l'exorde que l'étendue nécessaire. C'est comme la tête du discours; or la tête doit être proportionnée au reste du corps (2).

Les jeunes orateurs sont plus sujets que les autres à

---

(1) Massillon parut si éloquent dans cette circonstance, que les courtisans les plus spirituels en furent étonnés, et *il excita dans l'assemblée, malgré la gravité du lieu, un mouvement involontaire d'admiration.* — D'ALEMBERT, *éloge de Massillon.* — Voyez l'abbé Maury, sur les Compliments, *Essai sur l'Éloq. de la chaire*, tom. I.

(2) On ne place pas un vaste portique à l'entrée d'un petit bâtiment. C'est la pensée de Blair.

manquer à ces règles. Ils se jettent dans leur sujet avec toute l'impétuosité de leur imagination, et sans trop penser où elle les conduira; ils prodiguent avec complaisance toutes les beautés prétendues oratoires qu'elle peut leur suggérer. Ce sont de jeunes coursiers que leur ardeur emporte dès l'entrée de la carrière. Il est rare qu'ils la fournissent tout entière avec succès; ils tombent hors d'haleine avant d'arriver au but. Cicéron et Quintilien, bien médités sur cette matière importante, peuvent contribuer beaucoup à donner aux jeunes gens la réflexion et la maturité nécessaires pour réussir dans cette partie du discours.

* 6. « L'exorde, dit Quintilien, exige une grande réserve dans les pensées et dans le style. Les auditeurs ne nous ont encore ouvert ni leur esprit ni leur cœur. Ils peuvent soupçonner aisément que nous voudrions les surprendre. Leur attention tout entière est en garde contre nous. Ici le comble de l'art est de n'en point montrer, en évitant avec soin tout ce qui pourrait nous rendre suspects par des airs de présomption, de hardiesse, d'affectation, de recherche. »

« * L'exorde doit être plein de gravité, dit Cicéron, et renfermer tout ce qui peut contribuer à la dignité du discours; ce qui demande un grand travail et un soin particulier, par la raison que l'orateur doit travailler et soigner par-dessus tout ce qui doit par-dessus tout lui concilier la faveur de ceux qui l'écoutent. Mais l'art doit y être fort caché, et il faut en bannir l'éclat et les ornements trop recherchés, par la raison encore que l'on pourrait soupçonner l'orateur de vouloir tromper son auditeur par les apprêts d'une éloquence artificieuse, qui, en rendant son discours suspect, lui ôterait à lui-même toute l'autorité dont il a besoin. » (*Inv.* I.)

7. Voilà bien des difficultés sans doute : citons maintenant des exemples qui puissent apprendre à les vaincre.

En comparant l'exorde du plaidoyer d'Ajax avec celui du plaidoyer d'Ulysse, dans Ovide, on pourra connaître en quoi consiste l'art de préparer les esprits. Après la mort d'Achille, Ajax et Ulysse se disputaient les armes de ce héros. Ils exposent tous deux leurs prétentions, en présence des princes confédérés. Ajax parle le premier : il dit précisément tout ce qu'il faut pour indisposer l'esprit de ses juges (1). « Impatient et « fougueux, dit Ovide, il regarde d'un œil farouche le « rivage et la flotte, et, levant les mains, il s'écrie : « Grands Dieux! c'est à la vue de nos vaisseaux que « nous plaidons, et on ose mettre Ulysse en parallèle « avec moi! Cependant il a reculé devant les feux « dont Hector venait brûler notre flotte ; et moi je les « ai bravés, je les ai repoussés. » Cette présomption, cet emportement contre Ulysse et contre les juges, à qui il semble reprocher leur injustice et leur ingratitude ; ce grand service rappelé d'une manière si dure, tout cela n'était propre qu'à aliéner les esprits. Ce n'est pas qu'Ovide se soit mépris ; mais il a voulu peindre le caractère d'Ajax, héros moins instruit dans l'art de parler qu'habile à manier les armes.

(1) .... *Sigeia torvo*
Littora respexit classemque in littore vultu,
Intendensque manus : Agimus, proh Jupiter, inquit,
Ante rates causam, et mecum confertur Ulysses!
At non Hectoreis dubitavit cedere flammis,
Quas ego sustinui, quas hac a classe fugavi.
(Ovid., *Met.*, lib. XIII.)

* Ulysse commence son discours d'une façon toute différente. Il était le plus rusé comme le plus éloquent des Grecs. « (1) Princes, dit-il, si vos vœux et les « miens avaient été remplis, l'héritier de ces armes ne « serait pas incertain, et elles n'auraient point excité « ces grands débats; tu les possèderais, Achille, et « nous te possèderions encore ! Mais puisque les destins « cruels m'ont refusé cette consolation ainsi qu'à vous « (en même temps il porte la main à ses yeux comme « pour essuyer ses larmes), qui doit succéder au grand « Achille, si ce n'est celui auquel votre armée a dû ce « héros? » On ne voit rien dans cet exorde qui ne soit engageant. Modération, désintéressement, piété, dévouement à la cause commune, amour des grands hommes, respect pour ses juges, tout prévient favorablement les auditeurs.

ARTICLE II.

1. Exorde simple, — 2. insinuant, — 3. magnifique, — 4. véhément.

On distingue plusieurs sortes d'exordes :

* 1° L'exorde simple n'est à proprement parler qu'un début, un commencement, *principium*. Il est sans artifice et consiste à exposer en peu de mots et

---

(1) *Si mea cum vestris valuissent vota, Pelasgi,*
Non foret ambiguus tanti certaminis hæres :
Tuque tuis armis, nos te poteremur, Achille.
Quem quoniam non æqua mihi vobisque negarunt
Fata (manuque simul veluti lacrymantia tersit
Lumina) quis magno melius succedat Achilli,
Quam per quem magnus Danais successit Achilles ?
(Ovid., *Met.*, lib. XIII.)

avec netteté ce dont il s'agit. Il s'emploie dans les circonstances où l'orateur étant assuré de l'attention et de la bienveillance de ses auditeurs, n'a rien de mieux à faire que d'entrer promptement en matière. Les précautions de l'exorde insinuant seraient alors inutiles et déplacées.

* 2° L'exorde par insinuation demande beaucoup d'art et de finesse. On le met en usage surtout lorsqu'on a à craindre, de la part de l'auditeur, des dispositions peu favorables, lorsqu'il s'agit, par exemple, de détruire une erreur, d'attaquer un préjugé, de combattre un sentiment reçu, d'affaiblir les raisons d'un adversaire puissant ou respectable. Dans toutes ces circonstances, il faut s'insinuer peu à peu dans les esprits et les amener doucement à son but. Si on commençait par les heurter de front, on se mettrait en risque d'échouer. C'est alors que l'orateur doit avoir recours à ces tours adroits qui adoucissent ce qui paraîtrait choquant, et que l'on appelle *Précautions oratoires*. Le discours d'Ulysse offre un beau modèle de l'exorde par insinuation. Mais le plus parfait qu'on puisse citer est l'exorde du second discours de Cicéron sur la loi agraire (1).

* 3° L'exorde magnifique et pompeux a lieu surtout dans le genre démonstratif. S'il faut louer, par exemple,

(1) Voyez-en l'analyse dans Rollin, *Traité des Ét.*, liv. III, c. 3, § 6. On peut aussi étudier comme d'excellents modèles l'exorde de la Milonienne, dans Cicéron, et l'exorde du discours pour la Couronne, dans Démosthène. — Cicéron marque ainsi la différence entre l'exorde simple et l'exorde par insinuation : dans le premier, il suffit à l'orateur d'énoncer sans détour le sujet dont il s'agit pour se concilier immédiatement la bienveillance et l'attention ; dans le second, il lui faut cacher et dissimuler sa marche pour arriver au même but. (*Ad Herenn.*, lib. 1, c. 7, n. 11.)

un saint ou un héros, l'auditeur apporte de lui-même toutes les dispositions que l'orateur peut souhaiter. Il s'intéresse au sujet, il admire ou même respecte celui dont il vient entendre les louanges; loin d'être en garde contre l'orateur, il le favorise d'avance, et tout l'embarras de celui qui parle est de remplir l'attente de ceux qui l'écoutent. Ainsi il peut dès le commencement étaler toutes les richesses et toute la pompe de l'éloquence, comme l'a fait Bossuet dans l'oraison funèbre de la reine d'Angleterre.

« Celui qui règne dans les cieux et de qui relèvent
« tous les empires, à qui seul appartient la gloire,
« la majesté et l'indépendance, est aussi le seul qui
« se glorifie de faire la loi aux rois et de leur donner,
« quand il lui plaît, de grandes et de terribles leçons.
« Soit qu'il élève les trônes, soit qu'il les abaisse,
« soit qu'il communique sa puissance aux princes,
« soit qu'il la retire à lui-même et ne leur laisse que
« leur propre faiblesse, il leur apprend leur devoir
« d'une manière souveraine et digne de lui; car en
« leur donnant sa puissance, il leur commande d'en
« user, comme il fait lui-même, pour le bien du
« monde, et il leur fait voir, en la retirant, que toute
« leur majesté est empruntée, et que, pour être assis
« sur le trône, ils n'en sont pas moins sous sa main
« et sous son autorité suprême. C'est ainsi qu'il ins-
« truit les princes, non-seulement par des discours et
« par des paroles, mais encore par des effets et par des
« exemples. *Et nunc, Reges, intelligite; erudimini,*
« *qui judicatis terram.*

« Chrétiens, que la mémoire d'une grande reine,
« fille, femme, mère de tant de rois si puissants et

« souveraine de trois royaumes, appelle de tous côtés
« à cette triste cérémonie, ce discours vous fera pa-
« raître un de ces exemples redoutables qui étalent
« aux yeux du monde sa vanité tout entière. Vous
« verrez dans une seule vie toutes les extrémités des
« choses humaines; la félicité sans bornes, aussi bien
« que les misères; une longue et paisible jouissance
« d'une des plus nobles couronnes de l'univers; tout
« ce que peuvent donner de plus glorieux la puissance
« et la grandeur accumulées sur une tête, qui ensuite
« est exposée à tous les outrages de la fortune; la
« bonne cause d'abord suivie de bons succès, et de-
« puis, des retours soudains, des changements inouïs;
« la rébellion longtemps retenue, à la fin tout à fait
« maîtresse; nul frein à la licence; les lois abolies;
« la majesté violée par des attentats jusqu'alors in-
« connus; l'usurpation et la tyrannie sous le nom de
« liberté; une reine fugitive qui ne trouve aucune
« retraite dans trois royaumes et à qui sa propre pa-
« trie n'est plus qu'un triste lieu d'exil; neuf voyages
« sur mer entrepris par une princesse, malgré les
« tempêtes; l'Océan étonné de se voir traversé tant de
« fois en des appareils si divers et pour des causes si
« différentes; un trône indignement renversé et mira-
« culeusement rétabli. Voilà les enseignements que Dieu
« donne aux rois; ainsi fait-il voir au monde le néant
« de ses pompes et de ses grandeurs. Si les paroles
« nous manquent, si les expressions ne répondent pas
« à un sujet si vaste et si relevé, les choses par-
« leront assez d'elles-mêmes. Le cœur d'une grande
« reine, autrefois élevé par une longue suite de pros-
« pérités et puis plongé tout à coup dans un abîme

« d'amertume, parlera assez haut ; et s'il n'est pas
« permis aux particuliers de faire des leçons aux
« princes sur des événements si étranges, un roi me
« prête ses paroles pour leur dire : *Entendez, ô grands*
« *de la terre ! instruisez-vous, arbitres du monde.* »

Quelle pompe ! quelle magnificence ! quelle grandeur ! quel intérêt ! On peut rapprocher de cet exorde celui de l'oraison funèbre de Turenne, par Fléchier, où se montre avec le plus grand éclat toute l'élévation des pensées, toute la richesse et la variété des expressions et des tours. C'est un beau sujet de comparaison, où les jeunes gens peuvent exercer leur goût avec beaucoup de fruit.

Il est impossible de parler de l'exorde magnifique et pompeux, sans se rappeler le début de celui de Massillon dans l'oraison funèbre de Louis XIV : « Dieu seul
« est grand, mes frères, et dans ces derniers moments
« surtout, où il préside à la mort des rois de la terre ;
« plus leur gloire et leur puissance ont éclaté, plus,
« en s'évanouissant alors, elles rendent hommage à la
« grandeur suprême : Dieu paraît tout ce qu'il est, et
« l'homme rien de tout ce qu'il croyait être. »

Dieu seul est grand, mes frères ! Je ne vois pas qu'eu égard aux circonstances, jamais orateur ait débuté d'une manière plus sublime.

* 4° Enfin l'exorde véhément ou *ex abrupto*. Il convient de l'employer lorsqu'il s'agit d'une chose très-grave, très-importante, qui excite par elle-même des sentiments violents d'indignation, de crainte, de douleur, etc., dont les auditeurs sont déjà pénétrés. Alors on peut commencer avec éclat, et se livrer tout de suite à des mouvements conformes aux dispositions de ceux qui écoutent. On citera éternellement comme le plus beau modèle en ce genre l'exorde du premier discours de Cicéron contre Catilina. L'indignation était à son comble contre ce scélérat, lorsque le consul romain lui adressa, en présence des sénateurs assemblés, ces foudroyantes paroles : « (1) Jusques à quand, « Catilina, abuseras-tu de notre patience? Jusques à « quand serons-nous le jouet de ta fureur? Quand « mettras-tu des bornes à ton audace effrénée? Quoi! « ni la garde qu'on fait toutes les nuits sur le mont « Palatin, ni les soldats distribués pour veiller partout « à la sûreté de la ville, ni l'effroi répandu parmi le « peuple, ni le concours de tous les bons citoyens, ni « l'appareil redoutable de ce lieu auguste, ni le visage « et les regards irrités des sénateurs ne font aucune « impression sur toi! Tu ne sens pas, tu ne vois pas « que tes desseins sont découverts! qu'éclairée de toutes « parts et connue de tous ceux qui sont ici, ta conju- « ration est arrêtée, enchaînée! Ce que tu as fait la

* (1) *Quousque tandem abutere, Catilina, patientia nostra? Quandiu etiam furor iste tuus nos eludet? Quem ad finem sese effrænata jactabit audacia? Nihilne te nocturnum præsidium Palatii, nihil urbis vigiliæ, nihil timor populi, nihil concursus bonorum omnium, nihil hic munitissimus habendi senatus locus, nihil horum ora vultusque moverunt? Patere tua consilia non sentis? Constrictam jam omnium horum conscientia teneri conjurationem tuam non vides? Quid proxima, quid superiore nocte egeris, ubi fueris, quos convocaveris, quid consilii ceperis, quem nostrum ignorare arbitraris? O tempora! o mores! Senatus hæc intelligit, consul videt: hic tamen vivit. Vivit! immo vero etiam in senatum venit: fit publici consilii particeps; notat et designat oculis ad cædem unumquemque nostrum. Nos autem, viri fortes, satisfacere reipublicæ videmur, si istius furorem ac tela vitemus. Ad mortem te, Catilina, duci jussu consulis jampridem oportebat, in te conferri pestem istam quam tu in nos omnes jam diu machinaris.* (Orat. I in Cat.)

« nuit dernière, ce que tu fis la nuit précédente, le
« lieu où tu t'es rendu, les hommes que tu as rassem-
« blés, les projets que tu as formés, crois-tu qu'il y en
« ait parmi nous un seul qui n'en soit instruit? O
« temps! ô mœurs! Le sénat connaît ces complots,
« le consul les voit, et Catilina vit encore! Il
« vit! que dis-je! il vient au sénat, il assiste à nos
« délibérations, il désigne, il marque de l'œil ceux
« d'entre nous qu'il destine à la mort! Et nous,
« hommes courageux, nous croyons être quittes en-
« vers la République, si nous échappons aux fureurs
« de ce forcéné, si nous évitons ses poignards! Il y a
« longtemps, Catilina, qu'un ordre du consul aurait
« dû t'envoyer à la mort, et faire retomber sur toi les
« maux que tu nous prépares. »

On est frappé, étonné, consterné en lisant cet exorde. C'est l'effet que Cicéron voulait produire sur ses auditeurs et particulièrement sur Catilina. S'il eût voulu commencer tranquillement son discours par les précautions ordinaires de l'exorde, il aurait attiédi et peut-être éteint l'émotion des auditeurs. Mais il profita en habile homme de la disposition où il les trouvait, et s'appliqua, sans autre préambule, à augmenter la chaleur de leur indignation, et à jeter en même temps le trouble et la crainte dans l'âme de Catilina.

* On peut rapporter à l'exorde véhément celui du premier sermon prêché par le célèbre P. Bridaine dans l'église Saint-Sulpice, à Paris, en 1751. Sa réputation l'avait devancé dans la capitale. On n'y parlait que de son rare talent dans l'art de remuer les cœurs. La plus haute compagnie voulut l'entendre par curiosité. En arrivant à la chaire, il aperçut dans l'assemblée plusieurs évêques, un grand nombre de personnes décorées, une foule innombrable d'ecclésiastiques ; et ce spectacle, loin de l'intimider, lui inspira l'exorde qu'on va lire.

* « A la vue d'un auditoire si nouveau pour moi,
« il semble, mes frères, que je ne devrais ouvrir la
« bouche que pour vous demander grâce en faveur
« d'un pauvre missionnaire dépourvu de tous les ta-
« lents que vous exigez quand on vient vous parler de
« votre salut. J'éprouve cependant aujourd'hui un
« sentiment bien différent ; et si je me sens humilié,
« gardez-vous de croire que je m'abaisse aux miséra-
« bles inquiétudes de la vanité, comme si j'étais ac-
« coutumé à me prêcher moi-même ! A Dieu ne plaise
« qu'un ministre du ciel pense jamais avoir besoin
« d'excuse auprès de vous ! Car, qui que vous soyez,
« vous n'êtes tous comme moi, au jugement de Dieu,
« que des pécheurs. C'est donc uniquement devant
« votre Dieu et le mien que je me sens pressé
« dans ce moment de frapper ma poitrine. Jus-
« qu'à présent, j'ai publié les justices du Très-Haut
« dans des temples couverts de chaume. J'ai prêché les
« rigueurs de la pénitence à des infortunés dont la plu-
« part manquaient de pain ! J'ai annoncé aux bons
« habitants des campagnes les vérités les plus ef-
« frayantes de ma religion ! Qu'ai-je fait, malheureux ?
« J'ai contristé les pauvres, les meilleurs amis de mon
« Dieu ! J'ai porté l'épouvante et la douleur dans ces
« âmes simples et fidèles, que j'aurais dû plaindre et
« consoler ! C'est ici, où mes regards ne tombent que
« sur des grands, sur des riches, sur des oppresseurs
« de l'humanité souffrante ou sur des pécheurs auda-

« cieux et endurcis; ah! c'est ici seulement, au milieu
« de tant de scandales, qu'il fallait faire retentir la
« parole sainte dans toute la force de son tonnerre,
« et placer avec moi dans cette chaire, d'un côté, la
« mort qui vous menace, et de l'autre, mon grand
« Dieu qui doit tous vous juger. Je tiens déjà dans ce
« moment votre sentence à la main. Tremblez donc
« devant moi, hommes superbes et dédaigneux qui
« m'écoutez! L'abus ingrat de toutes les espèces de
« grâces, la nécessité du salut, la certitude de la mort,
« l'incertitude de cette heure si effroyable pour vous,
« l'impénitence finale, le jugement dernier, le petit
« nombre des élus, l'enfer, et par-dessus tout l'éter-
« nité! L'éternité! Voilà les sujets dont je viens vous
« entretenir, et que j'aurais dû sans doute réserver
« pour vous seuls. Eh! qu'ai-je besoin de vos suffrages,
« qui me damneraient peut-être sans vous sauver? Dieu
« va vous émouvoir, tandis que son indigne ministre
« vous parlera; car j'ai acquis une longue expérience
« de ses miséricordes. C'est lui-même, c'est lui seul
« qui, dans quelques instants, va remuer le fond de
« vos consciences. Frappés aussitôt d'effroi, pénétrés
« d'horreur pour vos iniquités passées, vous viendrez
« vous jeter entre les bras de ma charité, en versant
« des larmes de componction et de repentance, et à
« force de remords vous me trouverez assez élo-
« quent. »

Jamais aucun orateur ne sut mieux prendre l'ascendant qu'il doit avoir sur son auditoire.

Ce morceau précieux, conservé par Maury, qui l'a reproduit de mémoire, renferme des beautés de premier ordre; mais on y trouve aussi quelques duretés que

Bridaine n'a sans doute pas prononcées, ou qu'il aura pris soin d'adoucir.

ARTICLE III.

Observations et conseils.

1. Quelques observations sont ici nécessaires. L'exorde simple ne doit avoir rien de bas, de trivial, ni même de trop familier. L'exorde par insinuation admet la finesse et les ruses innocentes; mais il exclut tout ce qui choque la vérité et la délicatesse. L'exorde pompeux ne s'allie point avec une magnificence affectée. Enfin l'exorde véhément dédaigne et repousse tout ce qui n'est inspiré que par l'orgueil ou la colère.

Que l'orateur n'oublie jamais, en commençant ses discours, que la vérité, la dignité et la noblesse forment le fond et comme l'essence de son caractère. Lui pardonnerait-on de le dégrader au moment même marqué par la raison pour en donner une idée avantageuse ?

*2. Voulez-vous réussir à bien faire vos exordes ? ne perdez jamais de vue les conseils suivants :

* *Premier conseil.* Tâchez de connaître les dispositions de vos auditeurs relativement à votre sujet. Par là vous saurez si votre exorde doit être simple, ou insinuant, ou véhément, ou pompeux.

* *Second conseil.* Comme l'exorde doit être juste et sortir du sujet ainsi qu'une fleur de sa tige, dit Cicéron, ne vous en occupez qu'après avoir bien médité votre sujet même et l'avoir saisi dans toute son étendue. Disposez donc d'abord toute la suite de votre discours ;

composez-le même et réservez pour la fin le travail de l'exorde. La méthode est sûre, et c'est celle des grands orateurs. (1)

Troisième conseil. L'exorde se tire souvent des circonstances ; voyez donc devant qui vous parlez, pour qui, contre qui, en quel temps, en quel lieu, en quelle conjoncture. « Quiconque fera ces réflexions, dit Quintilien, n'aura pas besoin de maître pour savoir par où il doit commencer (2). »

* 3. Les défauts de l'exorde sont d'être vulgaire ou propre également à plusieurs sujets, trop long, exagéré, hors d'œuvre, déplacé ou à contre-sens. Enfin voyez s'il est inutile, c'est-à-dire, s'il ne sert ni à éclairer votre discours, ni à vous concilier la bienveillance ou l'attention.

(1) *Hisce omnibus rebus consideratis, tum denique id quod primum est dicendum, postremo soleo cogitare quo utar exordio. Nam si quando id primum invenire volui, nullum mihi occurrit nisi aut exile, aut nugatorium, aut vulgare, atque commune.* (De Orat., lib. II, c. 77, n. 315.)

(2) Voici un très-beau modèle d'exorde tiré des circonstances : « En « passant sur la place publique, et en traversant les rues pour me « rendre à cette assemblée, j'ai aperçu un grand nombre de malheu- « reux qui gisent çà et là dans les carrefours, montrant leurs mains « estropiées, leurs yeux crevés, ou leurs membres couverts de plaies « incurables. Il m'a semblé que ce serait une cruauté de ne pas vous « entretenir de leur infortune, surtout dans la saison où nous sommes. « Car s'il convient en tout temps de parler de la miséricorde, puisque « nous avons toujours besoin que le Seigneur ait pitié de nous : la « circonstance elle-même nous presse de faire l'aumône, aujourd'hui « que le froid fait sentir ses rigueurs. » (S. Jean Chrysostome, t. III, p. 248.)

CHAPITRE III

DE LA PROPOSITION ET DE LA DIVISION.

§ I. — Proposition.

* 1. La Proposition est *l'exposition simple, claire et précise du sujet que l'on va traiter*. On la place ordinairement vers la fin de l'exorde ou à la tête de la confirmation (1). Voici la proposition du sermon de Massillon *sur les exemples des grands :*

* « Les exemples des princes et des grands roulent sur
« cette alternative inévitable : Ils ne sauraient ni se
« perdre, ni se sauver tout seuls. Vérité capitale, qui
« va faire le sujet de ce discours. » (*P. Carême.*)

* 2. Il y a des propositions simples et des propositions composées. Nous appelons propositions *simples* celles qui ne renferment qu'un seul objet à prouver; telle est celle-ci : *Jésus-Christ est ressuscité*. Nous appelons propositions *composées* celles où plusieurs objets demandent chacun leur preuve à part; telle est cette autre du discours de Cicéron *pro Archia poeta :* « J'espère vous faire voir, non-seulement qu'Archias
« est citoyen romain, mais que, s'il ne l'était pas, il
« serait très-digne de l'être. »

* Les propositions composées offrent toujours dif-

(1) Dans les petites harangues où le sujet s'explique assez de lui-même dès le commencement, on n'exprime point formellement la proposition, ou du moins cela n'est point nécessaire. On n'y fait non plus ni divisions ni subdivisions.

férents points à traiter. Les propositions simples étant souvent appuyées sur deux ou trois preuves principales, présentent aussi par là même plusieurs aspects sous lesquels on peut les considérer : de là les divisions.

§ II. — De la Division.

1. Plusieurs rhéteurs ont fait de la division une partie du discours distincte et séparée. Au fond, elle n'est que la proposition même ou son développement.

Toutes les fois que la proposition est composée, ou qu'étant simple, on annonce qu'on la prouvera d'abord par tel moyen, et ensuite par tel autre, il y a une division.

* 2. La Division n'est donc que *le partage du sujet en plusieurs points qui doivent être traités les uns après les autres* (1). Ces points ne sont jamais qu'au nombre de deux ou trois. Comme ils peuvent eux-mêmes se prouver de plusieurs manières, ils peuvent par conséquent aussi se diviser : de là les subdivisions. Elles se placent dans le corps du discours, au commencement de chaque point ou de chaque partie principale. La proposition avec les divisions et les subdivisions forme ce qu'on appelle le Plan du discours. Comme cette matière demande un examen particulier, nous en parlerons de nouveau au chapitre VIII.

* 3. La division doit être entière, distincte, graduée et naturelle.

* Entière, c'est-à-dire que les membres qui la composent doivent renfermer toute l'étendue du sujet.

* Distincte, c'est-à-dire qu'un membre ne doit point

(1) La Division, considérée en général, est définie par les logiciens : *distributio totius in suas partes.*

rentrer dans l'autre, en présentant la même idée sous des termes différents.

* Graduée, c'est-à-dire que le premier membre soit un degré pour conduire au second ; et que le second, en confirmant le premier, s'élève au-dessus (1).

* Naturelle, c'est-à-dire qu'elle soit prise dans la nature même du sujet que l'on traite, et conçue en termes clairs et précis.

* Une division admirable, où l'on reconnaîtra sans peine l'observation de ces règles, est celle du discours de Massillon sur la Passion de Jésus-Christ. Elle est formée sur ce texte : *Consummatum est.*

* « La mort du Sauveur renferme trois consomma-
« tions qui vont nous expliquer tout le mystère de ce
« grand sacrifice. Une consommation de justice du
« côté de son Père ; une consommation de malice de
« la part des hommes ; une consommation d'amour
« du côté de Jésus-Christ. Ces trois vérités partageront
« ce discours. »

4. Quelques auteurs ont blâmé les divisions, d'autres les ont conseillées. Nous pensons, avec Quintilien, que la division est fondée sur la nature même, qui veut qu'on procède d'une chose à une autre. Mais trop diviser, c'est devenir subtil et minutieux ; c'est ôter au discours sa gravité et la beauté de ses formes ; c'est dissiper l'attention de ses auditeurs, que tant de subdivisions fatiguent, parce qu'ils ne peuvent les retenir.

Les discours qui manquent de divisions ressemblent

---

(1) *Entière.* Exemple : La dévotion envers Marie consiste à l'honorer, à l'invoquer, à l'imiter. (BOURD.) — *Distincte.* Exemple : Saint Jean-Baptiste rend témoignage au Fils de Dieu, et le Fils de Dieu rend témoignage à saint Jean-Baptiste. — *Graduée.* Exemple : La récompense des saints est certaine, abondante, éternelle.

trop souvent à des masses qu'aucune lumière n'éclaire; ceux où elles sont prodiguées, trop souvent aussi confondent les objets à force de les multiplier; les extrêmes se touchent, et les excès opposés produisent les mêmes vices.

Ce n'est pas qu'une division quelconque soit toujours rigoureusement nécessaire. « Il y a des matières où la liaison des preuves conduit assez l'esprit, sans qu'on soit obligé d'annoncer en termes formels le partage du discours. Il est quelquefois utile d'en cacher l'ordre et l'économie. L'orateur judicieux se règlera à cet égard sur la nature des sujets qu'il aura à traiter. Mais, en général, la division qui se contient dans de justes bornes apporte de grands avantages. Elle contribue à la clarté de l'oraison; elle sert à démêler les questions principales et les matières qui sont chargées d'incidents; elle soulage non-seulement celui qui parle, mais encore ceux qui écoutent. » (COLIN.)

* 5. « Quand on divise, dit Fénelon, il faut diviser simplement, naturellement: il faut que ce soit une division qui se trouve toute faite dans le sujet même; une division qui éclaircisse, qui range les matières, qui se retienne aisément et qui aide à retenir tout le reste. »

* L'usage des divisions régulières était moins fréquent chez les anciens que parmi nous; ils en faisaient néanmoins le plus grand cas. *Recte habita in causa partitio*, dit Cicéron, *illustrem et perspicuam totam efficit orationem*. (Invent., lib. I.) Quintilien dit à son tour: *Qui recte diviserit numquam potcrit in rerum ordine errare*. (Lib. XI, c. 2.) On connaît le mot de Platon: « Il faut regarder comme un dieu celui qui sait bien définir et bien diviser. »

CHAPITRE IV

DE LA CONFIRMATION.

ARTICLE I.

Définition de la Confirmation. — Son importance.

* 1. La Confirmation est *la partie du discours où l'orateur prouve la vérité qu'il a annoncée dans la proposition.*

* 2. C'est la partie essentielle du discours : elle en est le fond et la substance. Toute l'adresse et la force de l'art oratoire y sont renfermées. Les autres parties lui sont subordonnées, et n'ont de prix qu'autant qu'elles contribuent à la faire valoir.

3. Il est bon de se rappeler ici ce que nous avons dit au chapitre premier, qu'il faut chercher les moyens de persuader dans la méditation sérieuse du sujet qu'on a à traiter ; cette méthode est la plus naturelle et la plus efficace : c'est celle qui apprend aussi le mieux à choisir les preuves, à les bien disposer, et à les bien traiter.

ARTICLE II.

Du choix des preuves.

* Souvent le sujet fournit un grand nombre de preuves. Il ne faut pas trop les multiplier : elles deviendraient fatigantes. L'orateur judicieux et éclairé rejette les plus légères et les moins concluantes. Celui qui ne veut rien perdre fait croire qu'il est indigent (1), et lorsqu'il emploie des raisons petites et faibles, il donne lieu de penser qu'il n'en a point de fortes et de frappantes. « Pour moi, dit Cicéron, quand je choisis mes preuves, je n'ai point tant coutume de les compter que de les peser (2). Une seule preuve solide vaut mieux qu'un grand nombre d'autres qui ne seraient que médiocres.

Il peut arriver cependant que les petites preuves soient très-utiles, surtout lorsqu'elles sont nombreuses : nous dirons plus bas la manière de les employer.

* Mais quels sont les caractères auxquels on peut reconnaître les bonnes preuves?

* 1. Elles seront propres au sujet. Toutes les raisons ne sont pas bonnes pour prouver toutes les vérités, et chacune de celles-ci a ses preuves qui lui appartiennent. Ainsi, dans la nature, tous les êtres ont chacun des attributs ou des qualités particulières qui les distinguent et empêchent qu'on ne les confonde. Ce caractère de propriété donne aux preuves toute leur véritable force; sans lui, elles sont vagues, indéterminées et ne signifient rien. Il est peu d'orateurs à qui on ne puisse reprocher d'avoir quelquefois employé des preuves peu concluantes. Pour échapper à ce défaut, exercez votre jugement par la réflexion et par la lecture des bons auteurs; et quand vous com-

---

(1) *Miser enim et, ut sic dicam, pauper orator est, qui nullum verbum æquo animo perdere potest.* (QUINT., lib. VIII, *in proæm.*)

(2) *Quum colligo argumenta causarum, non tam ea numerare soleo, quam expendere.* (De Orat., lib. II, c. 76, n. 309.)

poserez, n'admettez jamais aucune preuve dont vous ne voyiez clairement le rapport avec votre sujet (1).

* 2. Les preuves conviendront à ceux à qui on parle: c'est-à-dire qu'elles seront comme assorties à leur intelligence et à leur disposition. D'abord à leur intelligence. Rien n'est plus évident; rien néanmoins ne demande plus d'attention. Combien de discours, combien de sermons ne présentent à ceux qui les écoutent qu'énigme sur énigme, obscurité sur obscurité! C'est un reproche qu'on aurait lieu de faire presque tous les jours à beaucoup d'orateurs que l'envie de se faire admirer par une fausse profondeur, ou de briller par une érudition déplacée, rend inintelligibles à la plupart de ceux qui les entendent. C'est un mauvais goût qu'il faut proscrire. A quoi bon toutes ces belles et grandes preuves, si on ne peut les comprendre?.

* En second lieu, elles seront assorties à la disposition des auditeurs. On ne doit pas toujours juger du prix d'une raison par elle-même et par sa propre nature, mais par la disposition de ceux à qui on la présente. Telle raison qui paraît faible en soi, devient triomphante pour tel auditeur qu'elle prend par son endroit sensible. Caton voulant faire craindre aux sénateurs romains les suites de la conjuration de Catilina, emploie d'excellentes raisons pour les déterminer à punir quelques-uns de ses complices détenus dans les prisons de Rome. Mais celle qui est la plus capable de faire impression sur eux n'est pas la plus solide en elle-même. Ils aiment le faste, l'oisiveté et le luxe; c'est par là qu'il les attaque, et qu'il se dispose à vain-

---

(1) Dans la preuve rien n'est fort que ce qui est *vrai;* mais rien n'est parfaitement *vrai* que ce qui est juste et propre au sujet.

cre leur résistance. « (1) O vous, s'écrie-t-il, vous
« qui préférâtes toujours à la république, vos palais,
« vos maisons de plaisance, vos tableaux et vos sta-
« tues ; au nom des Dieux ! si vous voulez conserver
« ces biens, quels qu'ils soient, dont vous êtes si
« jaloux, si vous voulez jouir tranquillement de vos
« plaisirs, réveillez-vous enfin, défendez la répu-
« blique. Il ne s'agit point des revenus de l'État, ni de
« l'intérêt de nos alliés, mais de notre liberté et de
« nos vies. »

Voilà des preuves qui intéressent l'auditeur le plus
froid et le plus indifférent. « La lecture des orateurs
qui ont excellé, et particulièrement de Démosthènes,
apprend que l'éloquence consiste plus à pousser brusquement ce qui intéresse, *ce qui touche de près* et qui
va au fait, qu'à dire de grandes choses avec nombre
et avec harmonie. » (Gaichiés, part. II, c. 8.)

* 3. Les preuves ne seront ni trop recherchées, ni
trop communes; mais elles tiendront un juste milieu,
et présenteront à l'auditeur une nouveauté piquante et
capable de réveiller son attention. Si elles étaient trop
recherchées, elles se ressentiraient d'une affectation
pénible que les gens sensés ont toujours en aversion, et
qui tourne infailliblement au désavantage du discours.
Si elles étaient triviales, elles exciteraient le dégoût et
répandraient l'ennui. L'idée qu'on se forme d'un bon

---

(1) *Sed, per Deos immortales, vos ego appello, qui semper domos, villas, signa, tabulas vestras pluris quam Rempublicam fecistis : si ista, cujuscumque modi sint, quæ amplexamini, retinere, et voluptatibus vestris otium præbere vultis, expergiscimini aliquando et capescite Rempublicam. Non nunc agitur de vectigalibus, non de sociorum injuriis : libertas et anima nostra in dubio est.* (Sall., *de Bello Catil.*)

orateur fait qu'on attend de lui, sur les sujets les plus rebattus, des choses frappantes sans être extraordinaires, intéressantes sans cesser d'être simples; et c'est précisément un des grands talents de ceux qui parlent en public, d'offrir toujours à l'avide curiosité de leurs auditeurs des pensées qui puissent la contenter sans lui causer la fatigue la plus légère. On doit observer cependant qu'on n'exige des preuves nouvelles que quand le sujet paraît les comporter : s'il ne renferme absolument que des idées communes, on supplée à ce défaut par la manière dont on les présente (1).

Tout ce que nous venons de dire sur le choix des preuves mérite une attention particulière. Nous n'y ajouterons qu'un mot, c'est qu'un grand moyen, un moyen presque infaillible de ne jamais nous tromper dans un choix de cette importance, est de nous mettre à la place de nos auditeurs, et de voir l'impression que feraient sur nous les preuves auxquelles nous croyons devoir donner la préférence. Les bons orateurs ne s'y trompent jamais. Leur esprit saisit d'abord, et leur cœur sent celles qu'ils doivent admettre ou rejeter.

ARTICLE III.

De l'arrangement des preuves.

* Quant à l'arrangement des preuves qui ont déterminé le choix de l'orateur, ce qui est le point essentiel de la disposition, voici ce qu'ont enseigné les

(1) « L'auditeur revoit avec plaisir des preuves communes, si on leur donne un tour nouveau. » (GAICHIÉS, *Maxim.*, part. II, c. 8.) C'est le sens du mot : *Non nova, sed nove.*

plus habiles maîtres que nous connaissions. « On demande, dit Quintilien, s'il faut placer les meilleures preuves au commencement, pour s'emparer tout d'un coup de l'esprit des auditeurs; ou à la fin, dans la vue qu'ils en aient une idée plus nette et plus récente; ou bien partie au commencement, partie à la fin, selon l'ordre de bataille que nous voyons dans Homère (1); ou bien s'il n'est point mieux de commencer par les plus faibles, afin qu'elles aillent toujours en augmentant. Pour moi, je crois que la disposition qu'il en faut faire dépend de la nature et du besoin de la cause, pourvu néanmoins que le discours ne décline jamais, et que de fort et solide qu'il était au commencement il ne devienne pas frivole et misérable à la fin. » (QUINT., lib. v, c. 12.)

* Cicéron paraît se déterminer pour l'arrangement comparé par Quintilien à l'ordre de bataille observé dans Homère. « Je ne puis m'empêcher de blâmer, dit-il, la méthode de ceux qui placent en tête ce qu'ils ont de moins fort. Ce qu'on dit d'abord doit avoir de la vigueur et de l'énergie, et être capable de faire une vive impression. Toutefois les moyens les plus puissants et les plus décisifs seront réservés pour la fin. Ceux qui seront d'une vertu médiocre, sans être cependant vicieux, pourront se placer au milieu et passer dans la foule. » (*De Orat.*, lib. II, c. 77, n. 313.)

On peut dire qu'il n'y a point de règle qu'on doive universellement adopter pour l'arrangement des preuves, et qu'il dépend des matières que l'on traite.

---

(1) Au livre IV de l'*Iliade*, Nestor rangeant ses troupes en bataille, met à la tête ses chars armés en guerre, à la queue une brave et nombreuse infanterie, et au milieu ce qu'il y a de moins bons soldats.

En général, néanmoins, il est à souhaiter que le discours aille toujours en croissant, selon ce principe : *Semper augeatur et crescat oratio* ; de sorte qu'il commence par quelque chose d'assez fort, et que de là jusqu'à la fin il y ait une progression constante (1). Un discours arrangé de cette manière serait très-pressant, et triompherait bientôt de toutes les résistances. C'est ainsi qu'un vaillant général livre la bataille. Son armée n'est composée que de braves, mais l'élite de ses soldats forme son corps de réserve. On donne le signal, les premiers rangs s'ébranlent et portent des coups terribles ; ils sont soutenus par d'autres guerriers plus intrépides : le combat s'échauffe, on frappe, on pousse l'ennemi ; il commence à plier : la troupe choisie paraît, l'enfonce et le met en déroute.

ARTICLE IV.

De la manière de traiter les preuves.

* Mais ce qui demande les plus grands soins et les talents les plus rares de la part de l'orateur, c'est la manière de traiter les preuves. Parmi celles qu'il a choisies, les unes sont fortes et convaincantes, les autres faibles et légères. Il doit insister sur les premières et les montrer séparément, de peur qu'elles ne soient obscurcies et confondues dans la foule.

---

(1) Il n'est pas nécessaire que chaque preuve enchérisse sur la précédente ; mais après que le discours a commencé par quelque chose de fort, il peut baisser pour se relever ensuite plus haut que le point d'où il était parti. Voilà ce qu'on entend par progression constante.

§ I. De l'Amplification, ou manière de traiter les grandes preuves.

* 1. On insiste sur une preuve par l'*Amplification*. « Amplifier, c'est développer une preuve en la montrant sous plusieurs faces pour en faire sentir toute la force. »

* 2. Les rhéteurs les plus célèbres pensent que l'amplification est l'âme de l'oraison. « C'est, dit Cicéron, « une affirmation grave et énergique qui persuade en « remuant les passions. » — « Toute la force de l'ora- « teur, dit Quintilien, consiste dans l'art d'augmenter « ou de diminuer : *Vis oratoris omnis in augendo mi- « nuendoque consistit.* » (QUINT., lib. VIII, c. 3, fin.) — « Entre les moyens qui contribuent le plus au sublime, « dit Longin, il faut placer ce que les rhéteurs ap- « pellent *Amplification* (1). »

* 3. L'amplification la meilleure n'est pas celle où il y a le plus de paroles, mais celle où il y a le plus de choses. Amplifier n'est donc pas accumuler des mots sur des mots, ni des phrases sur des phrases; mais c'est insister sur ses pensées en leur donnant des développements pleins de raison et qui ajoutent toujours de nouvelles choses à ce qu'on a déjà dit. A mesure qu'on amplifie, le discours doit croître en beauté, c'est-à-dire devenir plus clair, plus animé, plus fort, plus énergique. Tout ce qui est inutile ou superflu doit être rejeté avec le plus grand soin. Rien

---

(1) Jouvency regarde l'*amplification* comme le triomphe de l'éloquence. Semblable, selon lui, au bélier qui frappe un mur ébranlé, elle donne aux esprits des secousses violentes qui les renversent. (*Rat. disc.*, art. 1, § V.)

n'est plus odieux que la stérile abondance de ces amplifications sèchement verbeuses, qui ne font que répéter les mêmes choses en termes différents.

Triez même vos idées, et retranchez sévèrement le superflu. Il est une abondance qui produit l'obscurité. On ne laisse rien voir, quand on montre à la fois tant de choses. Le blé trop épais verse et ne mûrit pas.

Les amplifications diffuses décèlent un esprit pauvre. Elles sont ordinaires à beaucoup de jeunes gens qui n'ont pas l'imagination exercée, et dont les connaissances sont encore peu étendues. Leur esprit ressemble à ces jeunes arbres qui poussent beaucoup de feuilles, mais qui n'ont point encore la vertu de porter des fruits. *Peu de sens avec beaucoup de mots, comme peu de fruits avec beaucoup de feuilles* (1). Fuyez donc,

> Fuyez de ces auteurs l'abondance stérile
> Et ne vous chargez point d'un détail inutile.
> Tout ce qu'on dit de trop est fade et rebutant;
> L'esprit rassasié le rejette à l'instant.
> Qui ne sait se borner ne sut jamais écrire.
> (Boileau.)

* 4. « L'amplification sagement ménagée opère sur une proposition comme la séve sur un germe : elle le développe, elle le grossit, et rend sensibles des parties imperceptibles. A l'aide de l'amplification, l'orateur étend sa matière, il l'orne, il la relève par des tours et des expressions qui en montrent les diverses faces : d'un corps décharné il fait un corps nourri et qui a de l'embonpoint. » (Gaichiés.)

(1) Ce mot est de Pope, *Essai sur la critique.* Voyez le cardinal Maury, *Essai sur l'Éloquence de la chaire*, t. 1.

*5. Les sources où l'orateur puisera ses preuves lui fourniront aussi les moyens de les amplifier. Il méditera, il approfondira son sujet, les détails qui lui sont propres, les circonstances qui lui appartiennent. Il l'éclaircira par des définitions, le développera par des énumérations, le relèvera par des rapprochements et des comparaisons, l'ornera d'heureuses périphrases et de figures élégantes, le fortifiera par des oppositions, des contrastes, des suppositions, des inductions, des accumulations d'idées frappantes et de termes énergiques.

§ II. — Modèles d'Amplification.

L'amplification, en effet, n'étant au fond qu'un beau développement des pensées, se reproduit dans le discours sous une infinité de tours et de formes oratoires. Nous pourrions en donner ici beaucoup d'exemples. Bornons-nous à quelques-uns où l'amplification sera sensible et facile à saisir.

1. *Il est difficile d'être victorieux et humble tout ensemble.*

Cette pensée, sous la plume de Fléchier, se revêt des formes et des images les plus nobles et les plus élégantes. « Qu'il est difficile d'être victorieux et d'être
« humble tout ensemble ! Les prospérités militaires
« laissent dans l'âme je ne sais quel plaisir touchant
« qui l'occupe et la remplit tout entière. On s'attri-
« bue une supériorité de puissance et de force ; on se
« couronne de ses propres mains, et lors même qu'on
« rend à Dieu de solennelles actions de grâces, et
« qu'on pend aux voûtes sacrées de ses temples les

« drapeaux déchirés et sanglants qu'on a pris sur les
« ennemis, qu'il est dangereux que la vanité n'étouffe
« une partie de la reconnaissance, et qu'on ne retienne
« au moins quelques grains de cet encens qu'on va
« brûler sur les autels ! »

*2 *Rien de plus vain que les distinctions dont les hommes s'enorgueillissent ici-bas.*

Avec quelle pompe, quelle grandeur et quelle vérité Bossuet amplifie cette pensée ! « De quelque superbe
« distinction que se flattent les hommes, ils ont tous
« une même origine, et cette origine est petite. Leurs
« années se poussent successivement comme des flots;
« ils ne cessent de s'écouler ; tant qu'enfin, après
« avoir fait un peu plus de bruit et traversé un peu
« plus de pays les uns que les autres, ils vont tous
« ensemble se confondre dans un abîme où l'on ne
« reconnaît plus ni princes, ni rois, ni toutes ces
« autres qualités superbes qui distinguent les hommes;
« de même que ces fleuves tant vantés demeurent sans
« nom et sans gloire, mêlés dans l'Océan avec les
« rivières les plus inconnues. » (*Oraison funèbre de la duchesse d'Orléans.*)

3. Dans l'oraison funèbre de Charles de Broglie, l'abbé de Beauvais avance que *l'espoir de l'immortalité nous console de la perte de nos amis vertueux.* Il donne une grande force à cette pensée en appuyant sur la certitude de l'immortalité. « Divine immortalité, s'é-
« crie-t-il, c'est vous qui nous soutiendrez au milieu
« de notre deuil ! Je veux vous célébrer en ce mo-
« ment. Parmi les ombres de la mort, je veux cé-
« lébrer l'homme immortel. L'homme immortel !
« Quel hymne magnifique pour l'homme et pour Dieu

« même (1)! Hommes timides, qui vous laissez abattre
« par les terreurs de la mort, auriez-vous donc oublié
« la dignité de votre nature et votre éternelle desti-
« née? Quoi! nous pourrions nous confondre avec la
« dépouille corruptible qui nous environne! Non,
« nous ne sommes point des corps, nous sommes des
« âmes : *Nos animæ sumus;* nous sommes des âmes,
« nos corps ne sont que des vêtements : *Nos animæ*
« *sumus, corpora vestimenta sunt* (2). Que la mort
« frappe, qu'elle détruise cette triste dépouille, qu'elle
« l'ensevelisse dans la poussière des tombeaux ;
« l'homme intérieur, l'homme véritable est au-dessus
« de sa puissance : immortel comme Dieu, il doit
« survivre à la ruine de l'univers. O mort! quand tu
« frappes un juste, où est donc ta victoire? Au mo-
« ment si formidable pour la nature où l'homme pa-
« raît mourir, c'est à ce moment même que l'homme
« commence à vivre. Délivré de la prison des sens,
« alors, alors l'homme jouit de toute sa liberté, de
« toute sa vie. Qu'est-ce donc que la mort, sinon le
« sépulcre des vices et le réveil des vertus? La mort
« est l'enfantement de l'homme à la vie véritable;
« le tombeau du corps est le berceau de l'immorta-
« lité : *Tumulus corporis incunabulum resurgentis.* »
(S. Ambros.)

Une suite d'idées vives et de sentiments profonds fait tout le mérite de cette amplification brillante, qui donne une grande force à de grandes vérités.

* 4. Massillon, parlant aussi de l'immortalité de l'âme, veut la prouver par le développement de cette

(1) *Pulcher hymnus Dei homo immortalis.* (Lactant.)
(2) S. Ambros., *Serm.* II *de Resurrectione.*

vérité, que *Tout homme, quelque heureux qu'il puisse être ici-bas, a toujours l'idée et le besoin d'un bonheur où il ne peut pas atteindre sur la terre.* Il a recours, pour l'amplification, à l'*énumération des parties* (1). On va voir combien ce tour devient fécond sous sa plume. « Si l'homme n'a point d'autre bonheur à es-
« pérer qu'un bonheur temporel, pourquoi ne le
« trouve-t-il nulle part sur la terre? D'où vient que
« les richesses l'inquiètent, que les honneurs le fa-
« tiguent, que les plaisirs le lassent, que les sciences
« le confondent et irritent sa curiosité loin de la
« satisfaire, que la réputation le gêne et l'embarrasse,
« que tout cela ensemble ne peut remplir l'immen-
« sité de son cœur et lui laisse encore quelque chose
« à désirer? Tous les autres êtres, contents de leur
« destinée, paraissent heureux à leur manière, dans
« la situation où l'Auteur de la nature les a placés.
« Les astres, tranquilles dans le firmament, ne
« quittent pas leur séjour pour aller éclairer une autre
« terre; la terre, réglée dans ses mouvements, ne
« s'élance pas en haut pour aller prendre leur place;
« les animaux rampent dans les campagnes, sans en-
« vier la destinée de l'homme qui habite les villes et
« les palais somptueux; les oiseaux se réjouissent
« dans les airs, sans penser qu'il y a des créatures plus
« heureuses qu'eux sur la terre : tout est heureux,
« pour ainsi dire, tout est à sa place dans la nature;
« l'homme seul est inquiet et mécontent; l'homme
« seul est en proie à ses désirs, se laisse déchirer par

(1) Voyez ce que nous dirons de ce tour oratoire en parlant des figures, liv. III, c. 7, art. 5, et ce que nous en avons déjà dit en parlant des preuves, liv. 1, c. 3, art. 3.

« des craintes, trouve son supplice dans ses espé-
« rances, devient triste et malheureux au milieu de
« ses plaisirs ; l'homme seul ne rencontre rien ici-bas
« où son idée puisse se fixer.

* « D'où vient cela, ô homme ? Ne serait-ce point
« parce que vous êtes ici-bas déplacé, que vous êtes
« fait pour le ciel, que votre cœur est plus grand que
« le monde, que toute la terre n'est pas votre patrie,
« et que tout ce qui n'est pas Dieu n'est rien pour
« vous ? »

* 5. Le même orateur est sublime lorsque, accumu-
lant les figures, les contrastes, les sentiments, les
images, il amplifie cette pensée si commune mais si
vraie : *Un prince que l'ambition porte à faire la guerre
est un fléau pour l'humanité.* « La gloire du prince am-
« bitieux sera toujours souillée de sang. Quelque in-
« sensé chantera peut-être ses victoires ; mais les
« provinces, les villes, les campagnes en pleureront.
« On lui dressera des monuments superbes pour im-
« mortaliser ses conquêtes : mais les cendres encore
« fumantes de tant de villes autrefois florissantes ;
« mais la désolation de tant de campagnes dépouillées
« de leur ancienne beauté ; mais les ruines de tant
« de murs, sous lesquels des citoyens paisibles ont
« été ensevelis ; mais tant de calamités qui subsiste-
« ront après lui, seront des monuments lugubres qui
« immortaliseront sa vanité et sa folie. Il aura passé
« comme un torrent pour ravager la terre, et non
« comme un fleuve majestueux pour y porter la joie
« et l'abondance ; son nom sera écrit dans les annales
« de la postérité parmi les conquérants, mais il ne
« le sera pas parmi les bons rois ; et l'on ne rappellera

« l'histoire de son règne que pour rappeler le sou-
« venir des maux qu'il a faits aux hommes. Ainsi son
« orgueil, dit l'Esprit de Dieu, sera monté jusqu'au
« ciel; sa tête aura touché dans les nuées; ses succès
« auront égalé ses désirs; et tout cet amas de gloire
« ne sera plus à la fin qu'un monceau de boue, qui ne
« laissera après elle que l'infection et l'opprobre. »

* 6. Une manière d'amplifier très-facile et qui produit un excellent effet lorsqu'elle ne revient pas trop souvent, consiste à dire ce que la chose n'est pas avant de dire ce qu'elle est. En voici un bel exemple. Saint Augustin voulant faire ressortir l'importance de cette parole de Notre-Seigneur, *Discite a me quia mitis sum et humilis corde*, l'amplifie ainsi : *Discite a me, non mundum fabricare, non cuncta visibilia et invisibilia creare, non in ipso mundo mirabilia facere, et mortuos suscitare, sed quoniam mitis sum et humilis corde.*

* Ces exemples suffisent : ils font voir, bien mieux que les préceptes, la manière dont il faut traiter les preuves qui sont de quelque importance.

§ III. — De la manière de traiter les petites preuves.

* 1. Quant à celles qui sont faibles et légères, si l'on veut s'en servir, comme cela est souvent utile, on doit les serrer, les unir étroitement dans l'endroit du discours où il paraît qu'il est le plus à propos de les placer. Leur nombre peut les fortifier; et réunies dans un court espace, elles font souvent des impressions heureuses. Elles frappent, dit Quintilien, non comme la foudre qui renverse, mais comme la grêle dont les coups redoublés se font sentir. Cet auteur en donne un exemple bien sensible. Il suppose qu'on accuse un homme d'avoir tué un de ses proches. On lui dira : « Vous espériez sa succession, et une riche succession : vous en aviez besoin, vos créanciers vous inquiétaient plus que jamais : vous aviez offensé votre parent, et vous saviez qu'il songeait à faire un autre testament. » Ces preuves, prises séparément, sont légères et communes ; jointes ensemble, elles ont une grande force (1).

2. Il y a deux grands défauts à éviter quand on traite la preuve : le premier est de prouver les choses claires que personne ne conteste, il suffit de les énoncer ; le second est de s'arrêter trop longtemps sur une preuve et de l'épuiser. L'amplification doit avoir des bornes ; poussée trop loin, elle devient fatigante, elle expose à des redites et donne une mauvaise idée des raisons de l'orateur par la précaution même qu'il prend de vouloir les porter à la dernière évidence. Ne dire que ce qu'il faut est un grand art ; c'est le fruit de l'expérience et le secret des habiles maîtres.

ARTICLE V.

Du raisonnement.

1. Qu'est-ce que raisonner ? — 2. Qu'est-ce qu'un argument ? — Du syllogisme, de l'enthymème, du dilemme. — 4. Usage de l'argument dans les discours. — 5. Règles pour bien raisonner. — 6. Sources des raisonnements justes.

* Les preuves servent tout à la fois à convaincre et à toucher. Il faut donc, pour bien les traiter, savoir

---

(1) *Singula levia sunt; universa vero nocent, etiamsi non ut fulmine, tamen ut grandine.* (QUINT., lib. v, c. 12.)

exciter les passions et raisonner avec justesse. Nous ne répèterons point ce que nous avons dit sur l'habileté à remuer les passions; mais nous dirons quelque chose de l'art de raisonner.

* 1. « L'art de raisonner consiste à prouver une chose qui paraît douteuse par une autre qui est tenue pour certaine. » Vous doutez *s'il faut aimer les belles-lettres;* mais vous tenez pour certain *qu'il faut aimer ce qui nous rend plus parfaits.* Par cette seconde proposition, que vous regardez comme très-assurée, je vous prouverai la première sur laquelle il vous reste des doutes, et je dirai :

> Il faut aimer ce qui nous rend plus parfaits;
> Or les belles-lettres nous rendent plus parfaits;
> Donc il faut aimer les belles-lettres.

* Raisonner n'est donc autre chose que poser un premier principe ou une proposition qui ne souffre aucune difficulté, et montrer ensuite la liaison de la proposition contestée avec la proposition incontestable.

* 2. Pour raisonner on emploie des *Arguments.* « Un Argument est un assemblage de propositions tellement enchaînées que la dernière découle des précédentes. »

* 3. Il y a plusieurs sortes d'arguments. Nous ne parlerons ici que du syllogisme, de l'enthymème, et du dilemme, dont la connaissance est surtout nécessaire à l'orateur.

* Le *Syllogisme* (συλλογισμός) est un raisonnement composé de trois propositions; la première se nomme *majeure*, la seconde *mineure*, la troisième *conclusion*. Exemple :

Maj. — Tout ce qui amollit le cœur est dangereux ;
Min. — Or les spectacles amollissent le cœur ;
Concl. — Donc les spectacles sont dangereux.

* Les deux premières propositions s'appellent aussi *prémisses*, parce qu'elles sont placées avant la conclusion, qui doit en être une suite nécessaire, si le syllogisme est bon : c'est-à-dire que, supposé la vérité des prémisses, il faut nécessairement que la conclusion soit vraie.

* L'*Enthymème* (ἐνθύμημα) est un syllogisme réduit à deux propositions, parce qu'on en sous-entend une qu'il est aisé de suppléer (1). La première se nomme *antécédent*, et la seconde *conséquent*. Exemple :

Antécéd. — Tout ce qui amollit le cœur est dangereux ;
Conséq. — Donc les spectacles sont dangereux.

* On a retranché, comme l'on voit, et l'on sous-entend la *mineure*, qui était exprimée dans le syllogisme.

Le *Dilemme* (δίλημμα) est un raisonnement composé de deux propositions opposées, entre lesquelles il n'y a point de milieu et dont on laisse le choix à son adversaire. Quelle que soit celle qu'il préfère à l'autre, on en tire contre lui une conséquence qui est sans réplique. C'est pourquoi on l'appelle *argumentum utrimque feriens*, c'est-à-dire *argument qui frappe des deux côtés*.

(1) On l'appelle en logique *syllogismus truncatus*, parce qu'on y supprime une des deux prémisses, comme trop claire et trop connue pour qu'il soit besoin de l'exprimer.

* On en cite un exemple remarquable, dans lequel on dit aux pyrrhoniens, qui prétendent qu'on ne peut rien savoir :

Ou vous savez ce que vous dites, ou vous ne le savez pas;
Si vous savez ce que vous dites, on peut donc savoir quelque chose;
Si vous ne savez pas ce que vous dites, vous avez donc tort d'assurer qu'on ne peut rien savoir; car on ne doit pas assurer ce qu'on ne sait pas.

Tel est encore ce bel argument de saint Augustin :

La religion chrétienne s'est établie dans le monde avec le secours des miracles, ou sans le secours des miracles.
Si elle s'est établie avec le secours des miracles, son établissement est l'œuvre de la puissance divine.
Si elle s'est établie sans le secours des miracles, cela même est le plus grand des miracles.
Donc, quelle que soit la manière dont la religion chrétienne s'est établie dans le monde, son établissement est l'œuvre de la puissance divine.

* 4. Le Syllogisme est la base du discours. Tout discours régulier n'est même qu'un syllogisme développé et prouvé par d'autres syllogismes; de sorte qu'un moyen infaillible pour juger de la bonté d'un discours, c'est de le réduire en syllogismes. Il pèche nécessairement dans son ensemble et manque de suite ou de justesse, s'il ne peut subir cette épreuve. (BESPLAS.)

* C'est ainsi que tout le beau sermon de Bourdaloue sur la *Récompense des Saints* peut se réduire à ce syllogisme unique :

Une récompense certaine, abondante, éternelle, mérite que nous fassions tous nos efforts pour l'obtenir.

Or, la récompense que Dieu nous promet dans le ciel est une récompense certaine, abondante, éternelle.

Donc la récompense que Dieu nous promet dans le ciel mérite que nous fassions tous nos efforts pour l'obtenir.

La majeure de ce syllogisme est en germe dans l'exorde. La mineure forme la division. Elle est prouvée dans les trois points de la confirmation. Et la conclusion, annoncée dès l'exorde, est développée d'une manière pressante dans la péroraison. Il n'est pas jusqu'au compliment adressé à Louis XIV qui ne rentre dans ce syllogisme.

Au reste, dans le corps du discours, l'éloquence n'emploie presque jamais le syllogisme concis et tourné à la manière de l'école; mais elle le développe, elle l'étend en joignant à la majeure les preuves de la majeure, à la mineure les preuves de la mineure, d'où elle tire la conclusion, qu'elle étend et développe encore. C'est l'usage qu'en a fait Cicéron dans la première partie de son discours *pro Milone*. On peut la réduire tout entière au syllogisme suivant :

Maj. — Il est permis de tuer celui qui attente à notre vie;
Min. — Or, Clodius a attenté à la vie de Milon;
Concl. — Donc il a été permis à Milon de tuer Clodius.

Cicéron prouve d'abord la première proposition par le droit naturel, par le droit des gens et par l'autorité des exemples. Il passe ensuite à la seconde proposition, qu'il prouve par les circonstances de la mort de Clodius. Enfin il tire la conclusion. Cette manière de raisonner est sûre (1), noble et grande, et par conséquent très-oratoire. Le syllogisme n'ose guère paraître dans le discours qu'avec de semblables développements.

(1) *Quæ ratio*, dit le P. Jouvency, *est omnium certissima.*

* L'Enthymème est plus hardi; aussi l'a-t-on appelé le syllogisme de l'orateur (1). Il convient parfaitement à l'éloquence. Comme il supprime une des propositions du syllogisme, il laisse quelque chose à la pénétration des auditeurs et donne occasion à leur esprit de former une pensée plus étendue que n'est l'expression, ce qui flatte plus leur amour-propre que si on voulait tout exprimer. D'ailleurs l'enthymème rend le discours plus vif et plus animé. Il y a en effet plus de vivacité, de force et de grâce à dire : *L'oisiveté est un mal, donc il faut la fuir,* que si l'on voulait réduire ce court raisonnement à la forme du syllogisme, en cette manière :

> Il faut fuir ce qui est un mal;
> Or l'oisiveté est un mal;
> Donc il faut fuir l'oisiveté.

* Mais l'enthymème ne paraît non plus dans le discours que très-rarement sous la forme scolastique. En logique on dit : *Dieu est souverainement bon; donc il faut l'aimer.* Dans un ouvrage de goût, l'on dira : *Puisque Dieu est souverainement bon, il faut l'aimer;* ou bien : *Il faut aimer Dieu, car il est souverainement bon;* ou enfin d'une manière plus concise : *Il faut aimer un Dieu souverainement bon* (2).

---

(1) Καλῶ δ'ἐνθύμημα ῥητορικὸν συλλογισμόν, dit Aristote. (*Rhét.*, liv. I, c. 2.)

(2) Il y a un enthymème bien vif, mais éminemment oratoire dans ce beau vers de la Médée de Sénèque :

> *Servare potui, perdere an possim rogas?*

« J'ai pu vous sauver, et vous me demandez si je puis vous perdre? »
Et dans ce vers :

> « Mortel, ne garde pas une haine immortelle. »

* Le Dilemme se reconnaît plus aisément dans le discours oratoire que les autres raisonnements, parce que l'orateur est obligé, pour lui donner toute sa force, de tenir les propositions qui le composent absolument rapprochées, comme dans cet exemple de Cicéron :

* « Que ferez-vous sur ce crime de Verrès, dit-il à Cécilius? Ou vous l'opposerez à cet indigne préteur, ou vous le passerez sous silence. Si vous le lui opposez, il faut vous faire votre procès, car c'est un crime dont vous êtes aussi coupable ; si vous le passez sous silence, que sera donc votre accusation, où, de peur de vous perdre vous-même, vous serez forcé de ménager le criminel sur un chef de cette importance? »

* Le dilemme est une arme à deux tranchants, très-redoutable entre les mains d'un bon orateur. La force en fait le principal mérite.

Mais pourquoi la manière de l'école dans l'art de traiter le raisonnement ne convient-elle pas à l'orateur? « C'est parce que l'éloquence est riche et pompeuse, dit Quintilien. Or elle ne sera ni l'un ni l'autre, si nous l'enchaînons dans une multitude de syllogismes et d'enthymèmes ayant toujours même forme et même chute. Rampante, elle tombera dans le mépris ; contrainte, loin de plaire, elle déplaira ; trop uniforme et fatigante par la longueur et la sécheresse de ses raisonnements, elle causera de l'ennui et du dégoût. Qu'elle prenne donc son cours, non par des sentiers étroits, mais, s'il faut ainsi dire, à travers les champs ; non point comme ces eaux souterraines que l'on enferme dans des canaux, mais comme un grand fleuve dont le cours est toujours rapide. »

« Les raisonnements, ajoute Quintilien, doivent

s'exprimer noblement, s'amplifier, s'orner, se déguiser et se varier par une infinité de tours et de figures; en sorte qu'ils aient un air libre et naturel, qu'ils semblent couler de source et n'aient rien qui sente la contrainte de l'art. Moins un raisonnement se prête aux grâces, plus il faut tâcher de lui en donner. L'orateur qui veut que sa manière d'argumenter ne soit pas suspecte, doit cacher le piége sous les fleurs, et se souvenir qu'un auditeur qui prend plaisir à ce qu'il entend est à demi gagné (QUINT., V, 14.) »

5. C'est à la logique qu'il appartient d'apprendre à établir la vérité par des raisonnements solides, et à renverser le mensonge qui lui est opposé. On ne sera jamais un grand orateur, si l'on n'est pas un bon logicien. Nous ne pouvons entrer ici dans le détail des principes qui enseignent à raisonner juste (1); cependant, comme la chose est si importante, on nous permettra, pour aider les jeunes gens, de leur proposer quelques règles qui, bien entendues, suppléeront en quelque chose à la logique.

Première règle. Pour raisonner juste, étudiez votre sujet; faites attention à toutes ses parties, à toutes ses circonstances, les envisageant toutes, afin d'apercevoir quel chemin vous devez prendre, ou pour faire connaître la vérité, ou pour découvrir le mensonge.

Seconde règle. Appuyez vos raisonnements sur des

---

(1) On voit ici combien il serait utile d'avoir étudié la logique, avant d'entrer en rhétorique. La logique! on ne sait plus aujourd'hui ce que c'est. C'est l'appui le plus fort de l'éloquence. « Qu'est-ce en effet qu'un orateur, demande la Harpe, s'il n'est pas logicien ? » Un corps désossé n'est qu'une masse de chair; c'est l'image d'un discours sans logique. Ajoutez que la logique est la clef de toutes les sciences.

principes clairs. La cause ordinaire des faux raisonnements, c'est la facilité qu'on a de supposer vraies les choses les plus douteuses.

Troisième règle. Liez vos principes avec leurs conséquences. Dans un raisonnement exact, ces deux choses tiennent tellement l'une à l'autre, qu'après avoir accordé le principe, on est forcé d'accorder aussi la conséquence. Vous convenez qu'*il faut fuir ce qui fait des ennemis;* je vous prouve que *la raillerie a ce funeste avantage;* vous êtes obligé d'avouer qu'*il faut la fuir*, la liaison de cette conséquence et du principe étant manifeste.

Mais est-il toujours facile, dans la chaleur de la composition, de lier ainsi les conséquences aux principes? Un bon esprit n'y manque jamais sans doute; il faut avouer néanmoins que la chose n'est pas sans difficulté. Pour dernier avis, analysez soigneusement vos idées principales; placez-les, nues et dépouillées de leurs ornements, dans leur ordre le plus naturel; puis considérez-les dans cette position. La liaison de vos principes avec leurs conséquences se rendra sensible, et vous pourrez en juger même sans le secours du syllogisme.

6. Au reste, pour avoir constamment cette logique saine, cette supériorité de bon sens et de raison, d'où l'éloquence tire une si grande force, il faut remonter plus haut. Nous l'avons déjà cité, ce mot remarquable, que *c'est du cœur que viennent les grandes pensées.* Nous ajoutons que c'est aussi du cœur que viennent les raisonnements justes. Ce n'est point un paradoxe : l'honnête homme éclairé, le *vir bonus* de Cicéron est ordinairement le logicien le plus exact et le plus sûr.

En effet, ôtez de l'homme les causes principales de ses erreurs, vous ôterez presque toutes celles de ses faux raisonnements. En général, nous naissons avec un esprit droit, et la nature, si je puis le dire, n'enfante pas plus d'esprits faux que de corps contrefaits. D'où vient donc qu'il y a tant de mauvais raisonneurs? C'est que chez une foule d'hommes le cœur gâte l'esprit. Cela tient à l'éducation, et aux mœurs, qui en sont la suite (1).

Prenez un enfant né avec des talents ordinaires. Formez-le avec soin par l'éducation réputée la meilleure dans tous les siècles et chez tous les peuples, celle qui tend à développer au plus haut degré les facultés morales et intellectuelles: c'est une conséquence nécessaire, qu'il sera naturellement très-sensé, et qu'il ramènera tout au bon sens et à la droite raison. Voilà la source incorruptible des raisonnements justes.

Ainsi on se prépare de loin à la plus belle, à la plus honorable des choses humaines, à dompter les hommes par la force de la raison, et l'on y arrive par la probité et la vertu.

Nous n'avons fait qu'indiquer les principes à suivre et les écueils à éviter dans l'art du raisonnement. Nous laissons aux habiles maîtres le soin de développer cette matière importante. On ne saurait trop exhorter les jeunes gens à l'étudier à fond. Plus ils raisonneront juste, plus ils donneront de poids à leurs discours. En quelque langue que l'on parle, la raison doit exercer un grand empire, et la Rhétorique, dénuée de son

---

(1) Jamais cette vérité ne fut plus sensible qu'au moment où nous écrivons. Plus nos mœurs se dépravent, plus les faux raisonnements se multiplient en morale, en religion, en politique.

appui, ne serait plus qu'une vaine collection de règles futiles et souvent dangereuses à l'éloquence elle-même; elle ne serait qu'une perpétuelle et misérable déclamation.

ARTICLE VI.

Des Transitions.

* Il ne suffit pas de rendre les preuves concluantes par des raisonnements justes, il faut de plus les enchaîner les unes aux autres. « Nos pensées, dit Quintilien, doivent être placées avec beaucoup d'ordre; mais cela ne suffit pas, il faut encore qu'elles soient bien liées entre elles, que la liaison ne paraisse pas, en sorte qu'elles ne forment qu'un seul corps et non des parties séparées. » (Lib. VII, c. 1.) C'est à quoi sont destinées les *Transitions*. On entend par ce mot *les expressions et les pensées dont l'orateur se sert pour passer d'un objet à un autre.*

* Elles sont d'une grande importance dans le discours oratoire. Sans elles il est décousu et composé de pièces et de morceaux qui se rapprochent et ne s'unissent pas, qui se succèdent et ne se suivent pas, qui ne font jamais un tout, et qui ressemblent, dit Quintilien, à ces corps de figure ronde qui ne peuvent jamais s'emboîter parfaitement et cadrer juste les uns avec les autres. (Lib. VIII, c. 5.)

Les transitions sont l'écueil des écrivains qui n'ont pas assez étudié et mûri leur sujet, ou qui manquent de la justesse et de la pénétration nécessaires pour saisir les rapports qui unissent entre elles des choses différentes. De là tant de liaisons forcées, peu naturelles, singulières, triviales, ridicules, qui déparent le discours au lieu de l'orner, et qui font regretter souvent que l'orateur en ait fait usage. Car il vaut mieux encore se passer de transitions que d'en employer de mauvaises.

Boileau, qui est celui de tous les modernes qui a le plus approché des anciens dans l'art des transitions, a observé que la Bruyère, en les bannissant de ses ouvrages, qu'il a écrits en petits articles détachés, avait su s'épargner ce qu'il y a souvent de plus difficile en faisant un livre. Elles demandent en effet un grand talent joint à un grand travail, qui fasse disparaître l'art, qui ne laisse rien d'isolé, qui établisse partout une connexion parfaite, et qui cependant ne confonde rien et laisse toujours aller le discours à son but, dans le plus bel ordre, sans affectation, sans effort et sans contrainte.

* Les meilleures transitions sont celles qui, paraissant comme d'elles-mêmes sortir du fond du sujet, ont une liaison également sensible avec ce qui a été dit et avec ce que l'on va dire. Telle est celle par laquelle Massillon passe de la première partie de son discours sur l'*humanité des grands*, à la seconde : *Si l'humanité envers les peuples est le premier devoir des grands* (c'est ce qu'il a prouvé), *n'est-elle pas aussi l'usage le plus délicieux de la grandeur?* c'est ce qu'il prouvera.

* Les transitions admettent tous les ornements du style, pourvu qu'ils soient bien naturels et sans aucune affectation. On en relève la monotonie par des interrogations, des apostrophes, etc., par des images et des sentiments. Fléchier, après avoir fait un magnifique tableau des vertus morales de Turenne, arrive par la transition suivante à l'endroit de son dis-

cours où il expose la conversion de ce grand capitaine : « Mais à quoi auraient abouti tant de qualités
« héroïques, si Dieu n'eût fait éclater sur lui la puis-
« sance de sa grâce, et si celui dont la Providence s'é-
« tait si noblement servie eût été l'objet éternel de sa
« justice? Dieu seul pouvait dissiper ses ténèbres, et
« il tenait en sa puissance l'heureux moment qu'il
« avait marqué pour l'éclairer de ses vérités.
« Il arriva ce moment heureux, etc. »

Quelquefois un habile orateur sait se passer de transitions, ce qui arrive quand les idées semblent naître les unes des autres et se suivre naturellement d'elles-mêmes. *Les pierres bien taillées*, dit Cicéron, *s'unissent sans le secours du ciment.* Quelquefois elles ne sont pas sensibles. Le discours alors ressemble à ces ouvrages de l'art fondus d'un seul jet, où l'œil cherche en vain le point de réunion des parties qui les composent. C'est l'œuvre d'un génie supérieur.

Nous allons appliquer les principes détaillés ci-dessus à une harangue de Tite-Live. Nous y verrons comment il faut choisir les preuves, les arranger, les traiter et les lier par des transitions. C'est de Rollin que nous tirerons presque tout entier cet endroit vraiment intéressant.

Capoue, par les intrigues de Pacuvius, s'était rendue à Annibal et l'avait reçu dans ses murs. Deux frères, les plus considérables de la ville, donnèrent à manger au général carthaginois. Taurea et Pacuvius, seuls de tous les habitants, furent admis à ce repas, et le dernier obtint avec beaucoup de peine cette grâce pour son fils Pérolla, dont les engagements avec les Romains n'étaient pas inconnus à Annibal, qui voulut bien pourtant lui pardonner. Après le repas, Pérolla conduit son père dans un endroit écarté, et là, tirant un poignard de dessous sa robe, il lui déclare le dessein qu'il a formé de tuer Annibal. Pacuvius, hors de lui-même, entreprend de détourner son fils d'une résolution si funeste, et lui adresse un discours plein de force et de raison.

La première opération de Tite-Live, en composant ce discours, devait être de chercher les motifs par lesquels Pacuvius pourrait déterminer son fils. Il s'en est présenté trois à son esprit. Le premier est tiré du danger où Pérolla s'expose en attaquant Annibal au milieu de ses gardes; le second regarde le père, qui est résolu de se mettre entre Annibal et son fils, et qu'il faudra par conséquent percer le premier; un troisième se tire de ce que la religion a de plus sacré, la foi des traités, l'hospitalité, la reconnaissance. Après avoir fait choix des raisons, il fallait leur donner un ordre convenable. Dans une harangue comme celle-ci, qui dans de telles circonstances devait être fort courte, l'ordre demandait que les raisons allassent en croissant, et que les plus fortes fussent mises à la fin. La religion chez des païens n'était pas ce qui devait toucher le plus un jeune homme du caractère de celui dont il s'agit; c'est donc par là que commencera le discours. Son propre intérêt, son danger personnel le touchent bien plus vivement; ce motif tiendra donc la seconde place. Le respect et la tendresse pour un père qu'il faudra égorger avant d'arriver à Annibal, passant tout ce qu'on peut imaginer, c'est aussi par où finira Tite-Live.

On voit d'abord la solidité de ces raisons. On peut

les réduire premièrement en syllogismes, ensuite en enthymèmes, pour mieux faire sentir la différence des procédés de l'orateur et du logicien (1).

Syllogismes.

Première preuve.

* *Maj.* — Mon fils, vous ne devez pas entreprendre une action qui vous fera violer ce que la religion a de plus sacré;
Min. — Or l'action de tuer Annibal vous fera violer ce que la religion a de plus sacré;
Concl. — Donc vous ne devez pas l'entreprendre.

Seconde preuve.

* *Maj.* — Vous ne devez pas entreprendre une action qui vous expose au danger de périr;
Min. — Or l'action de tuer Annibal vous expose au danger de périr;
Concl. — Donc vous ne devez pas l'entreprendre.

Troisième preuve.

* *Maj.* — Vous ne devez pas entreprendre une action qui vous expose au danger de tuer votre père;
Min. — Or l'action de tuer Annibal vous expose au danger de tuer aussi votre père;
Concl. — Donc vous ne devez pas l'entreprendre.

Enthymèmes.

Première preuve.

* *Antéc.* — L'action de tuer Annibal vous fera violer ce que la religion a de plus sacré;
Conséq. — Donc vous ne devez pas l'entreprendre.

---

(1) Cette réduction aura bien un autre avantage, si on oblige les jeunes gens à l'imiter, quand ils travailleront. Il n'est rien de mieux, en effet, pour les éloigner de l'inutile verbiage et les accoutumer à la justesse et à la solidité, que de les contraindre à ramener à un raisonnement simple ce qu'ils liront dans les auteurs ou ce qu'ils composeront eux-mêmes.

Seconde preuve.

* *Antéc.* — L'action de tuer Annibal vous expose au danger de périr ;
Conséq. — Donc vous ne devez pas l'entreprendre.

Troisième preuve.

* *Antéc.* — L'action de tuer Annibal vous expose au danger de tuer aussi votre père ;
Conséq. — Donc vous ne devez pas l'entreprendre.

Les mineures et les antécédents des syllogismes et des enthymèmes exposés ci-dessus auraient dû être développés chacun à leur endroit. Dans le syllogisme, surtout lorsque le principe ou la majeure est assez évidente (1), l'essentiel est de prouver la mineure, parce qu'elle renferme toujours le fort de l'argument. Par la même raison, c'est l'antécédent qu'il faut prouver dans l'enthymème. Si nous n'avons fait ni l'un ni l'autre, c'est que nous avons craint d'être longs; il sera facile d'achever de vive voix ce qui n'est ici qu'ébauché, et de déduire chaque preuve dans son entier, en suivant exactement la forme scolastique. Cette opération fait sentir tout le prix de l'éloquence, et montre clairement par quelle grâce et par quels charmes elle sait embellir l'austère et froide raison. En effet, si les preuves que nous venons de rapporter sont solides et concluantes, peuvent-elles être présentées d'une manière plus sèche et moins agréable que par la forme usitée dans l'école? Mais voyons comment Tite-Live les a traitées. Sous sa plume éloquente tout devient fort, énergique, animé. Il s'attache uniquement à faire voir

---

(1) Si la majeure n'est pas évidente, il faut la prouver; mais l'essentiel est toujours la preuve de la mineure.

la vérité de ce qui est contenu dans les mineures des syllogismes et dans les antécédents des enthymèmes. Il n'explique point les majeures, parce qu'elles sont claires et se suppléent assez d'elles-mêmes (1). Par les mêmes raisons, il ne tire pas non plus les conclusions.

L'entrée qui tient lieu d'exorde est vive et touchante: « (2) Mon fils, je vous prie et je vous conjure, « par tous les droits les plus sacrés de la nature et du « sang, de ne point entreprendre de commettre, sous « les yeux de votre père, une action également crimi- « nelle en elle-même et funeste par les suites qu'elle « aura pour vous. »

Ier Motif, tiré de la religion. — Il se subdivise en trois autres, qui ne sont presque que montrés, mais d'une manière fort vive et fort éloquente, sans qu'il y ait aucune circonstance omise, aucun mot qui ne porte: 1° la foi des traités confirmés par le serment; 2° les droits sacrés de l'hospitalité; 3° l'autorité d'un père sur son fils. « (3) Il n'y a que peu de moments « que nous nous sommes liés par les serments les plus « solennels, que nous avons donné à Annibal les mar- « ques les plus saintes d'une amitié inviolable; et,

---

(1) Si cependant elles ne peuvent se suppléer que difficilement, alors il faut les exprimer et les mettre dans le jour le plus clair; mais ce n'est point le cas dans la harangue de Tite-Live.

(2) *Per ego te, fili, quæcumque jura liberos jungunt parentibus, precor quæsoque, ne ante oculos patris facere et pati omnia infanda velis.*

(3) *Paucæ horæ sunt, intra quas jurantes per quidquid Deorum est, dextræ dextras jungentes fidem obstrinximus, ut sacratas fide manus digressi ab colloquio extemplo in eum armaremus! Surgis ab hospitali mensa, ad quam tertius Campanorum adhibitus ab Annibale es, ut eam ipsam mensam cruentares hospitis sanguine! Annibalem pater filio meo potui placare, filium Annibali non possum!*

« sortis à peine de cet entretien, nous armerions con-
« tre lui cette main même que nous lui avons pré-
« sentée pour gage de notre fidélité! Cette table où
« président les dieux vengeurs de l'hospitalité, où
« vous avez été admis par une faveur que deux seuls
« Campaniens partagent avec vous, vous ne la quit-
« tez, cette table sacrée, que pour la souiller un mo-
« ment après du sang de votre hôte ! Hélas! après
« avoir obtenu d'Annibal la grâce de mon fils, ne pour-
« rais-je point obtenir de mon fils celle d'Annibal? »

IIe Motif, tiré du danger auquel Pérolla s'expose. —
« Mais ne respectons rien, j'y consens, de tout ce
« qu'il y a de plus sacré parmi les hommes; violons
« tout ensemble la foi, la religion, la piété ; ren-
« dons-nous coupables de l'action du monde la plus
« noire, si notre perte ne se trouve pas ici infailli-
« blement jointe avec le crime. » (Cette pensée forme
une belle transition et conduit bien naturellement du
premier motif au second.) « Seul, vous prétendez
« attaquer Annibal? Mais cette foule d'hommes libres
« et d'esclaves qui l'environnent; tous ces yeux atta-
« chés sur lui pour veiller à sa sûreté ; tant de bras
« toujours prêts à s'employer à sa défense, espérez-
« vous qu'ils demeurent glacés et immobiles au mo-
« ment que vous vous porterez à cet excès de fureur?
« Soutiendrez-vous le regard d'Annibal, ce regard
« redoutable que ne peuvent soutenir des armées en-
« tières et qui fait trembler le peuple romain (1)? »

* (1) *Sed sit nihil sancti, non fides, non religio, non pietas; au-
deantur infanda, si non perniciem nobis cum scelere afferunt.
Unus aggressurus es Annibalem? Quid illa turba tot liberorum ser-
vorumque? quid in unum intenti omnium oculi? quid tot dextræ?
Torpescent-ne in amentia illa? Vultum ipsius Annibalis quem ar-*

Quelle foule de pensées et d'images...! Quelle admirable opposition entre des armées entières qui ne peuvent soutenir le visage d'Annibal, le peuple romain même, que ses regards font trembler, et un faible particulier, *tu !*

IIIe Motif. Le père, qu'il faudra percer avant que d'arriver à Annibal. — « Et quand même tout autre « secours lui manquerait (c'est la transition), aurez- « vous le courage de me frapper moi-même, lorsque « je le couvrirai de mon corps, et que je me présen- « terai entre lui et vos coups? Car, je le déclare, ce « n'est qu'en me perçant le flanc que vous pourrez « aller jusqu'à lui (1). » La simplicité et la brièveté de ce dernier motif n'est pas moins admirable que la vivacité du précédent. Un jeune homme serait tenté d'ajouter ici quelques pensées. Pourrez-vous tremper vos mains dans le sang d'un père? arracher la vie à celui de qui vous l'avez reçue? etc. Mais un maître tel que Tite-Live sent bien qu'il ne faut que montrer un tel motif, et que vouloir l'amplifier c'est l'affaiblir.

Il finit par des prières, plus fortes dans la bouche d'un père que toutes les raisons. « Laissez-vous flé- « chir en ce moment, plutôt que de vouloir périr « dans une entreprise si mal concertée. Souffrez que « mes prières aient sur vous quelque pouvoir, après « qu'elles ont été aujourd'hui si puissantes en votre « faveur (2). »

---

mati exercitus sustinere nequeunt, quem horret Populus Romanus, tu sustinebis !

* (1) *Et alia auxilia desint, me ipsum ferire corpus meum opponentem pro corpore Annibalis sustinebis ? Atqui per meum pectus petendus ille tibi transfigendusque est.*

* (2) *Deterreri hic sine te potius, quam illic vinci. Valeant preces apud te meæ, sicut pro te hodie valuerunt.* (TITE-LIVE, liv. XXIII.)

CHAPITRE V

DE LA PÉRORAISON.

* La Péroraison est la dernière partie du discours. Son importance est telle, que le succès de l'orateur en dépend souvent : puissant motif de la travailler avec un soin particulier.

Elle a deux objets à remplir (1). Elle doit premièrement achever de convaincre les esprits en résumant les principales preuves, et en second lieu achever de toucher les cœurs en les échauffant par les sentiments.

* 1° La péroraison doit achever de convaincre les esprits par une récapitulation des principales preuves (2). Cette règle est puisée dans le bon sens. En effet, la fin du discours est le moment critique qui précède celui où l'auditeur va porter son jugement, se décider sans retour, approuver ou blâmer. Il est donc nécessaire alors de rassembler sous ses yeux et de lui représenter, comme dans un tableau exact, mais net et précis, les principaux moyens développés dans le discours pour opérer la conviction. Cette partie demande beaucoup de discernement et de goût, pour ne

---

(1) *Ejus duplex ratio est, posita aut in rebus aut in affectibus.* (QUINT., lib. VI, c. 1.)

(2) *Rerum repetitio et congregatio, quæ græce dicitur* ἀνακεφαλαίωσις, *et memoriam judicis reficit, et totam simul causam ponit ante oculos, et, etiamsi per singula minus moverat, turba valet.* (QUINT., lib. VI, c. 1.)

rappeler que ce qu'il faut, avec intérêt, avec force, sans répétitions, sans longueurs, *ut memoria*, dit Cicéron, *non oratio renovata videatur*.

Il est néanmoins utile d'observer qu'une récapitulation détaillée qui s'adresse au jugement de l'auditeur se place mieux dans la confirmation, à la fin de l'une de ses subdivisions (1).

* Mais dans la péroraison, il faut que la récapitulation soit brève, surtout quand le sujet prête au pathétique; car il ne faut pas alors abandonner le cœur pour l'esprit, ni les mouvements passionnés pour les théories raisonnées.

2° La péroraison doit achever de toucher les cœurs en les échauffant par les sentiments. « C'est dans cette partie du discours ou jamais, dit Quintilien (2), qu'il est permis d'ouvrir toutes les sources de l'éloquence et de déployer toutes ses voiles. Alors l'auditoire entier doit être ébranlé, comme dans les tragédies anciennes tout le théâtre retentissait d'applaudissements quand on était arrivé au dénoûment ou à la catastrophe. »

* L'orateur recueillera donc ici toutes ses forces pour s'assurer la victoire. Il déploiera toutes les ressources de son art; il mettra en usage tout ce que la passion pourra lui fournir de mouvements rapides, im-

---

(1) Le cardinal Maury s'élève contre la méthode des récapitulations, et il s'appuie de l'autorité de Cicéron, qui compare un orateur qu'on voit ainsi revenir sur ses pas, *à un serpent qui achève ses circonvolutions en mordant sa queue*. La récapitulation bien faite peut néanmoins avoir de grands avantages dans les sujets où il importe plus de convaincre que de toucher; et Cicéron lui-même en a de fort belles dans la Milonienne et dans son discours *pro Lege Manilia*.

(2) *Atque hic, si usquam, totos eloquentiæ aperire fontes licet, tota possumus pandere vela*, etc. (QUINT., lib. VI, c. 1.)

pétueux, brûlants. Les tours animés, les expressions énergiques, les figures hardies, les images attendrissantes couleront de sa bouche pour toucher, ébranler, subjuguer ses auditeurs.

Les anciens excellaient dans les péroraisons touchantes; mais aucun n'a égalé Cicéron (1); celle de son discours *pro Milone* est peut-être la plus belle qu'on ait jamais faite. Nous exhortons les jeunes gens à la lire; c'est un chef-d'œuvre d'habileté et d'adresse, autant que d'éloquence et de sentiment.

Nos orateurs ont eu aussi des succès très-distingués dans cette partie du discours oratoire; et il n'en est aucun dans lequel on ne trouve de fort belles péroraisons. Celle de l'oraison funèbre de Condé, par Bossuet, est sans doute une des plus frappantes. Il n'est pas possible de la lire sans être vivement ému, et l'on doit la regarder comme un des morceaux les plus sublimes, les plus magnifiques, les plus touchants qui soient jamais sortis de la plume d'un orateur. Bossuet vient de raconter la mort de son héros, et il continue :

« Venez, peuples, venez maintenant; mais venez
« plutôt, princes et seigneurs, et vous qui jugez la
« terre, et vous qui ouvrez aux hommes les portes du
« ciel, et vous, plus que tous les autres, princes et
« princesses, nobles rejetons de tant de rois, lumières
« de la France, mais aujourd'hui obscurcies et cou-
« vertes de votre douleur comme d'un nuage; venez

(1) Aussi dit-il quelque part que dans les causes où les rôles étaient distribués entre plusieurs orateurs, on lui laissait toujours les péroraisons, parce qu'il y réussissait mieux que les autres. *Perorationes mihi tamen omnes relinquebant, in quo, ut viderer excellere, non ingenio, sed labore assequebar.* (De Orat.)

« voir le peu qui nous reste d'une si auguste nais-
« sance, de tant de grandeur, de tant de gloire ; jetez
« les yeux de toutes parts : voilà tout ce qu'a pu faire
« la magnificence et la piété pour honorer un héros !
« Des titres, des inscriptions, vaines marques de ce
« qui n'est plus, des figures qui semblent pleurer
« autour d'un tombeau, et des fragiles images d'une
« douleur que le temps emporte avec tout le reste;
« des colonnes qui semblent vouloir porter jusqu'au
« ciel le magnifique témoignage de notre néant ; et
« rien enfin ne manque dans tous ces honneurs que
« celui à qui on les rend. Pleurez donc sur ces faibles
« restes de la vie humaine ; pleurez sur cette triste
« immortalité que nous donnons au héros. Mais ap-
« prochez en particulier, ô vous qui courez avec tant
« d'ardeur dans la carrière de la gloire, âmes guer-
« rières et intrépides ; quel autre fut plus digne de
« vous commander ? Mais dans quel autre avez-vous
« trouvé le commandement plus honnête ? Pleurez
« donc ce grand capitaine, et dites en gémissant :
« Voilà celui qui nous menait dans les hasards ; sous
« lui se sont formés tant de renommés capitaines,
« que ses exemples ont élevés aux premiers honneurs
« de la guerre ; son ombre eût pu encore gagner des
« batailles, et voilà que dans son silence son nom
« même nous anime.... Et vous, ne viendrez-vous
« pas à ce triste monument, vous, dis-je, qu'il a bien
« voulu mettre au rang de ses amis ? Tous ensemble,
« en quelque degré de confiance qu'il vous ait reçus,
« environnez ce tombeau, versez des larmes avec des
« prières, et admirant dans un si grand prince une
« amitié si commode et un commerce si doux, con-

« servez le souvenir d'un héros dont la bonté avait
« égalé le courage. Ainsi puisse-t-il toujours vous être
« un cher entretien ! Ainsi puissiez-vous profiter de
« ses vertus; et que sa mort, que vous déplorez, vous
« serve à la fois de consolation et d'exemple ! Pour
« moi, s'il m'est permis après tous les autres de venir
« rendre les derniers devoirs à ce tombeau, ô prince,
« le digne sujet de nos louanges et de nos regrets,
« vous vivrez éternellement dans ma mémoire; votre
« image y sera tracée, non point avec cette audace
« qui promettait la victoire; non, je ne veux rien
« voir en vous de ce que la mort y efface; vous aurez
« dans cette image des traits immortels; je vous y
« verrai tel que vous étiez à ce dernier jour sous la
« main de Dieu, lorsque sa gloire sembla commencer
« à vous apparaître. C'est là que je vous verrai plus
« triomphant qu'à Fribourg et à Rocroi, et, ravi
« d'un si beau triomphe, je dirai en actions de grâces
« ces belles paroles du bien-aimé disciple : *La véri-*
« *table victoire, celle qui met sous nos pieds le monde*
« *entier, c'est notre foi.* Jouissez, prince, de cette
« victoire, jouissez-en éternellement par l'immortelle
« vertu de ce sacrifice. Agréez ces derniers efforts
« d'une voix qui vous fut connue : vous mettrez fin à
« tous ces discours. Au lieu de déplorer la mort des
« autres, je veux apprendre de vous à rendre la
« mienne sainte; heureux si, averti par ces cheveux
« blancs du compte que je dois rendre de mon ad-
« ministration, je réserve au troupeau que je dois
« nourrir de la parole de vie, les restes d'une voix
« qui tombe et d'une ardeur qui s'éteint ! »

Quintilien conseille à l'orateur, comme une pratique excellente et facile pour réussir dans la péroraison, de se mettre tout son sujet devant les yeux (1); de voir ce qu'il renferme de favorable ou d'odieux, de pitoyable ou d'atroce; et de choisir les choses qui feraient le plus d'impression sur lui-même, s'il était du nombre des auditeurs : nous ajouterons qu'il doit ensuite s'en pénétrer, et se livrer à tout le feu et à toute la véhémence qu'elles peuvent naturellement inspirer.

(1) *Ut totas causæ suæ vires orator ante oculos ponat.* (Lib. IV, c. 1.)

CHAPITRE VI.

DE LA NARRATION.

*La Narration oratoire est l'*exposition des faits sur lesquels s'appuie le discours.*

Il est naturel de la placer immédiatement après l'exorde ; car on ne doit pas différer d'instruire les auditeurs de ce qui fait le fondement du discours. Il y a néanmoins des sujets, dit Quintilien (lib., IV, c. 2), qui demandent une conduite différente, comme on le voit dans le beau plaidoyer de Cicéron pour la défense de Milon. Cet habile orateur, au lieu de raconter d'abord comment Clodius avait dressé des embûches à Milon, s'applique à détruire les préjugés funestes que plusieurs circonstances avaient fait naître dans l'esprit des juges : c'étaient comme des nuages qui auraient obscurci la vérité des faits, et qu'il fallait dissiper. Au reste, Quintilien pense que ces préliminaires mêmes sont une suite de l'exorde, puisqu'ils tendent à la même fin, qui est de préparer les juges aux questions les plus essentielles du procès. Il y a d'autres causes dont les faits très-multipliés demandent à être racontés et discutés séparément. Telle était celle que Cicéron traita dans ses discours contre Verrès, *de Signis* et *de Suppliciis*. Alors il y a plusieurs narrations, qu'on ne place point après l'exorde, mais que l'on répand, pour ainsi dire, et que l'on distribue dans tout le plaidoyer. Il en est souvent de même dans les panégyriques et les oraisons funèbres. A ces exceptions près, que la nature des choses indique assez d'elle-même, la narration doit suivre immédiatement l'exorde.

* Les rhéteurs assignent quatre qualités à la narration : la clarté, la vraisemblance, la brièveté et l'intérêt.

* 1. La clarté. Elle doit régner dans tout le discours, mais principalement dans la narration ; celle-ci est la base de tout le plaidoyer, qui ne pourrait être entendu si elle manquait de clarté : *Narratio obscura totam obcæcat orationem.* (De Orat., lib. II, c. 80, n. 329.) « Or, dit Cicéron, la narration sera claire, si l'on n'y emploie que des expressions usitées, si les faits y sont racontés de suite, sans interruption et dans l'ordre des temps. » « Elle sera claire, ajoute Quintilien (lib. IV, c. 11), si l'orateur distingue nettement les choses, les personnes, les temps, les lieux, les motifs. »

* 2. La vraisemblance. *Le vrai peut quelquefois n'être pas vraisemblable,* a dit un de nos poëtes : il faut donner à la vérité les couleurs de la vraisemblance. « Elles se feront remarquer dans la narration, dit l'orateur romain, si elle s'accorde avec les caractères ou les intérêts des personnages, avec les circonstances des temps, des lieux ; si les faits sont motivés, s'ils paraissent appuyés sur de bons témoignages, s'ils n'ont rien de contraire aux opinions, à la religion, aux usages des personnes que l'on fait agir ; si celui qui raconte donne une idée favorable de sa probité, de son attachement à la vérité, de son impartialité à toute épreuve. Le moyen de rendre la narration vraisemblable, dit Quintilien, c'est de se consulter soi-même, et d'examiner si l'on ne dit rien qui choque le bon sens ; de rapporter les causes et les motifs des faits que l'on avance, et de présenter des caractères qui aient de la convenance avec ces faits. Vous accusez un homme de larcin, d'adultère, d'homicide; montrez-le dominé par l'avarice, esclave de ses plaisirs, violent et prêt à tout entreprendre. Si vous le défendez, donnez-lui des mœurs toutes contraires. Mais prenez garde, dans ce que vous avancerez, que tout soit d'accord avec les temps, avec les lieux, etc. » En général, étudiez bien les faits, c'est le moyen de les rendre avec toute la vraisemblance dont ils ont besoin.

3. La brièveté. Horace a dit d'Homère : *Semper ad eventum festinat;* c'est une louange que l'avocat doit être jaloux de mériter quand il raconte. Qu'il aille donc toujours au fait par le chemin le plus court. Mais ne nous faisons pas une fausse idée de la brièveté; elle ne consiste pas précisément à dire une chose en peu de mots, mais à ne rien dire d'inutile. Un récit de deux pages est court, s'il ne contient que ce qui est nécessaire; au lieu qu'un récit de vingt lignes est long, s'il peut être renfermé dans dix.

« Quand je recommande la brièveté, dit Quintilien, je la fais consister, non à dire moins qu'il ne faut, mais à dire tout ce qu'il faut et rien de plus : *Nihil neque desit, neque superfluat.* » Dire ce qu'il faut, c'est n'omettre aucune des circonstances nécessaires au sujet et qui puissent contribuer à le faire connaître ou à l'orner. Ne pas dire plus qu'il ne faut, c'est élaguer tous les détails superflus, traînants, ennuyeux, et ne point noyer dans une foule d'expressions ce qui peut être renfermé dans un mot. Quintilien donne l'exemple suivant d'une narration chargée de détails inutiles : « *J'arrivai sur le port, j'aperçus un navire prêt à faire voile. Je demandai le prix du passage. Je fis mon marché, aussitôt je m'embarquai. On lève l'ancre, on met à la voile ; nous partons.* Il est difficile, dit Quintilien, de faire un plus long détail en moins de paroles. Mais ne suffirait-il pas de dire : *Je m'embarquai ?* »

* Voulez-vous paraître fort court, même dans les narrations les plus longues? semez-y à propos quelques ornements. Une narration sans grâce ennuie et paraît ne devoir jamais finir. « Le plaisir trompe et amuse, dit Quintilien : plus une chose en donne, moins elle semble durer. C'est ainsi qu'un chemin riant et uni, bien qu'il soit plus long, fatigue moins qu'un autre qui serait plus court, mais escarpé ou désagréable. Je ne suis donc point amateur de la brièveté, ajoute-t-il, jusqu'à ne pouvoir souffrir qu'on mêle à un récit tout ce qui peut l'embellir et le faire recevoir plus aisément. » Aussi assigne-t-on pour quatrième qualité de la narration

*4. L'intérêt. Une narration intéressante est celle qui, dans les grands sujets, attache l'auditeur par l'élévation et le pathétique, et par l'agrément dans les sujets médiocres. Il n'y a guère de récit qui ne soit susceptible de ces sortes de beautés; l'on ne doit en excepter que ceux où il s'agit de choses si petites et si peu importantes, que la clarté et la précision sont les seuls ornements qui leur conviennent. Mais si la cause est grande par son objet, par le nom et l'état des personnes, s'il y est question d'un crime atroce ou d'une action éclatante, « vous pourrez vous livrer, dit Quintilien, aux sentiments de douleur, de commisération, d'indignation ou d'admiration, en vous souvenant toutefois qu'il ne faut pas les épuiser, mais réserver ce qu'ils ont de plus frappant pour échauffer les preuves qui doivent suivre votre récit. Si votre cause est médiocre, dit Quintilien au même endroit, il faut des grâces légères et proportionnées à sa médiocrité, un style simple en apparence, mais plein d'élégance, des figures qui n'aient rien de poétique, rien de hardi, une diction pure et très-variée, afin d'obvier à l'ennui et de récréer l'esprit. Car, dans les sujets médiocres, la narration n'a nulle autre parure à espérer, et si elle n'est relevée par cet agrément, il faut qu'elle rampe. »

Observez néanmoins que dans aucun cas l'orateur ne doit employer un style trop pompeux, ni des ornements trop recherchés. Son but est de se rendre croyable: y arriverait-il, s'il paraissait occupé du désir puéril de briller par son esprit? Non sans doute. « Il est des avocats, dit à ce propos Quintilien, qui, jaloux des applaudissements d'une multitude assemblée au hasard, ou quelquefois même gagée, ne peuvent, quand ils font l'exposition de leur cause, se contenter du silence de l'attention. Ils semblent ne se croire éloquents que par le bruit qu'ils font ou qu'ils excitent. Bien expliquer un fait comme il est, leur paraît trop commun ou trop au-dessous d'eux. Ils regardent la narration comme un champ ouvert à leur éloquence. C'est là qu'ils veulent briller; c'est là que le style, le ton, les gestes, les mouvements du corps, tout est également outré. Qu'arrive-t-il? C'est qu'on applaudit à l'action de l'avocat et qu'on n'entend pas la cause. » Lors donc même que la narration admet le plus d'ornements, elle ne doit jamais passer certaines bornes.

5. Mais il y a un art admirable qui se fait remarquer dans les grands orateurs, et qu'on pourrait regarder

comme une cinquième qualité de la narration: c'est une certaine adresse à arranger les circonstances du fait de manière qu'elles soient toutes favorables à la cause, et qu'elles préparent l'esprit des juges aux preuves qui seront employées dans la suite. Je ne sais s'il y a rien de plus important dans toute la narration. Quand l'historien raconte un fait, il n'a pour but que de le bien faire connaître ; l'avocat se propose de plus l'avantage de sa cause. Lui serait-il donc permis d'altérer la vérité ? Non sans doute : il se nuirait à lui-même et à ses parties, en perdant toute confiance ; mais sans détruire la substance du fait, il peut le présenter sous des couleurs favorables, insister sur les circonstances avantageuses, adoucir celles qui seraient odieuses et choquantes, ou passer dessus légèrement. Un historien racontant la mort de Clodius aurait dit : *Les esclaves de Milon tuèrent Clodius.* Cicéron dit : *Les esclaves de Milon firent alors ce que chacun de nous voudrait que ses esclaves eussent fait en pareille rencontre* (1) : tour extrêmement adroit, qui voile sous une périphrase ingénieuse tout ce que l'action de Milon pouvait avoir d'odieux.

Mais il faut encore que la narration prépare les juges à la preuve, c'est-à-dire qu'elle les dispose à accueillir toutes les raisons par lesquelles on voudra les convaincre

---

(1) *Fecerunt id servi Milonis quod suos quisque servos in re tali facere voluisset.* (Orat. pro Milone.) Ce tour ingénieux qu'on a tant admiré, et qui mérite si bien de l'être, Cicéron l'a emprunté à Lysias, *de Cœde Eratosthenis.* Au lieu de prononcer ce mot : « Je le tuai, » il dit : Οὕτως, ὦ ἄνδρες, ἐκεῖνος τούτων ἔτυχεν ὧνπερ οἱ νόμοι κελεύουσι τοὺς τὰ τοιαῦτα πράττοντας : *Ea consecutus est ille quœ lex eos consequi jubet qui talia perpetrant.* Si les plus grands orateurs se font de mutuels emprunts, pourquoi les disciples de l'éloquence dédaigneraient-ils de les imiter ?

du droit ou de l'innocence de ses parties. Cicéron met beaucoup d'art dans tout ce qu'il dit pour faire connaître aux juges que Clodius était l'agresseur, et non pas Milon ; mais, dit Quintilien, rien ne paraît préparer la preuve plus adroitement que cette description si simple en apparence (1) : *Pour Milon, après avoir été ce jour-là au Sénat jusqu'à la fin de la séance, il revint chez lui. Il changea d'habit et de chaussure; il attendit quelque temps que sa femme eût fait tous ses apprêts.* Que Milon paraît tranquille, et que cette conduite est éloignée d'un homme qui roule un assassinat dans sa tête. C'est la réflexion que Cicéron fait naître, non-seulement par la lenteur qu'il met dans le départ de Milon, mais encore par les expressions les plus communes qu'il puisse employer et qui sont par là d'autant plus propres à couvrir son artifice.

Cette narration de Cicéron est peut-être le morceau le plus parfait qu'il soit possible de citer en ce genre. Nous ne pouvons résister au plaisir d'en faire connaître ici quelques-unes des beautés les plus frappantes. Après avoir rendu compte du départ de Clodius et de Milon, dont les circonstances sont entièrement favorables à ce dernier, il continue (2) : «Clodius vient à la rencontre de

---

(1) *Milo autem. cum in senatu fuisset eo die quoad senatus est dimissus, domum venit; calceos et vestimenta mutavit; paulisper dum se uxor, ut fit, comparat, commoratus est.* (Orat. pro Milone.)

(2) *Obviam fit ei Clodius, expeditus, in equo, nulla rheda, nullis impedimentis, nullis Græcis comitibus, ut solebat; sine uxore, quod nunquam fere : quum hic insidiator, qui iter illud ad cædem faciendam apparasset, cum uxore veheretur in rheda, penulatus, magno et impedito et muliebri ac delicato ancillarum puerorumque comitatu.* (Ibid.) La pénule était une espèce de robe qui n'avait qu'une seule ouverture pour passer la tête. On ne pouvait agir qu'en la relevant des deux côtés.

« Milon, agile, monté à cheval, sans voiture, sans ba-
« gage, sans aucun Grec à sa suite, contre sa coutume,
« et même sans sa femme, ce qui ne lui arrivait presque
« jamais; tandis que Milon, que l'on prétend s'être mis
« en chemin pour commettre ce meurtre, était dans
« une voiture avec sa femme, enveloppé d'un manteau,
« plus embarrassé qu'accompagné d'une troupe faible
« et timide de suivantes et de valets. »

Quel est celui qui médite un assassinat? Est-ce Clodius qui est dans un équipage si leste et si propre à faire un coup de main? ou Milon qui est si embarrassé, et de son manteau, et de sa femme, et de la troupe qui le suit? Mais ils se livrent un combat dont la description est vraiment un modèle de simplicité, d'intérêt et d'adresse.

« Ils se rencontrent devant la terre de Clodius,
« vers la onzième heure. Aussitôt, d'un lieu élevé, un
« grand nombre d'esclaves fondent sur Milon, en faisant
« pleuvoir une grêle de traits. Le cocher est tué, Milon
« se débarrasse de son manteau, se jette hors de la voi-
« ture et se défend avec vigueur. Une partie des gens
« de Clodius courent à lui l'épée à la main et l'atta-
« quent par derrière; les autres, le croyant déjà mort,
« font main-basse sur les esclaves qui suivaient de
« loin. Plusieurs de ceux-ci donnèrent des marques
« de courage et de fidélité. Une partie fut massacrée;
« les autres, voyant que l'on combattait autour de la
« voiture et qu'on les empêchait de secourir leur maître,
« entendant Clodius lui-même s'écrier que Milon était
« tué, et le croyant en effet, ils firent (je le dirai, non
« pour éluder l'accusation, mais pour rapporter la chose
« telle qu'elle est), ils firent, sans que leur maître l'ordon-

« nât, sans qu'il le vît, ce que chacun de nous voudrait
« que ses esclaves eussent fait en pareille rencontre.

« Les choses se sont passées comme je viens de vous
« les exposer. L'agresseur a succombé dans les embû-
« ches qu'il avait tendues : la force a été vaincue par
« la force; ou plutôt la valeur a triomphé de l'au-
« dace (1). »

On est frappé malgré soi de l'air de vérité qui règne dans ce récit. L'orateur n'y est occupé que du fait et des principales circonstances. Avec quel art il les a réunies et détaillées en peu de mots! comme chacune est à sa place, sans désordre, sans confusion! On voit tout, on distingue tout; on croit être sur le lieu de la scène. Tout parle en faveur de Milon, tout accuse Clodius. Mais quelle adresse de faire entendre que celui-ci a reçu le coup mortel, et de cacher en même temps ce que cette circonstance décisive a d'odieux, sous des idées qui non-seulement ne peuvent déplaire aux juges, mais qui semblent même devoir les intéresser, en les

---

(1) *Fit obviam Clodio ante fundum ejus, hora fere undecima, aut non multo secus: statim complures cum telis in hunc faciunt de loco superiore impetum; adversi rhedarium occidunt. Quum autem hic de rheda, rejecta penula, desiluisset, seque acri animo defenderet; illi qui erant cum Clodio, gladiis eductis, partim recurrere ad rhedam, ut a tergo Milonem adorirentur; partim quod hunc jam interfectum putarent, cædere incipiunt ejus servos, qui post erant. Ex quibus, qui animo fideli in dominum et præsenti fuerant, partim occisi sunt, partim, cum ad rhedam pugnari viderent et domino succurrere prohiberentur, Milonemque occisum etiam ex ipso Clodio audirent, et ita esse putarent, fecerunt id servi Milonis (dicam enim non derivandi criminis causa, sed ut factum est), neque imperante, neque sciente, neque præsente domino, quod suos quisque servos in re tali facere voluisset.*

Hæc, sicut exposui, gesta sunt, judices: insidiator superatus, vi victa vis, vel potius oppressa virtute audacia est. (Orat. pro Milone.)

transportant dans une situation semblable à celle de Milon ! *Quod suos quisque servos in re tali facere voluisset.*

* 6. Nous avons eu principalement en vue jusqu'ici la narration judiciaire. Néanmoins on peut en appliquer les principes à toute sorte de narrations oratoires, à quelques exceptions près, qui n'échapperont point à la pénétration d'un orateur même ordinaire. En général, les narrations doivent se traiter dans le goût du genre auquel elles appartiennent. Leur beauté dépend, dans le genre judiciaire, de l'adresse et de l'habileté jointes aux ornements que les circonstances permettent. Dans le genre délibératif, une simplicité noble fait leur principal mérite. Enfin, dans le genre démonstratif, elles admettent toute la richesse et la magnificence, toute la délicatesse et les grâces du style.

Observez que la narration ne fait une partie du discours distincte et séparée que dans le genre judiciaire. Dans les autres genres, les récits se trouvent répandus dans la confirmation, et forment, pour l'ordinaire, ce qu'elle a de plus intéressant.

CHAPITRE VII

DE LA RÉFUTATION.

* 1. La Réfutation consiste *à détruire les raisons contraires à la proposition que l'on veut établir*. Dans les plaidoyers, on la considère comme une partie spéciale du discours. Au fond elle appartient à la confirmation, et ne doit faire avec elle qu'une même chose. En effet, comment pourrions-nous établir solidement nos preuves, dit Cicéron, si nous laissions subsister celles qui paraissent les contredire ? (*De Orat.*, lib. II, c. 81, n. 331.)

* 2. On place la réfutation avant ou après la confirmation. Quelquefois toutes deux marchent de front, pour ainsi dire, et à mesure qu'on fait valoir ses raisons, on renverse celles de ses adversaires. En cela, quel est l'ordre préférable? celui que semblent exiger les matières que l'on traite, et les circonstances dans lesquelles on parle. L'orateur qui a du goût ne s'y trompe jamais.

* 3. La réfutation exige un esprit juste et adroit. C'est dans cette partie du discours que se fait le mieux sentir le besoin qu'a l'orateur de savoir bien raisonner ou d'être bon logicien. En effet, détruire les principes sur lesquels l'adversaire a fondé ses preuves, ou montrer que de bons principes il a tiré de fausses conséquences; d'un principe reconnu par lui, tirer soi-même une conséquence qui le confonde; le relever habilement, s'il a donné pour clair ce qui est douteux, pour avoué ce qu'on lui conteste, pour propre à la cause ce qui n'y a point de rapport; rompre toutes ses mesures en divisant ses preuves pour les affaiblir, en le faisant tomber en contradiction, en lançant contre lui, à propos cependant et avec la modération qui convient, les traits d'une ironie facile, d'une plaisanterie décente et spirituelle (1); éviter les piéges qu'il a tendus adroitement; ne point s'amuser à ce qu'il a dit d'inutile, et ne point se laisser entraîner hors du sujet par ses écarts: tel est l'art, telles sont les précautions et les ressources nécessaires à l'orateur du barreau pour réfuter avec succès un adversaire redoutable; et l'on conviendra que rien ne suppose plus d'habileté et d'adresse.

4. Entre les anciens, Démosthènes et Cicéron ont excellé dans la réfutation. Écoutez le premier écrasant Eschine sous le poids de ses réponses victorieuses.

Dans le fameux procès *de la Couronne*, Eschine l'accuse d'avoir seul fait déclarer la guerre contre Philippe, et il rejette odieusement sur lui tous les maux qui en ont été la suite.

« Malheureux ! s'écrie Démosthènes, si les désastres

---

(1) Nous parlerons en son lieu de l'*Ironie* considérée comme figure. — La plaisanterie est souvent une arme puissante, quand elle est maniée par un avocat habile. Elle humilie, déconcerte, confond un adversaire confiant, audacieux, emporté. Mais elle exige un orateur de force, qui sache s'en servir avec adresse et l'employer à propos. Déplacée, froide, ou grossière, elle déplaît nécessairement et retombe sur son auteur. Quintilien remarque que Démosthènes plaisantait peu, et Cicéron beaucoup trop. L'orateur romain abusa d'un talent qu'il possédait dans un haut degré, et que la nature avait refusé à l'orateur grec. Voyez Quintilien sur cette matière (lib. VI, c. 3), et Cicéron lui-même. (*De Orat.*, lib. II, c. 54, n. 216 et suivants.)

« publics te donnent de l'audace quand tu devrais en
« gémir avec nous, essaie donc de faire voir, dans ce
« qui a dépendu de moi, quelque chose qui ait con-
« tribué à notre malheur. Partout où j'ai été en am-
« bassade, les envoyés de Philippe ont-ils eu quelque
« avantage sur moi ? Non, jamais : non, nulle part,
« ni dans la Thessalie, ni dans la Thrace, ni dans
« Bysance, ni dans Thèbes, ni dans l'Illyrie. Mais ce
« que j'avais fait par la parole, Philippe le détruisait
« par la force. Et tu t'en prends à moi ! et tu ne
« rougis pas de m'en demander compte ! Ce même
« Démosthènes, dont tu fais un homme si faible, tu
« veux qu'il l'emporte sur les armées de Philippe, et
« avec quoi ? avec la parole ! Car il n'y avait que la
« parole qui fût à moi : je ne disposais ni des bras,
« ni de la fortune ; je n'avais aucun commandement
« militaire ; et il n'y a que toi d'assez insensé pour
« m'en demander raison. Mais que pouvait, que de-
« vait faire l'orateur d'Athènes ? Voir le mal dans sa
« naissance, le faire voir aux autres, et c'est ce que
« j'ai fait ; prévenir autant qu'il est possible les re-
« tards, les faux prétextes, les oppositions d'intérêts,
« les méprises, les fautes, les obstacles de toute es-
« pèce, trop ordinaires entre les républiques alliées
« et jalouses, et c'est ce que j'ai fait ; opposer à toutes
« ces difficultés le zèle, l'empressement, l'amour du
« devoir, l'amitié, la concorde, et c'est ce que j'ai
« fait. Sur aucun de ces points je défie qui que ce
« soit de me trouver en défaut ; et si l'on me demande
« comment Philippe l'a emporté, tout le monde ré-
« pondra pour moi : Par ses armes, qui ont tout en-
« vahi ; par son or, qui a tout corrompu. Il n'était

« pas en moi de combattre ni l'un ni l'autre ; je n'a-
« vais ni trésors, ni soldats. Mais pour ce qui est de
« moi, j'ose le dire, j'ai vaincu Philippe : et com-
« ment? en refusant ses largesses, en résistant à la
« corruption. Quand un homme s'est laissé acheter,
« l'acheteur peut dire qu'il a triomphé de lui ; mais
« celui qui demeure incorruptible peut dire qu'il a
« triomphé du corrupteur. Ainsi donc, autant qu'il a
« dépendu de Démosthènes, Athènes a été victorieuse,
« Athènes a été invincible (1). »

Voilà un beau modèle sans doute de la réfutation oratoire. On n'imagine rien de plus vif, de plus serré, de plus noble, de plus fort, de plus triomphant.

Ce n'est pas au barreau seulement ou dans la tribune aux harangues qu'on peut avoir des réfutations à faire : combien de fois, dans les autres genres de discours, l'occasion ne se présente-t-elle pas de détruire des objections qui combattent les vérités qu'on veut établir? Ce n'est point alors un rival, un adversaire, un ennemi personnel qu'il faut combattre; quelque chose de plus redoutable peut-être et de plus difficile à vaincre se présente à l'orateur : les préjugés, les erreurs, les passions de ceux qui l'écoutent sont autant d'ennemis qui s'élèvent contre lui du fond des cœurs. Entendre leurs plaintes, leurs murmures, leurs cris, sans les dissimuler; aborder leurs sophismes ou leurs raisonnements les plus spécieux, sans les craindre, pour en dévoiler la faiblesse ou le ridicule,

---

(1) *Pro Cor.* 244. Démosthènes est le plus terrible athlète qui jamais ait manié l'arme de la parole : soit qu'il attaque, soit qu'il se défende, il écrase son adversaire. (LA HARPE.)

c'est une nécessité autant qu'un devoir pour quiconque veut convaincre et persuader.

5. Il s'agit ici, comme on le voit assez, des objections que l'orateur se fait à lui-même, ou qu'il suppose lui être faites par ses auditeurs. Comme ce genre de réfutation a ses écueils particuliers, nous croyons utile d'ajouter ici quelques observations d'une extrême importance.

Nous ne ferons pas à nos jeunes lecteurs, quels qu'ils soient, le tort de penser qu'ils puissent jamais céder à la manie, devenue malheureusement trop commune, de traiter des sujets ou d'avancer des propositions contraires aux idées généralement reçues (1). C'est le propre des esprits amoureux de la nouveauté ou du paradoxe de se jeter, avec moins de réflexion que d'orgueil, dans des matières où ils compteront autant d'adversaires que d'auditeurs. En ouvrant le champ à des objections sans nombre, auxquelles ils ne répondent que très-faiblement ou point du tout, ils se ferment la porte à la conviction et à la persuasion. Quelques talents qu'ils déploient, ils n'imposent à personne ; ils se décréditent eux-mêmes et ressemblent à l'athlète qui, se battant sur le sable, finit par s'y ensevelir avec sa gloire. « Il faut se taire, dit « un auteur qui a pensé très-solidement, sur les ob- « jets où les principes manquent pour raisonner. »

---

(1) Nous exceptons néanmoins le cas où les opinions reçues seraient évidemment fausses, altérées ou corrompues. Alors il faudrait les attaquer avec toutes les forces de la raison et tout l'appareil de l'éloquence. Mais dans cette lutte, il ne faut pas moins d'habileté que de vigueur. Si un préjugé est enraciné dans tous les esprits, avant de l'attaquer de front, tâchez d'en miner adroitement les principes. Vous le renverserez plus sûrement quand vous aurez ruiné ses appuis.

(Fleury, 3ᵉ discours.) Il est rare en effet qu'en les traitant on ne compromette son honneur bien plus encore que celui de la vérité.

En supposant que ceux pour qui nous écrivons sauront se préserver d'un travers dont l'éloquence française a gémi plus d'une fois dans ces derniers temps, nous observerons :

* Premièrement, qu'on ne doit jamais se faire aucune objection qui ne se présente naturellement, et qui ne naisse, pour ainsi dire, de la matière même que l'on traite. Une objection amenée par force annonce un orateur maladroit.

* Deuxièmement, que c'est une grande imprudence qui fait tout perdre, quand on croit gagner tout, d'affaiblir les difficultés qu'on se propose. On doit au contraire les exposer dans toute leur force. L'auditeur regarde en pitié ou refuse d'écouter la réponse à une objection qu'il peut renforcer.

* Troisièmement, qu'il faut donc être assuré de pouvoir répondre avec force à des objections fortes, et de manière à ne laisser ni doute ni obscurité dans l'esprit des auditeurs. Faire autrement serait aller chercher l'ennemi pour en être battu, et s'exposer à perdre la confiance de ceux à qui l'on parle, ou à leur donner au moins de violents préjugés contre la vérité dont on veut les convaincre. Il est plus facile de proposer une objection que d'y répondre ; par la raison, dit Quintilien (lib. v, c. 13), qu'il est plus facile de faire une blessure que de la guérir.

* Quatrièmement, que ces objections auront une importance mesurée sur les circonstances dans lesquelles on parle. Telle objection peut être sérieuse, et néanmoins être superflue relativement à tel temps, à tel lieu, à tel auditeur. Une difficulté inutile est vaine; il n'y a pas plus de gloire que d'avantage à la combattre. N'abusez jamais du temps, et moins encore de l'attention de ceux qui vous écoutent.

On aime à voir un orateur vigoureux s'exercer ainsi, franchement et de bonne foi, dans cette espèce de lutte, et se mesurer, pour ainsi dire, corps à corps avec des adversaires redoutables, dans les grandes questions surtout de politique, de religion, de morale, sur lesquelles les passions des hommes ont cherché à accumuler tant de nuages. L'éloquence française est peut-être celle qui a fourni les plus beaux modèles en ce genre. Qu'on lise Bourdaloue, Massillon, Bossuet. Continuellement aux prises avec le cœur humain, ils lui livrent les assauts les plus terribles; leurs victoires se multiplient avec leurs combats : on est étonné de tant de force réunie à tant d'adresse. Mais Bossuet s'élève au-dessus de tous; c'est le Jupiter de l'éloquence; il marche toujours la foudre à la main, et entouré de ruines qui attestent qu'il a vaincu.

CHAPITRE VIII

DU PLAN.

Définition du Plan, ses qualités. Modèle.

Le mot *Plan* signifie ici le dessein, l'ordonnance du discours. Il y a une première ordonnance qui ne dépend point de l'orateur, et qui consiste à mettre, à la place qui leur est marquée par la nature, l'exorde, la proposition, la confirmation, la péroraison. Ce n'est pas de cet ordre qu'on veut parler quand on se sert du mot *Plan*. Il est réservé à exprimer « l'arrangement qu'ont entre elles les principales idées du discours, et particulièrement celles qui font le sujet de la confirmation. » On demande quelquefois combien un tel orateur a mis de parties dans son discours, et quel plan il a suivi. Il est clair qu'on ne veut pas savoir s'il a fait un exorde, une proposition, une confirmation, une péroraison; mais s'il a divisé sa matière en plusieurs points, quels sont ces points, et quel est celui qu'il a traité le premier, le second, le troisième. Voilà en effet ce qu'on entend par le *Plan* d'un discours.

Tout le monde convient qu'il est difficile de former, sur un sujet quelconque, un plan régulier et satisfaisant. On voit assez d'orateurs qui font des morceaux brillants et qui réussissent dans les détails; mais ils manquent d'ensemble, et ce seul défaut prive leur discours de sa principale beauté, souvent même de son effet (1). Un petit nombre se distinguent par l'heureuse ordonnance de leurs pensées, et c'est toujours la marque d'un esprit supérieur.

Peut-on donner ici des préceptes positifs, et montrer à l'orateur la route qu'il doit suivre dans les différents sujets qu'il aura à traiter? non sans doute; chaque sujet, en effet, exige évidemment un plan particulier, et c'est au bon sens et au jugement de chaque orateur à le deviner et à le choisir. Il y a néanmoins là-dessus quelques principes généraux qui, bien médités, peuvent être d'un grand secours. S'ils ne donnent pas la chose, ils en donnent l'intelligence; ils aident le goût à se développer, et souvent le goût tient lieu de génie. Nous donnerons donc ici l'analyse de ce qu'on a dit de mieux sur ce sujet.

* Le plan d'un discours doit réunir la justesse, la netteté, la simplicité, la fécondité, l'unité et la proportion.

* 1. Un plan qui a de la justesse est celui qui embrasse le sujet dans toute son étendue, sans aller au-delà; qui le dégage de ce qu'il a d'étranger, sans rien omettre de ce qui lui est essentiellement propre : en un mot, qui n'ajoute rien au sujet et qui n'en retranche rien.

* 2. Un plan qui a de la netteté est celui qui offre à l'esprit une image abrégée, claire et distincte de tout le

---

(1) Ces plans vicieux rappellent le statuaire dont parle Horace :

Æmilium circa ludum faber unus et ungues
Exprimet, et molles imitabitur ære capillos;
Infelix operis summa, quia ponere totum
Nesciet. (De Arte Poet.)

sujet; qui sépare les parties sans les isoler, et les assemble sans les confondre; qui donne à chacune une place fixe, un but direct, et les arrange toutes de manière qu'on saisit d'un coup d'œil leur ensemble et tous leurs rapports.

* 3. Un plan qui a de la simplicité est celui qui réduit tout le sujet, quelque compliqué qu'il puisse être, à un petit nombre de pensées ou de propositions générales, qui le dominent tout entier sans résistance, et l'embrassent sans restriction ; celui qui montre un ensemble bien dégagé, des divisions bien naturelles, dont chacune n'offre jamais que le même sujet présenté sous une face nouvelle et porté à un nouveau degré de développement.

* 4. Un plan qui a de la fécondité est celui dont chaque pensée principale renferme dans son sein une foule d'autres pensées ; qui montre deux ou trois vérités dans lesquelles on en aperçoit une infinité d'autres; qui rassemble beaucoup d'objets dans un petit espace ; qui multiplie, pour ainsi dire, les situations et les aspects, et qui est pour les yeux de l'esprit ce que sont pour les yeux du corps ces points de vue du haut desquels le voyageur découvre une multitude d'objets qui ravissent son admiration (1).

* 5. Enfin, un plan qui a de l'unité (2) et de la pro-

(1) N'imitez pas ces vains déclamateurs qui se font un mérite de parler avec abondance sur une matière stérile. Choisissez des sujets grands, utiles, féconds : eux seuls se prêtent à la véritable éloquence : *Crescit enim cum amplitudine rerum vis ingenii; nec quisquam claram et illustrem orationem efficere potest, nisi qui causam parem invenit.* (TAC., *Dial. Or.* 37.)

(2) On pourra déjà se former ici une idée de l'unité; mais nous la considèrerons sous un point de vue plus étendu à la fin de ce traité.

portion est celui entre les différentes parties duquel règne un parfait accord, de sorte que, malgré leur diversité, elles appartiennent au même sujet, malgré leur multiplicité, elles forment un seul tout; de sorte que celles qui précèdent ébauchent celles qui suivent, celles qui suivent complètent celles qui précèdent, et que toutes se tiennent, s'embellissent, se fortifient de concert; de sorte que la gradation entre elles soit naturelle et sensible, sans offrir rien de brusque, de précipité, de superflu, d'inutile, de disparate, de discordant; de sorte, en un mot, que toutes à la fois, avec une juste longueur, un juste développement, tendent et conspirent à la perfection de tout l'ouvrage.

On pourra facilement appliquer ces règles au plan suivant; c'est celui d'un des chefs-d'œuvre de l'éloquence française, du sermon de Massillon sur la *Vérité de la Religion*. On remarquera qu'il est extrêmement réduit, et qu'il ne présente que les propositions principales, avec la simple indication des développements auxquels elles donnent lieu.

Exorde.

Malgré les preuves solides et éclatantes qui établissent la religion de Jésus-Christ, il s'élève parmi nous des enfants d'incrédulité qui blasphèment ce qu'ils ignorent.

Proposition.

L'orateur se propose de les combattre et d'entreprendre contre eux l'apologie de cette religion.

Division.

Il la fonde, cette apologie, sur trois grands caractères qui distinguent éminemment la religion de Jésus-Christ.

1° Elle est raisonnable ; 2° elle est glorieuse ; 3° elle est nécessaire.

Confirmation.

Première partie.

La religion de Jésus-Christ est raisonnable ;

Subdivision.

En ce qu'elle repose : 1° sur l'autorité la plus grande, la plus respectable et la mieux établie qu'il y ait sur la terre ; 2° sur les idées les seules dignes de Dieu et de l'homme, et sur les vérités les seules conformes aux principes de l'équité, de l'honnêteté, de la société, de la conscience ; 3° sur les motifs les plus décisifs, les plus triomphants, les plus propres à soumettre les esprits les plus incrédules.

Premier membre : La religion de Jésus-Christ a pour elle l'ancienneté, la perpétuité et l'uniformité : c'est-à-dire, qu'aussi ancienne que le monde, elle s'est conservée jusqu'à nos jours sans aucune altération ; et, par ces caractères qui lui sont propres, son autorité se trouve, sur la terre, la seule capable de déterminer un esprit sage.

Deuxième membre : 1° La religion de Jésus-Christ donne les seules idées convenables de Dieu ; 2° elle met l'homme à sa véritable place, en lui faisant connaître sa nature et sa destination ; 3° elle règle mieux que toute autre doctrine ses devoirs à l'égard des autres hommes.

Troisième membre : Les motifs de soumission et de

crédibilité qu'elle nous présente sont appuyés : 1° sur des prophéties incontestables ; 2° sur des faits miraculeux, éclatants, publics ; 3° sur le témoignage et la foi de l'univers.

Conclusion de la première partie : Donc la religion de Jésus-Christ est raisonnable.

Deuxième partie.

Elle est glorieuse,

Subdivision.

1° Du côté des promesses qu'elle renferme pour l'avenir; 2° du côté de la situation où elle met le fidèle pour le présent ; 3° du côté des grands modèles qu'elle lui propose à imiter.

Premier membre : Développement de ces promesses, qui apprennent à l'homme que son origine est divine et ses espérances éternelles. Son avenir est plein de gloire.

Deuxième membre : Peinture de la grandeur et de l'élévation du chrétien dans toutes les circonstances de la vie. Rien n'est plus grand que lui aux yeux de Dieu et devant les hommes.

Troisième membre : Les hautes vertus de tous les grands hommes, de tous les héros chrétiens, qui ont paru depuis Abel jusqu'à nous, sont proposées à l'imitation du fidèle. Quelle belle, quelle noble carrière est ouverte devant lui !

Conclusion de la seconde partie : Donc la religion de Jésus-Christ est glorieuse ;

Troisième partie.

Elle est nécessaire ;

Subdivision.

1° Parce que la raison de l'homme est faible, et qu'il faut l'aider; 2° parce qu'elle est corrompue, et qu'il faut la guérir; 3° parce qu'elle est changeante, et qu'il faut la fixer.

Premier membre : Peinture de l'ignorance où l'homme est de lui-même et de tout ce qui est hors de lui. La religion de Jésus-Christ le guide et le soutient au milieu des ténèbres qui l'environnent.

Deuxième membre : Peinture de la dépravation de la raison humaine relativement à Dieu et à la morale. La religion de Jésus-Christ la guérit en redressant ses erreurs.

Troisième membre : Peinture des variations infinies de la raison humaine et de la mobilité incroyable de ses opinions. La religion de Jésus-Christ la fixe, en lui donnant une règle infaillible, invariable et indépendante des lieux, des temps, des hommes.

Conclusion de la troisième partie : Donc la religion de Jésus-Christ est nécessaire.

Conclusion de tout le discours, ou *Péroraison.*

Il faut donc s'attacher à la religion de Jésus-Christ, vivre selon ses lois et rendre sa foi certaine par ses bonnes œuvres.

Nous invitons les jeunes gens à lire le sermon de Massillon en entier, pour se convaincre de la supériorité admirable avec laquelle ce grand orateur a su remplir un plan si fortement conçu. Cette lecture est la plus belle, la plus utile, je dirais presque la plus nécessaire qu'on puisse leur conseiller en rhétorique (1).

(1) Toutefois ce plan nous semble un peu vaste pour être convena-

* On voit que pour faire un plan qui ait toutes les qualités requises, il faut une extrême justesse d'esprit et une grande fécondité d'idées, qu'on ne peut acquérir que par une connaissance très-approfondie de la matière qu'on doit traiter. Plus on l'étudiera, plus on pourra se promettre de succès. Ce premier travail est ordinairement pénible ; c'est une mine à exploiter, mais une mine très-riche, qu'il faut souvent aller chercher à une grande profondeur. Que l'orateur ne se rebute point ; à mesure qu'il réfléchira, il trouvera les principes des choses, il en découvrira les rapports. Peu à peu ses idées naîtront, se multiplieront, s'accumuleront d'abord confusément, puis se combineront et se distribueront d'elles-mêmes presque sans effort. Car il est incroyable avec quelle facilité chaque pensée de l'orateur va se ranger à sa place, quand une fois il a dompté son sujet par la méditation, et qu'il s'en est rendu maître. C'est là le point capital : se rendre maître de son sujet et le dominer, pour ainsi dire, de toute la hauteur nécessaire pour le voir du même coup d'œil dans toute son étendue.

* C'est ici le lieu de parler des *Digressions.* On appelle de ce nom *les endroits d'un ouvrage où l'on traite de choses qui paraissent hors du sujet principal, mais qui vont pourtant au but essentiel que s'est proposé l'auteur.*

Il n'est guère d'écrits d'une certaine étendue où l'on ne rencontre quelques morceaux de ce genre. Ils font une des principales beautés des ouvrages de poésie,

---

blement traité dans un seul discours. Aussi l'orateur a-t-il senti que, pour ne pas fatiguer son auditoire, il devait abréger la seconde et la troisième partie.

où ils prennent le nom d'*épisodes*, et sont regardés comme nécessaires; en sorte qu'un poëme tant soit peu long qui en serait dépourvu semblerait manquer d'un mérite essentiel. Sans doute il n'en est pas de même dans une pièce d'éloquence; les digressions y sont rarement nécessaires, mais elles y sont souvent agréables et quelquefois utiles, pourvu que l'orateur sache en faire un usage convenable.

Elles ont pour motif la faiblesse même, la légèreté, l'inconstance et quelquefois la curiosité de l'esprit humain. Un ouvrage qui irait à son but par le chemin le plus direct et avec la plus grande célérité possible, ne serait pas toujours celui qui plairait davantage. Il pourrait être monotone, ennuyeux, fatigant. Le lecteur, comme le voyageur, désire des délassements, des distractions, des repos, qui réparent ses forces, préviennent ses dégoûts, et soutiennent son ardeur en alimentant sa curiosité et son attention.

Les digressions bien ménagées et faites à propos ont incontestablement ces avantages. Les principes suivants pourront en déterminer et en régler l'emploi :

* 1° Les digressions seront rares, et se rapprocheront toujours d'une brièveté sage et bien mesurée; trop fréquentes ou trop longues, elles fatigueraient l'attention au lieu de la soulager, dissiperaient l'auditeur et lui feraient perdre de vue le sujet principal.

* 2° Elles s'offriront d'elles-mêmes à l'orateur et naîtront du sujet si naturellement, qu'elles sembleront en faire partie et lui être comme nécessaires.

* 3° Elles seront placées à propos dans l'endroit du discours où il est probable qu'elles produiront un meilleur effet.

Ces règles sont faciles à saisir, justes et puisées dans le bon sens. D'où vient donc qu'elles sont si souvent violées et que l'on voit tant de digressions inutiles, forcées, trop longues, ennuyeuses? C'est qu'on ne sait pas se borner en écrivant; l'amour-propre se refuse à des sacrifices nécessaires; on veut tout dire et on dit beaucoup trop. C'est le voyageur qui s'écarte continuellement de son chemin pour examiner de près et en détail jusqu'au moindre des objets qu'il aperçoit. Il oublie le terme de son voyage, et n'y arrive pas (1); c'est une faiblesse dont les bons esprits apprendront à se garantir à l'école des grands orateurs.

* Je doute qu'il y en ait aucun qui place ses digressions dans un jour plus favorable et qui les lie avec plus d'art au sujet principal que Cicéron. Une des plus remarquables est celle qu'on lit dans son discours *pro Archia poeta*, sur les *avantages de l'étude des belles-lettres*. En voici la fin, que tout le monde sait par cœur, mais qu'on doit rappeler toujours, afin qu'elle ne soit jamais oubliée :

« Quand on ne chercherait dans le goût des lettres
« que le seul plaisir, vous jugeriez encore, je pense,
« qu'il n'y a point d'amusement plus honnête ni plus
« digne de notre nature. Les autres amusements ne
« peuvent convenir à tous les temps, à tous les âges, à

---

(1) Horace compare les digressions maladroites ou inutiles, quelque brillantes qu'elles soient d'ailleurs, à des lambeaux de pourpre mal cousus à une étoffe qu'ils déparent :

Incœptis gravibus plerumque et magna professis
Purpureus, late qui splendeat, unus et alter
Assuitur pannus. . . . .
Sed nunc non erat his locus.
(HOR. *de Arte poet.*)

« tous les lieux : les lettres nourrissent la jeunesse,
« charment nos vieux ans ; elles servent d'ornement
« au bonheur, d'asile et de consolation à l'adversité ;
« elles récréent sous le toit domestique, et n'embarras-
« sent point au dehors ; elles veillent avec nous ; en
« voyage, à la campagne, elles se retrouvent avec
« nous (1). »

Ce bel éloge des lettres est aussitôt lié au sujet principal par cette phrase : « Quand nous ne pourrions nous
« élever jusqu'à elles, ni les goûter par nous-mêmes,
« nous devrions cependant les admirer dans les au-
« tres. (2) » Ainsi l'orateur relève le mérite d'Archias ;
ainsi il insinue à ses juges que ce poëte honore le titre
de citoyen romain, et qu'on aurait tort de le lui ravir.
C'est précisément ce qu'il se propose de prouver dans
son discours.

L'orateur doit prévoir ses digressions, et les faire entrer dans son plan, s'il ne veut pas qu'ensuite elles en dérangent l'économie.

(1) *Si ex his studiis delectatio sola peteretur, tamen, ut opinor, hanc animi remissionem humanissimam ac liberalissimam judicaretis. Nam cæteræ neque temporum sunt, neque ætatum omnium, neque locorum. At hæc studia adolescentiam alunt, senectutem oblectant, secundas res ornant, adversis perfugium et solatium præbent, delectant domi, non impediunt foris, pernoctant nobiscum, peregrinantur, rusticantur.*

(2) *Quod si ipsi hæc neque attingere, neque sensu nostro gustare possemus, tamen ea mirari deberemus, etiam cum in aliis videremus.* (Pro Arch., c. 7, n. 16.)

LIVRE III

DE L'ÉLOCUTION

CHAPITRE I

Définition, importance, division de l'Élocution.

* 1. L'Élocution est *la partie de la Rhétorique qui apprend à exprimer les pensées par la parole.*

2. On a dit avec raison que l'élocution est à l'éloquence ce que le coloris est à la peinture. Pour faire un beau tableau, il ne suffit pas que le dessin soit bien imaginé, et que les proportions y soient exactement observées : il faut encore que le coloris vienne animer tout l'ouvrage et achever de donner aux objets ces reflets de lumière, cet éclat vivant, cette parfaite imitation de la nature qui enchante les spectateurs et ravit tous les suffrages. De même, l'orateur a beau former un plan juste et exact, trouver les véritables raisons qui doivent y entrer et les placer dans leur point de vue; s'il ne sait les peindre, les orner, les relever par de vives couleurs et les animer par la force et les grâces de l'expression, son discours sera comme un corps sans vie. C'est ce qui a fait dire à Cicéron qu'un homme sensé peut inventer les choses et les arranger, mais que savoir les exprimer n'appartient qu'à l'orateur.

L'élocution fait donc son principal mérite. C'est par elle qu'il donne à ses pensées tout leur éclat, à ses sentiments toute leur force et à ses mouvements toute leur énergie ; c'est par elle qu'il charme, qu'il séduit, qu'il enlève, qu'il entraîne. Quel est en effet, s'écrie Cicéron traitant cette partie de la Rhétorique, quel est l'orateur qui commande le respect, l'admiration, l'étonnement, qui excite les acclamations, qui provoque l'enthousiasme, et que l'on regarde comme presque un dieu sur la terre ? C'est celui qui sait parer ses discours des grâces de l'élocution, en leur donnant la clarté, la richesse, l'harmonie, l'éclat et la magnificence qui leur conviennent (1). Nous verrons, par les détails où nous allons entrer, combien ces idées sont vraies et de quelle importance il est de bien s'en pénétrer.

* L'élocution traite du style et des pensées ; car ces deux choses ne peuvent se séparer dans le discours. « Bien parler ou bien écrire, dit Buffon, c'est tout à « la fois bien penser, bien sentir et bien rendre ; c'est « avoir en même temps de l'esprit, de l'âme et du « goût. » Les pensées et les sentiments ne font pas, à la rigueur, partie du style, qui en est l'expression ; mais comment concevoir qu'il puisse y avoir du style où il n'y pas de choses ? Les expressions les plus belles, si elles offrent des idées triviales, ou futiles, ou fausses, ne sont que des riens cadencés, des bagatelles harmo-

---

(1) *In quo igitur homines exhorrescunt ? Quem stupefacti dicentem intuentur ? In quo exclamant ? Quem deum, ut ita dicam, inter homines putant ? Qui distincte, qui explicate, qui abundanter, qui illuminate et rebus et verbis dicunt, et in ipsa oratione quasi quemdam numerum versumque conficiunt.* (De Orat., l. III, c. 14, n. 53.)

nieuses, *nugæ canoræ*. On ne peut donc avoir une juste et véritable idée du style, si on le considère seul, et comme séparé des pensées et des sentiments qu'il contribue à embellir. Ces choses ont entre elles des rapports si intimes, qu'on ne peut connaître l'une sans connaître les autres; ou, si l'on veut, les pensées et les sentiments dépendent tellement du style, et le style des sentiments et des pensées, que ces objets s'identifient, pour ainsi dire, et se confondent (1). Nous tâcherons néanmoins de les distinguer assez pour avoir de chacun une idée claire et précise.

(1) *E sententia et ejus enarratione stylus omnis efflorescit.* (JOUVENCY, *Rat. disc.*) Il ne faut pas s'en étonner; car le style n'est, pour ainsi dire, que la forme sensible de nos pensées. Nous sommes naturellement portés à confondre l'idée et l'expression. Dans l'hébreu, la plus ancienne des langues, on voit le même mot (DABAR) signifier *verbum* et *rem*, parole et chose.

CHAPITRE II

DES PENSÉES ET DES SENTIMENTS.

* Parmi les pensées, on distingue celles qui viennent de l'intelligence d'avec celles qui viennent du cœur. Les premières se nomment proprement *Pensées*, et les secondes *Sentiments*. Nous parlerons successivement des unes et des autres.

ARTICLE I.

DES PENSÉES.

1. Définition des pensées. — 2. Pensées vraies, — 3. claires, — 4. spirituelles, — 5. nobles.

* 1. Considérée dans le discours, une pensée (*sententia*) est un jugement de l'esprit. Ce n'est pas seulement une réflexion, une sentence, une maxime; mais toute proposition est une pensée. Par exemple : « Le soleil est le flambeau du monde. »

* 2. La valeur des pensées dépend de leurs qualités. La *vérité* est la première qualité et comme le fondement des pensées. Telle est celle-ci :

Il n'est rien ici-bas de grand que la vertu.

* Les plus belles pensées sont vicieuses, ou plutôt celles qui passent pour belles ne le sont pas en effet, si la vérité leur manque. Quintilien se moque avec raison de certains orateurs de son temps qui disaient comme quelque chose de beau : « Les grands fleuves sont navigables à leur source, et les bons arbres portent des fruits en naissant. » Ces comparaisons peuvent éblouir d'abord ; mais dès qu'on les examine de près, on en reconnaît le faux et le ridicule. « Rien n'est beau que le vrai, » dit Boileau.

* 3. La *clarté* est la seconde qualité des pensées. Comprenez ce que vous voulez dire. Car

> Il est certains esprits dont les sombres pensées
> Sont d'un nuage épais toujours embarrassées ;
> Le jour de la raison ne les saurait percer.
> Avant donc que d'écrire apprenez à penser.
> Selon que notre idée est plus ou moins obscure,
> L'expression la suit ou moins nette ou plus pure.
> Ce que l'on conçoit bien s'énonce clairement,
> Et les mots pour le dire arrivent aisément.

Quand l'esprit saisit bien une pensée, il ne manque jamais l'expression propre. Une expérience constante en est la preuve dans tous les écrivains réfléchis, et même dans ceux qui ne le sont pas ; car si ces derniers rendent mal leurs pensées, c'est toujours faute de les avoir assez méditées.

Mais des pensées vraies et claires peuvent être communes et triviales. Outre la vérité et la clarté, il faut donc encore quelque chose de spirituel ou de noble qui plaise à l'intelligence. Pensées spirituelles, c'est-à-dire pensées justes, naïves, fines, délicates, gracieuses et vives ; pensées nobles, c'est-à-dire pensées brillantes, hardies, fortes et majestueuses.

* 4. Une pensée *juste* est une pensée vraie sous toutes ses faces et dans tous les jours qu'on la regarde.

Nous en trouvons un bel exemple dans l'épigramme d'Ausone sur Didon :

> *Infelix Dido, nulli bene nupta marito!*
> *Hoc pereunte, fugis; hoc fugiente, peris.*

> Pauvre Didon, où t'a réduite
> De tes maris le triste sort?
> L'un en mourant cause ta fuite,
> L'autre en fuyant cause ta mort.

* Une pensée est *naïve* quand elle présente je ne sais quoi de simple et d'ingénu, mais de raisonnable et de spirituel, comme on le voit quelquefois dans un villageois de bon sens ou dans un enfant qui a de l'esprit. Telle est la pensée de ce quatrain de Gombaud :

> Colas est mort de maladie :
> Tu veux que j'en pleure le sort.
> Hé bien! que veux-tu que j'en die?
> Colas vivait, Colas est mort.

* La pensée *fine* ne dit la chose qu'à demi, laissant aisément deviner le reste. Telle est celle-ci de la Rochefoucauld : « Quelque bien qu'on dise de nous, on ne nous apprend rien de nouveau. »

* 5. La pensée *délicate*, laissant aussi à deviner quelque chose de plus qu'elle ne dit, cause une douce et agréable surprise. Celle qui termine ces charmants vers de Racine, dans son idylle sur la paix, est de ce genre :

> Qu'il règne, ce héros, qu'il triomphe toujours,
> Qu'avec lui soit toujours la paix et la victoire;
> Que le cours de ses ans dure autant que le cours
>   De la Seine et de la Loire.
> Qu'il règne, ce héros, qu'il triomphe toujours;
>   Qu'il vive autant que sa gloire !

Martial dit aussi avec beaucoup de délicatesse à un empereur qui faisait la guerre loin de Rome : « Les « barbares voient de près le maître du monde ; votre « présence les effraie, en même temps qu'ils en jouis- « sent. »

> *Terrarum dominum propius videt ille, tuoque*
> *Terretur vultu barbarus, et fruitur.*

* 6. Une pensée *gracieuse* inspire je ne sais quoi de doux et d'agréable, qui fait sourire de plaisir. Telle est celle qui termine ces vers de Racan sur Marie de Médicis :

> Paissez, chères brebis, jouissez de la joie
>   Que le ciel vous envoie ;
> A la fin sa clémence a pitié de nos pleurs :
> Allez dans la campagne, allez dans la prairie,
>   N'épargnez point les fleurs ;
> Il en revient assez sous les pas de MARIE.

* 7. Une pensée est *vive* quand elle se présente à l'esprit comme un trait de lumière. Telle est cette épitaphe du célèbre Piron, faite par lui-même :

> Ci-gît Piron, qui ne fut rien,
> Pas même académicien (1).

* 8. La pensée *brillante* rappelle ces ouvrages de l'art dont l'éclat charme les yeux, ou ces fleurs nouvellement écloses qui parent nos jardins de leurs vives couleurs. C'est l'émeraude richement enchâssée, ou la rose qui vient de s'épanouir aux premiers rayons du soleil. Chateaubriand a dit à la tribune : « Les guer-

---

(1) On sait que Piron était l'ennemi juré de l'Académie, ou du moins des académiciens.

« riers français étendirent le voile de leur gloire sur le
« hideux spectacle de la terreur; ils enveloppèrent les
« plaies de la patrie dans les plis de leurs drapeaux
« triomphants, et jetée dans un des bassins de la
« balance, leur vaillante épée servit de contre-poids à
« la hache révolutionnaire. »

* 9. La pensée *hardie* offre des traits extraordinaires, qui paraissent sortir de la règle. Ils sont sensibles dans ces vers qui peignent le chagrin poursuivant sa victime :

> *Post equitem sedet atra cura.*
> (Hor.)

> Le chagrin monte en croupe et galope avec lui.
> (Boileau.)

Et dans ceux-ci de Voltaire, sur l'éclat des bombes :

> Le salpêtre enfermé dans ces globes d'airain
> Part, s'échauffe, s'embrase et s'écarte soudain :
> La mort en mille éclats en sort avec furie.

* 10. Une pensée *forte* est celle qui fait dans l'esprit une impression profonde. On cite celle de Salluste parlant de Catilina, qui fut trouvé sur le champ de bataille, loin des siens, et parmi les cadavres des ennemis: « Il respirait encore un peu, et la fierté qu'il
« avait eue pendant sa vie était restée empreinte sur
« son visage. » *Paululum etiam spirans, ferociamque animi, quam habuerat vivus, in vultu retinens.* Chateaubriand a imité cette pensée : « Les Sicambres, tous
« frappés par devant et couchés sur le dos, conser-
« vaient dans la mort un air si farouche, que le plus
« intrépide osait à peine les regarder. »

* 11. Une pensée est *majestueuse* quand elle représente un objet grand, relevé, imposant. Bossuet dit de la reine d'Angleterre : « Son grand cœur a surpassé sa « naissance ; toute autre place qu'un trône eût été « indigne d'elle (1). » Après avoir dit, en parlant du paganisme : « Tout était dieu, excepté Dieu même, » (ce qui est une pensée vive), il ajoute cette pensée majestueuse : « Et le monde, que Dieu avait fait pour « manifester sa puissance, semblait être devenu un « temple d'idoles. »

Ne confondez pas la pensée majestueuse ou sublime avec celle qui n'est qu'ambitieuse et vaine, comme celle-ci d'un auteur ancien : « Ainsi mourut Pompée, « après trois consulats et autant de triomphes, et « après avoir dompté l'univers ; la fortune s'accordant « si peu avec elle-même à l'égard de ce héros, que la « terre, qui venait de lui manquer pour ses victoires, « lui manqua pour sa sépulture (2). »

Il y a dans tout cela plus de faste que de grandeur, dit un habile critique (3). Virgile ou Tite-Live auraient rejeté cette pensée, comme fausse.

Nous avons vu ce que c'est que *penser*; voyons maintenant ce que c'est que *sentir*.

---

(1) Sénèque avait dit de l'Orateur romain : « Cicéron est le seul génie qu'ait eu le peuple romain égal à son empire. » *Illud ingenium quod solum populus Romanus par imperio suo habuit.* (CONTROV., lib. 1.)

(2) *Hic, post tres consulatus et totidem triumphos domitumque terrarum orbem, vitæ fuit exitus; in tantum in illo viro a se discordante fortuna, ut, cui modo ad victoriam terra defuerat, deesset ad sepulturam.* (VELL. PATERC., lib. II.)

(3) BOUHOURS, *Manière de penser*, 3ᵉ dialogue.

ARTICLE II.

DES SENTIMENTS.

* Sentir, c'est avoir le cœur touché, l'âme émue par quelque objet. Ainsi les sentiments sont les affections de l'âme, les mouvements du cœur (1).

* 1. D'abord tout sentiment doit être *vrai*, c'est-à-dire, n'être point contrefait, mais sortir du cœur. Un sentiment feint ne saurait toucher; il a toujours quelque chose de froid.

* 2. Tout sentiment doit être *naturel*. Un sentiment peut être vrai sans être naturel. Nous jugeons vrai le sentiment dont quelqu'un nous paraît réellement affecté; mais nous jugeons naturel celui qui convient à sa situation. On lit dans Jérémie : *Vox in Rama audita est, ploratus et ululatus multus : Rachel plorans filios suos ; et noluit consolari, quia non sunt.* Ces derniers mots *noluit consolari* expriment un sentiment naturel.

Outre la vérité et le naturel, d'autres qualités donnent du prix aux sentiments. Nous parlerons du sentiment naïf, délicat, vif, énergique, grand, pathétique.

* 1. Un sentiment *naïf* est celui qui paraît couler de source, sans effort, sans apprêt, comme dans ce quatrain de Pradon :

> Vous n'écrivez que pour écrire;
> C'est pour vous un amusement:
> Moi, qui vous aime tendrement,
> Je n'écris que pour vous le dire.

(1) Toute pensée n'est pas un sentiment ; mais tout sentiment vient d'une pensée. L'âme pense à un objet qui l'émeut, et cette émotion est ce qu'on appelle sentiment.

*Comme aussi dans ce dialogue, si connu et toujours relu avec tant de plaisir, du *Passant et de la Tourterelle* :

> Que fais-tu dans ce bois, plaintive tourterelle ?
> — Je gémis, j'ai perdu ma compagne fidèle.
>   — Ne crains-tu pas que l'oiseleur
>   Ne te fasse mourir comme elle ?
>   — Si ce n'est lui, ce sera ma douleur.

* 2. Un sentiment *délicat* est celui qui flatte le cœur par quelque chose de peu ordinaire, d'un peu mystérieux, mais qu'on saisit d'abord, et qui est très-agréable. Un poëte ancien disait à une personne qui lui était chère : « Dans les lieux les plus solitaires et les « plus déserts vous êtes pour moi une grande com- « pagnie. » *In solis tu mihi turba locis.* (Tibulle). Dans des vers récités au roi de Danemark pendant son séjour à Paris, un de nos poëtes disait :

> Un roi qu'on aime et qu'on révère
> A des sujets en tous climats ;
> Il a beau parcourir la terre,
> Il est toujours dans ses États.
>   (Chamfort.)

* 3. Le sentiment *vif* part comme un éclair, et fait une impression rapide. « La grandeur et la gloire ! « (s'écrie Bossuet, dans l'oraison funèbre de Madame) « pouvons-nous encore entendre ces noms dans ce « triomphe de la mort ? Non, Messieurs, je ne puis « soutenir ces grandes paroles, par lesquelles l'arro- « gance humaine tâche de s'étourdir elle-même, pour « ne pas apercevoir son néant. »

* C'est un sentiment bien vif que celui de Galgacus, ce généreux barbare, qui encourageait par ces mots ses concitoyens à bien se battre contre les Romains :

Ituri in aciem, et majores et posteros cogitate. « En « allant au combat, songez et à vos ancêtres et à vos « descendants. » (Tacite, *Agr.*)

* 4. Le sentiment *énergique* entre avec force et laisse dans l'âme des traces profondes : « Je suis votre « roi, vous êtes Français, voilà l'ennemi : » telle fut une harangue d'Henri IV à ses troupes sur le point d'en venir aux mains. En pareille circonstance le dictateur Camille avait dit à ses soldats : *Hostem, an me, an vos ignoratis ?* « Ignorez-vous donc quel est l'ennemi, « qui je suis, et qui vous êtes ? » Ces sentiments pénètrent l'âme et y laissent un puissant aiguillon. On demande à Médée : « Contre tant d'ennemis que vous « reste-t-il ? — Moi, répond-elle, moi, dis-je, et c'est « assez (1). »

* 5. Un sentiment *grand* est celui qui remplit l'âme d'un plaisir mêlé d'admiration. On exhortait Louis XII à venger quelques injures qu'il avait reçues avant de monter sur le trône, n'étant que duc d'Orléans : « Ce « n'est point au roi de France, répondit-il, à venger « les injures du duc d'Orléans. » C'est un sentiment bien élevé, qui a inspiré à un historien de dire de Pompée, relevant Tigrane qui est à ses pieds, et lui remettant la couronne sur la tête : « Il le rétablit en « sa première fortune, jugeant qu'il était aussi beau « de faire des rois que d'en vaincre (2). »

* 6. Un sentiment *pathétique* est celui qui émeut, touche, agite le cœur, et souvent dispose à répandre

---

(1) Sénèque le tragique avait dit: *Medea superest.* Le *moi* a plus d'énergie encore.

(2) *In pristinum fortunæ habitum restituit, æque pulchrum esse judicans et vincere reges et facere.* (Val. Max., lib. v, c. 1.)

des larmes. Dans Virgile, un guerrier mourant jette un regard vers le ciel et se rappelle sa douce patrie.

Sternitur infelix alieno vulnere, cœlumque
Aspicit, et dulces moriens reminiscitur Argos (1).

Que ce souvenir est attendrissant! Les accents d'Andromaque le sont plus encore peut-être, lorsque, craignant de voir son fils Astyanax livré aux Grecs par Pyrrhus, elle s'écrie :

Hélas! il mourra donc; il n'a pour sa défense
Que les pleurs de sa mère, et que son innocence.

Les sentiments et les pensées ont sans doute beaucoup d'autres caractères. Mais c'est assez pour notre but d'en avoir observé quelques-uns. Comme ces deux objets sont les éléments dont le discours est composé, c'est une pratique très-utile d'exercer d'abord les élèves de rhétorique à les exprimer avec justesse et dans un style qui leur convienne. Des pensées et des sentiments à exprimer et à développer, telles sont les premières compositions qu'il est à propos d'offrir à leur esprit et à leur cœur. On ne manquera pas de leur faire observer qu'il faut conformer et assortir les pensées et les sentiments à la matière que l'on traite. Car de grandes pensées et des sentiments élevés s'accorderaient mal avec un petit sujet. Chaque sujet a ses pensées et ses sentiments qui lui conviennent, comme aussi chaque pensée et chaque sentiment attend du goût de l'orateur ou de l'écrivain l'expression ou le style qui lui est propre.

(1) Voltaire a imité ces vers dans la mort du jeune d'Aumale :
« Il regarde Paris, et meurt en soupirant. »
Faible imitation.

CHAPITRE III

DU STYLE.

Étymologie et définition.

* Le mot *Style* vient du latin *stylus*, qui lui-même est tiré du grec στύλος. Chez les Grecs, ce mot signifiait proprement une colonne. Il désigna dans la suite un poinçon ou une grosse aiguille, dont les anciens, qui ignoraient l'usage de notre papier, se servaient pour graver les lettres sur des tablettes enduites de cire. Peu à peu on appliqua ce mot à « la manière même de communiquer les idées. » C'est là en effet ce qu'il faut entendre par *style*, et quand on dit d'un auteur que son style est bon, on veut dire qu'il exprime bien ses pensées, et rien de plus.

* Un de nos écrivains les plus célèbres a dit en parlant du style : « Presque toutes les choses qu'on dit frappent moins que la manière dont on les dit ; car les hommes ont à peu près les mêmes idées de ce qui est à la portée de tout le monde. L'expression, le style fait toute la différence (1).... Le style rend singulières les choses les plus communes, fortifie les plus faibles, donne de la grandeur aux plus simples. Sans le style,

---

(1) Ce qui faisait dire à Racine : *Ce qui me distingue de Pradon, c'est que je sais écrire ;* et à la Bruyère : *Homère, Platon, Virgile, Horace ne sont au-dessus des autres écrivains que par leurs expressions et leurs images,* c'est-à-dire par leur style.

il est impossible qu'il y ait un seul bon ouvrage en aucun genre. » (Voltaire.)

On donne au style beaucoup de qualités ; mais il doit en avoir principalement cinq, auxquelles toutes les autres paraissent se rapporter : c'est la pureté, la clarté, l'harmonie, la dignité, la convenance.

CHAPITRE IV

DE LA PURETÉ DU STYLE.

1. Correction. — 2. Propriété des termes. — 3. Synonymes.— 4. Purisme. — 5. Néologisme. — 6. Latinisme.

* La pureté du style naît de la correction grammaticale et de la propriété des termes.

* 1. La correction consiste à éviter les barbarismes et les solécismes. On fait un solécisme quand on viole une règle de la syntaxe. Il y a un solécisme dans cette phrase : *Nous mangeâmes* du *bon pain et nous bûmes* du *bon vin*, au lieu de *nous mangeâmes* de *bon pain et nous bûmes* de *bon vin*. Un barbarisme est un mot forgé, ou altéré, ou employé dans un sens condamné par l'usage, comme *il bisque*, pour *il peste; elle est toute perclue*, pour *toute percluse; il a recouvert la vue*, pour *il a recouvré la vue*.

* 2. La propriété des termes, sorte de correction d'un genre supérieur, consiste à rendre une pensée par l'expression qui lui convient. Il en est des pensées exprimées par la parole comme des personnes. De même qu'un homme n'est jamais plus nettement désigné que lorsqu'on l'appelle par son nom propre, de même aussi le nom propre de chaque chose en offre l'idée à l'esprit avec lumière et précision, et empêche qu'on ne la confonde avec une autre. En effet, les mots sont les portraits des choses, et il n'est point ou presque point d'idée qui n'ait, dans chaque langue, un terme qui l'exprime plus clairement que tout autre ; c'est ce terme qu'il faut chercher. Un terme propre rend l'idée tout entière ; un terme peu propre ne la rend qu'à demi ; un terme impropre la rend moins qu'il ne la défigure.

Quintilien veut que le bon sens soit ici notre guide. C'est lui en effet, si toutefois nous connaissons la valeur des mots et leur vraie signification, c'est lui qui nous apprendra que les meilleurs sont ceux qui expriment le mieux nos pensées, et qui les reproduisent le plus fidèlement dans l'esprit de ceux à qui nous parlons (1).

* 3. Ce qui rend souvent les mots propres difficiles à trouver, c'est la ressemblance de sens qu'ont dans les langues ceux qu'on appelle *synonymes*. Il faut se défier de cette ressemblance. Il est très-rare que, dans le même idiome, on puisse rendre la même idée par plusieurs mots (2). Un mot peut avoir un sens général et primitif qui lui est commun avec d'autres mots ; mais il a aussi presque toujours des nuances particulières, ou il renferme des idées accessoires qui n'appartiennent qu'à lui. Par exemple, ces quatre adjectifs, *indolent*, *nonchalant*, *paresseux*, *négligent*, expriment un défaut contraire au travail ; voilà l'idée commune à tous, et voici les idées accessoires ou les nuances qui les distinguent : on est *indolent* par défaut de sensibilité, *nonchalant* par défaut d'ardeur, *paresseux* par défaut

---

(1) *Ea sunt (verba) maxime probabilia, quæ sensum animi nostri optime promunt, atque in animis auditorum quæ volumus efficiunt.* (Lib. VIII, in proœm.)

(2) « Quand on examine de près la signification des termes, dit Fénelon, on remarque qu'il n'y en a presque point qui soient entièrement synonymes entre eux. » (*Lettre à l'Académie*.)

d'action, *négligent* par défaut de soin. On voit bien que ces quatre mots ne peuvent s'employer sans choix et indifféremment dans toutes les circonstances. Il en est de même d'une infinité d'autres mots qui, au premier coup d'œil, paraissent synonymes, et qui ne le sont pas en effet. Ceux qui ne savent pas en faire la différence n'écrivent jamais bien, et ce sont ordinairement les esprits médiocres, dit la Bruyère; de là vient que cette science *du mot propre, de l'expression unique* est si rare, et qu'il y a si peu d'écrivains supérieurs (1).

* Boileau a fortement recommandé la pureté du langage par ces beaux vers :

> Surtout qu'en vos écrits la langue révérée
> Dans vos plus grands excès vous soit toujours sacrée.
> En vain vous me frappez d'un son mélodieux,
> Si le terme est impropre ou le tour vicieux :
> Mon esprit n'admet point un pompeux barbarisme,
> Ni d'un vers ampoulé l'orgueilleux solécisme ;
> Sans la langue, en un mot, l'auteur le plus divin
> Est toujours, quoi qu'il fasse, un méchant écrivain.

On ne pouvait faire mieux sentir la nécessité de cultiver de bonne heure, avec le plus grand soin, la langue dans laquelle on se propose d'écrire. Un orateur doit la posséder à fond (2). On ne pardonne dans aucune langue les solécismes, les barbarismes, les expressions impropres, ni les mauvais tours. Mais ici la langue

---

(1) Pour acquérir cette science du terme propre, il sera fort utile de lire les *Synonymes français* de l'abbé Girard, un des meilleurs ouvrages de grammaire qui aient été composés en notre langue.

(2) La première qualité de l'élocution, dit Aristote, c'est de parler purement sa langue. Ἔστι δ' ἀρχὴ τῆς λέξεως τὸ ἑλληνίζειν (*Rhét.*, liv. III, c. 5.) C'est dans ce sens que César disait que l'éloquence a son origine dans le choix des mots : *Recte et vere dicebat Cæsar delectum verborum esse originem eloquentiæ.* (MURET, *Orat.*, XIII.)

française est plus sévère qu'aucune autre ; elle porte l'exactitude jusqu'au scrupule. L'homme qui parle mal nous semble toujours ridicule ; les meilleures choses nous choquent, pour peu qu'elles soient mal rendues ; et telle est notre délicatesse, que nous supportons plus aisément le vice des pensées que celui des expressions et des tours.

* 4. Nous ne confondons pas néanmoins la pureté du langage avec le *purisme*. « Le purisme est une affectation de parler correctement, » et, par conséquent, un vice. Il dégénère en une sévérité vétilleuse, petite, ridicule, et aussi déplacée dans le discours soutenu que dans la simple conversation. On trouve souvent dans les meilleurs auteurs ce que des puristes appelleraient des fautes contre la langue : quand elles sont légères, et qu'elles contribuent à la vivacité du discours, elles se changent en beautés. On cite pour exemple ce vers de Racine :

Je t'aimais inconstant, qu'eussé-je fait fidèle ?

Vers très-beau, à cause de l'énergie et de la vivacité qu'il renferme, vers cependant qui n'est point conforme aux règles strictes du langage. Un grammairien aurait dû dire : « Je t'aimais, quoique tu fusses incon« stant, qu'aurais-je fait si tu avais été fidèle ? » Mais Racine a mieux aimé, par une ellipse contraire à l'usage, être inexact que languissant, et manquer à la grammaire qu'à l'expression.

Le purisme bannit l'aisance et le naturel, d'où naissent pourtant la grâce et l'urbanité du langage. C'est un travers quelquefois risible, et souvent pédantesque, qui n'appartient guère qu'à ceux qui ont plus étudié leur langue dans les livres de grammaire que dans la bonne compagnie. L'atticisme des Grecs et l'urbanité romaine consistaient surtout dans cette sorte d'abandon, dans cette négligence aimable qui embellit les grâces bien mieux que les ajustements les plus soignés. A Athènes, une marchande d'herbes reconnut Théophraste pour un étranger. On lui demanda à quoi elle s'en était aperçue : *C'est qu'il parle trop bien.* Voilà le purisme ; il est au style ce que le rigorisme est à la morale. (QUINT., liv. VII, c. 1.)

* 5. Un excès bien différent, beaucoup plus dangereux, et devenu néanmoins aujourd'hui très-commun, c'est le *néologisme*. On appelle ainsi l'affectation de se servir de mots nouveaux, ou d'employer les mots reçus dans des significations détournées.

Catholiciser pour *rendre catholique ; activer* pour *donner de l'activité; se suicider,* pour *se donner la mort :* voilà le néologisme de mots ; et voici celui qu'on pourrait appeler néologisme d'élocution : *s'élever à la hauteur* des principes, *être fort* de ses intentions, avoir une fortune *conséquente*.

On ne saurait croire combien la manie du langage néologique a gagné en France depuis quelque temps ; elle va droit à dénaturer la langue. Aussi les vrais connaisseurs s'aperçoivent-ils que celle-ci perd chaque jour de sa naïveté et de sa grâce, de sa clarté même et de sa noblesse.

* On ne saurait trop se mettre en garde contre un vice aussi funeste. Le moyen de s'en garantir, c'est de n'admettre aucune expression qui ne soit consacrée par l'usage. « Fuyez, disait César, cité par Aulu-Gelle, fuyez comme un écueil toute expression qui ne serait

pas marquée au coin de l'usage le plus constant (1). »
Mais qu'on ne s'y trompe point : l'usage invoqué avec
tant de raison quand il s'agit de l'exactitude et de la
pureté du langage, n'est pas l'usage du peuple, ni
même celui des journaux ; c'est celui des gens de goût
et des bons auteurs. « J'appelle usage dans les langues,
« dit Quintilien, celui qui est reçu par les gens ins-
« truits ; comme aussi, dans la conduite de la vie,
« j'appelle usage celui qui est reçu par les gens de
« bien (2). »

Il serait difficile de parler et de s'exprimer plus sagement : Quintilien cependant ne sauva pas sa langue.
Qui pourra préserver la nôtre du sort qui la menace ?

6. Ne confondez pas le *latinisme* avec le néologisme. « Le latinisme consiste à faire passer en français
un tour latin, ou à rapprocher de sa signification origi-
nelle un mot dérivé du latin. » Telle est cette phrase de
Bossuet : « Tout ce que la religion a de plus saint a été
en proie, » *præda fuit ;* et cette autre de Lacordaire :
« Tout concourt et tout consent dans le corps humain, »
consentit, est d'accord, en harmonie.

Le latinisme est un mérite, quand il donne au style
de la brièveté, de la finesse, de l'élégance, sans nuire
à la clarté.

---

(1) *Tanquam scopulum, sic fugias insolens verbum.* (AULU-GELLE, 1, 10.)

(2) *Consuetudinem sermonis vocabo consensum eruditorum, sicut vivendi, consensum bonorum.* (Lib. 1, c. 1.) Pour notre langue l'usage est constaté par le dictionnaire de l'Académie, qui fait loi, en ce sens que tout ce qu'il contient est français.

CHAPITRE V

DE LA CLARTÉ DU STYLE.

1. Définition. — 2. Importance. — 3. Ordre. — 4. Précision. — 5. Simplicité. — 6. S'il est quelquefois utile de voiler sa pensée. — 7. Moyen d'être clair.

1. LA CLARTÉ est *une qualité du style qui fait qu'on saisit sur-le-champ et sans effort la pensée exprimée par la parole.*

* 2. « Le discours, dit Quintilien, doit être clair pour ceux mêmes qui écoutent avec négligence, et l'esprit de l'auditeur doit en être frappé, comme les yeux le sont de la lumière du soleil, sans qu'on le regarde (1). »

Chez les Grecs, les mots qui signifient *lumière* et *parler* avaient la même racine : φάος et φημί. Ce peuple, qui savait tout peindre avec autant de vérité que de grâce, pensait que, comme on ne parle que pour se faire entendre, la parole doit produire la lumière avec tant de facilité et de promptitude, que la cause et l'effet semblent se confondre. Aussi la clarté est-elle, d'un aveu commun, la qualité fondamentale du style : *Nobis prima sit virtus, perspicuitas,* dit Quintilien. Elle est si essentielle dans tous les genres de composition, qu'aucun autre mérite ne peut la remplacer.

---

(1) *Oratio debet negligenter quoque audientibus esse aperta, ut in animum audientis, sicut sol in oculos, etiamsi in eum non intendatur, occurrat.* (Lib. VIII, c. 2.)

Heureux les écrivains dont la langue se prête à la clarté! c'est le privilége spécial et comme la gloire particulière de la langue française : rivale des langues anciennes presque dans tout le reste, elle l'emporte ici de beaucoup sur elles. Toute espèce d'obscurité la dénature, et l'on peut dire qu'elle cesse d'être elle-même, dès qu'elle cesse d'être claire.

* La clarté sans doute dépend beaucoup de la pureté du langage; car il est assez difficile qu'un discours soit obscur, quand il a le mérite de la correction et de la propriété des termes. D'autres causes néanmoins contribuent à la clarté : c'est l'ordre naturel des idées, la précision et la simplicité.

* 3. L'ordre naturel des idées. Donnez à chacune la place qui lui convient; que la première prépare et amène la seconde, et la seconde la troisième; formez une chaîne dont tous les anneaux se tiennent : rien de brusque, rien de forcé. Étudiez votre sujet; distinguez la cause de son effet, le principe de sa conséquence; ce qui est antérieur pour le temps de ce qui doit être postérieur; ce que vous devez dire d'abord, ce que vous devez dire ensuite (1). Voilà à peu près tous les conseils que l'art peut donner.

* 4. La précision. L'origine de ce mot en indique le sens; il vient de *præcidere*, qui signifie *couper, retrancher*. En effet, la précision coupe, retranche, élague tout ce qui est inutile ou superflu, sans néanmoins affecter une brièveté excessive. Quintilien l'exprime en deux mots : *Nihil neque desit, neque superfluat*. Elle rejette par conséquent les expressions

---

(1) L'ordre est pour l'écrivain le fil d'Ariane, *cæca regens filo vestigia.* (Æn., vi.)

inutiles, les arrangements de phrases longs, traînants, embarrassés, les périphrases insignifiantes, et l'excès même de la brièveté.

« Car il y a des orateurs, dit Quintilien, qui, amoureux de la brièveté jusqu'à l'excès, retranchent de l'oraison non-seulement tous les mots superflus, mais même les nécessaires; et qui, pourvu qu'ils s'entendent eux-mêmes, ne se mettent pas en peine d'être entendus des autres. » (Lib. VIII, c. 2.) Ce vice est contre la précision : *Nihil desit*.

« Quelques-uns, continue Quintilien au même endroit, ont une malheureuse abondance de termes inutiles. Ils donnent à leurs phrases, à leurs périodes une telle étendue, qu'il n'y a pas d'homme qui puisse les prononcer d'une haleine. Ils usent de circonlocution pour dire les choses les plus simples; leur discours n'est que verbiage : *Nihil superfluat.* » De pareils écrivains sont difficiles à suivre. Leur style traînant ralentit la marche des idées, et empêche qu'on n'en voie toujours le fil. Il est tout simple de couper une phrase trop longue, ou de l'abréger, en élaguant ce qu'elle a d'inutile. Il faut prendre garde cependant de tomber dans l'excès contraire, en faisant des phrases trop courtes. Il en résulte un style haché et sautillant, qui est maigre, sec, et manque de dignité. La liaison des idées, le plaisir de l'oreille, voilà ce qui doit déterminer la longueur des phrases.

Si la précision est ennemie des constructions longues et traînantes, elle ne l'est pas moins de celles qui sont tellement compliquées et traversées par des idées différentes, qu'on ne peut les comprendre que très-difficilement. Ceci regarde les phrases incidentes et les parenthèses; elles rendent le style lâche et souvent obscur. Ou la pensée que vous voulez y placer est nécessaire, ou elle est inutile : dans le dernier cas, n'en faites point usage; dans le premier, tâchez de la fondre dans la période même, ou de l'y joindre avec art par une nouvelle phrase, plutôt que d'interrompre la chaîne des pensées principales au préjudice de la clarté. *Jungatur quo maxime congruit*, dit Quintilien (1). N'être ni trop long ni trop court n'appartient qu'à l'homme de goût. Aspirez-vous à cette double gloire, imitez les artistes qui travaillent sur le marbre et sur les métaux, et qui, à l'aide du ciseau ou de la lime, parviennent, avec le temps, à dégrossir une masse brute, et à lui donner la forme et le poli convenables (2).

*5. La simplicité. Rien n'est vrai hors du naturel (3). La simplicité nous empêche d'en sortir; elle consiste à rendre ses pensées avec aisance, ingénument, sans effort comme sans apprêt : elle contribue à la clarté, en ce qu'elle rejette les expressions louches, affectées et recherchées, guindées ou boursouflées.

Une manière de s'exprimer louche et équivoque est celle-ci : *Clodius, accusé de concussion, et craignant d'être condamné, trouva le moyen d'en convaincre ses*

---

(1) Blair a dit : « La parenthèse est une roue dans une roue, une phrase dans une phrase, une manière incommode d'introduire une pensée que l'écrivain n'a pas l'art de mettre à sa place. » Ce jugement est exagéré. Condamner en soi la parenthèse, c'est blâmer les plus grands écrivains, qui en ont fait usage de temps en temps. Mais il faut qu'elle soit rare et bien placée.

(2) *Imitandi marmorarii atque aurifices, qui massam rudem scalpro limaque paulatim attenuant, effingunt, perpoliunt.* (JOUVENCY., *Rat. Disc.*, art. IV, § 11.)

(3) *Ubicumque ars ostentatur, veritas abesse videtur.* (QUINT., lib. II, c. 3.) « Hors du naturel tout est faux. » (GAICHIEZ.)

juges. Dites, *trouva le moyen de convaincre ses juges du même crime*.

Les expressions affectées et recherchées altèrent le sens (1), l'obscurcissent, le font presque entièrement disparaître, comme dans cette phrase : *Le soleil de la Providence s'est levé sur elle, et ses rayons, qui sont comme les mains de Dieu l'ont conduite.* (LE MAITRE.) La phrase suivante n'est pas beaucoup plus claire; l'auteur parle à un homme affligé : *Votre éloquence rend votre douleur vraiment contagieuse, et quelle glace ne fondrait pas à la chaleur de vos belles larmes?* (BALZAC.)

Voilà où conduisent l'affectation et la recherche : à dire obscurément les choses du plus mauvais goût. Ce défaut, très-commun de nos jours, est peut-être le pire de tous dans l'éloquence, dit Quintilien, parce qu'on cherche à éviter les autres, et qu'on court après celui-ci: *Cætera cum vitentur, hoc petitur.* (Lib. VIII, c. 3).

On doit mettre au nombre des expressions recherchées celles qui paraissent peu faites pour être entendues par le grand nombre. Tels sont les mots techniques et scientifiques : *Décomposer les ressorts d'un empire, calculer son existence, s'élever au* maximum *de la gloire, grossir la masse des erreurs*. Ces expressions, et beaucoup d'autres dans le même genre, sont essentiellement ennemies de la clarté. Combien d'écrivains ont néanmoins cherché depuis longtemps à les accréditer parmi nous! On ne saurait trop prévenir les jeunes gens contre une manière d'écrire aussi contraire au bon goût et à la véritable éloquence. Car « je tiens, dit Quintilien, qu'un discours est vain et inutile, lorsque, pour le com-

(1) *Sensus obumbrant*, dit Quintilien, *et velut læto gramine sata strangulant.* (Lib. VIII, in proœmio.)

prendre, l'auditeur n'a pas assez de son esprit » (Lib. VIII, c. 2.); et tel est justement le style des orateurs qui affectent le langage réservé aux arts et aux sciences (1).

* Les expressions guindées ou boursouflées ne sont pas moins vicieuses. N'allez pas, dit Boileau,

Sur les pas de Brébeuf,
Même en une Pharsale, entasser sur les rives
De morts et de mourants cent montagnes plaintives.
Prenez mieux votre ton : soyez simple avec art,
Sublime sans orgueil, agréable sans fard.

Ces images en effet sont exagérées, et par conséquent ridicules. On voit ici la juste censure de ces vers, où Corneille nous montre, dans la tragédie de Pompée,

Des fleuves teints de sang et rendus plus rapides
Par le débordement de tant de parricides...
Des montagnes de morts privés d'honneurs suprêmes,
Que la nature force à se venger eux-mêmes,
Et dont les troncs pourris exhalent dans les vents
De quoi faire la guerre au reste des vivants.

Ces vers boursouflés et gigantesques ne sauraient plaire, même dans le plus grand de nos poëtes. Le naturel et la vérité sont toujours nécessaires; or il n'est rien qui s'en éloigne plus que l'enflure. « En effet, dit Longin, elle n'a que de faux dehors et une apparence trompeuse; mais au dedans elle est creuse et vide. » (*Du Subl.*, c. 2.) (2) Et c'est pour cette raison qu'elle nuit toujours plus ou moins à la clarté.

Du boursouflé au *galimatias* et au *phébus* il n'y a qu'un pas. Ce genre de style trop recherché, trop figuré, obscurcit et confond les idées. C'est un brouil-

---

(1) Une autre manie qui n'est pas moins ridicule consiste à hérisser son style de mots tirés des langues étrangères.

(2) L'enflure dans le discours est l'hydropisie de l'éloquence.

lard qui laisse d'abord entrevoir quelques objets, et qui finit ordinairement par les dérober tous à la vue. Les exemples en sont assez fréquents dans les orateurs précieux et maniérés, qui veulent toujours dire quelque chose d'extraordinaire et de brillant, de plaisant et d'agréable, de mystérieux et d'énigmatique; écrivains puérils, qui se persuadent qu'ils ont beaucoup d'esprit, parce qu'il en faut beaucoup pour les comprendre. (Longin, c. 2; Quint., lib. viii, prooem.) Le morceau suivant donnera d'eux l'idée la plus juste, et dégoûtera pour jamais les jeunes gens du style le plus pitoyable et le plus ridicule. Un de nos écrivains, plus connu qu'il ne le mérite, s'efforce d'exprimer en ces termes ce que c'est que la *naïveté*.

« On est naïvement héros, naïvement scélérat,
« naïvement dévot, naïvement beau, naïvement ora-
« teur, naïvement philosophe; sans naïveté point de
« beauté : on est un arbre, une fleur, une plante, un
« animal naïvement; je dirai presque que de l'eau est
« naïvement de l'eau, sans quoi elle visera à de l'acier
« poli et au cristal. La naïveté est une grande ressem-
« blance de l'imitation avec la chose; c'est de l'eau
« prise dans le ruisseau et jetée sur la toile. » (Diderot.)

Ce style sans doute n'est pas convenable dans un homme de bon sens. « Vous voulez, Acis, me dire qu'il fait froid? Est-ce un si grand mal d'être entendu quand on parle, et de parler comme tout le monde? » (La Bruyère.) C'est-à-dire, sans emphase, sans prétention, sans recherche; ou bien se flatterait-on d'écrire plus finement, plus spirituellement que les autres, parce que, pour être entendu, on aurait besoin d'un interprète? (Quint., lib. viii, c. 2.)

* Mon ami, pourrait-on dire avec un de nos poëtes, à un écrivain assez petit pour avoir d'aussi ridicules prétentions :

> Mon ami, chasse bien loin
> Cette noire rhétorique :
> Tes écrits auraient besoin
> D'un devin qui les explique ;
> Si ton esprit veut cacher
> Les belles choses qu'il pense,
> Dis-moi, qui peut t'empêcher
> De te servir du silence ?
>
> (MAYNARD.)

C'est le seul parti à prendre quand on n'a pas assez de netteté dans les idées pour les énoncer clairement. Le défaut de clarté vient presque toujours du défaut de talent ; car, dit Quintilien, « plus un écrivain est médiocre, plus il est obscur ; plus, au contraire, il a de génie et d'instruction, plus il est clair et facile à comprendre. » (Lib. II, c. 5.)

6. Nous sommes néanmoins obligés d'avouer qu'un peu d'obscurité a quelquefois son mérite. Il y a en effet des occasions, rares à la vérité, où c'est une beauté réelle, et la preuve d'un esprit fin et adroit, de voiler plus ou moins ses pensées.

Fontenelle, dans un discours public (1), disait au premier ministre du jeune Louis XV : « Vous commu-
« niquez sans réserve à notre jeune monarque les
« connaissances qui le mettront un jour en état de
« gouverner par lui-même ; vous travaillez de tout
« votre pouvoir *à vous rendre inutile.* » On voit que la clarté est ici sacrifiée à la finesse.

---

(1) Adressé au cardinal Dubois, lorsque celui-ci fut reçu à l'Académie française.

202   PRÉCEPTES

Cicéron n'ose pas dire que les gens de Milon ont tué Clodius. Il jette un voile sur cette action : *Fecerunt id servi Milonis.... quod suos quisque servos in tali re facere voluisset.* Ce demi-jour est admirable.

Manlius craint d'avouer au peuple romain qu'il aspire au titre de roi. Il enveloppe sa pensée avec une adresse que le défaut de succès ne saurait empêcher d'admirer. « Je me déclare le patron du peuple, je mé-
« rite ce nom par mon zèle à défendre vos intérêts.
« Quant à vous, s'il vous plaît de relever la dignité de
« votre chef par quelque titre plus distingué et plus
« honorable, vous n'en trouverez en lui que plus de
« force et de moyens pour obtenir ce que vous dési-
« rez (1). »

7. Le moyen d'être clair est, d'abord, de se rendre raison à soi-même de ses propres pensées et de bien saisir ce qu'on veut dire.

> Avant donc que d'écrire apprenez à penser :
> Selon que notre idée est plus ou moins obscure,
> L'expression la suit ou moins nette ou plus pure.
> Ce que l'on conçoit bien s'énonce clairement,
> Et les mots pour le dire arrivent aisément.
> (BOILEAU.)

Ensuite, quand on a exprimé ses idées, il faut, 1° s'assurer qu'on l'a fait sans obscurité; relire ce qu'on a écrit, et se demander à soi-même ce qu'on a voulu dire, et si on l'a dit; 2° se mettre en quelque sorte à la place de ses auditeurs; examiner de sang-froid s'il est vraisemblable qu'on en sera entendu, et bien se per-

---

(1) *Ego me patronum profiteor plebis, quod mihi cura mea et fides nomen induit. Vos si quo insigni magis imperii honorisve nomine vestrum appellabitis ducem, eo utemini potentiore ad obtinenda ea quæ vultis.* (LIV.)

suader qu'il ne suffit pas qu'on s'entende soi-même; mais qu'il faut que l'ouvrage soit en effet bien intelligible. Il sera tel, dit Quintilien, non quand l'auditeur pourra le comprendre au prix d'une application pénible; mais quand il ne pourra en aucune manière ne pas le comprendre (1).

En effet, l'excès n'est jamais à craindre dans la clarté; mais il pourrait l'être dans les soins qu'un orateur mettrait à la chercher, s'ils n'étaient dirigés par le goût. Le désir d'être clair conduit à des corrections; elles sont quelquefois minutieuses : on devient lâche, faible, traînant; on refroidit ses compositions. L'inconvénient est très-grave, et l'on ne saurait prendre trop de précautions pour l'éviter. En nous éclairant, le soleil nous échauffe, et c'est cette idée sans doute qui a fourni à un ancien la belle comparaison de Démosthène avec un brasier allumé au milieu d'Athènes, pour *éclairer* et pour *échauffer* en même temps un peuple aussi aveugle qu'insouciant sur ses plus grands intérêts. (DENYS D'HAL.)

(1) *Non ut intelligere possit* (auditor), *sed ne omnino non intelligere, curandum.* (QUINT., lib. VIII, c. 2.) Saint Augustin a dit: *Totum quod intelligo, volo ut qui me audit intelligat.* (Lib. de Catech. Rudib.)

CHAPITRE VI

DE L'HARMONIE DU STYLE.

Cicéron a fait une observation profonde, quand il a dit que le discours, semblable à une cire molle, avait une flexibilité merveilleusement propre à prendre toutes sortes de formes. En effet, on le manie, ajoute-t-il, on le tourne à son gré. Il se prête aux vers, il se prête à la prose. Les mêmes mots concourent à former tous les styles et à produire tous les effets qu'on peut en attendre. Tirés pour ainsi dire de la même masse et également disposés à tout, ils expriment ce qu'il plaît au poëte et à l'orateur d'exprimer dans tous les genres et dans tous les sujets possibles. (*De Orat.*, lib. III, c. 45, n. 176 et 177.)

Ce principe, qui est puisé dans la nature même, dit Rollin (*Hist. Ancienne*, t. XI), et dont la lecture des bons auteurs donne une preuve sensible, nous conduit naturellement à rechercher, à l'exemple de l'Orateur romain, la qualité du style la plus séduisante, la plus capable de captiver nos auditeurs ou nos lecteurs, je veux dire l'Harmonie, mot enchanteur et presque magique, qui appelle à lui les idées de nombre et de cadence, de dignité et de grâce, de majesté et de douceur, et qui attache à la diction de l'orateur qui sait en faire usage, un charme puissant et presque toujours vainqueur.

* En quoi donc consiste l'Harmonie du style? Quels en sont les éléments?

* Elle résulte de l'arrangement, de la distribution, de la proportion des mots et des phrases, des périodes et des membres qui les composent.

ARTICLE I.

DU NOMBRE ORATOIRE.

De cette proportion, de cette distribution et de cet arrangement se forme le *Nombre oratoire*, qui n'est lui-même autre chose que l'harmonie. En effet, dans cette expression familière aux rhéteurs, le mot *nombre* a le sens du mot latin *numerus*, qui signifie *mesure*, *rhythme* ou *cadence*; de sorte qu'un discours nombreux, *numerosa oratio*, veut dire un discours qui flatte l'oreille par des sons mélodieux et bien cadencés.

Ces cadences mesurées avec art doivent être marquées, dit Cicéron, avec une précision plus ou moins grande, par des intervalles tantôt égaux et tantôt inégaux : car, ajoute-t-il, il n'y a point de *nombre* (par conséquent point d'harmonie) dans la continuité non interrompue des sons : *Numerus in continuatione nullus est.* (De Orat., lib. III, c. 48, n. 186.)

* Nous définissons donc le nombre oratoire *une combinaison de mots choisis de manière à présenter une modulation et une cadence agréables à l'oreille.*

* La modulation résulte de l'arrangement des syllabes longues et brèves, coulantes et fermes, sonores et fugitives.

* La cadence est formée par des coupes et des chutes harmonieuses, qui partagent la phrase en intervalles égaux ou inégaux pour la facilité de la respiration et le plaisir de l'oreille.

* On verra dans les phrases suivantes un exemple sensible de la modulation et de la cadence :

* *O Marce Druse, patrem appello, tu dicere solebas sacram esse rempublicam; quicumque eam violavissent ab omnibus esse ei pœnas persolutas : patris dictum sapiens temeritas filii comprobavit* (1).

* Le nombre oratoire est un mécanisme savant, difficile, et néanmoins si nécessaire, au témoignage de Cicéron (*Orat.*, c. 68, n. 229), que l'éloquence qui en est dépourvue demeure sans mouvement et sans force. On ne peut l'acquérir que par une connaissance approfondie des combinaisons infinies dont le discours est susceptible, pour le plaisir de l'oreille, dans les mots et dans les phrases. C'est l'objet d'un travail curieux, intéressant, digne de toute notre attention (2). Nous

---

(1) Les deux plus belles cadences de ce morceau parfaitement modulé sont les dichorées *persolutas* et *comprobavit*. Cicéron, qui entendit le tribun Carbon prononcer ces paroles, atteste que le second dichorée fut accueilli par de vives acclamations dans toute l'assemblée. *Hoc dichoreo tantus clamor concionis excitatus est ut mirabilis esset.* (Orat., VI, 3.) Cet exemple fait voir combien l'harmonie donne de puissance à l'éloquence.

(2) On peut en effet regarder cette étude comme un travail préparatoire, auquel il est de la plus grande importance de se livrer de bonne heure. La science pratique du nombre oratoire suppose qu'on a exercé long-temps son oreille et sa plume. On ne saurait la posséder à fond qu'après des essais très-multipliés, et c'est dans la jeunesse qu'il faut les faire. *Ista anxietas*, dit ingénieusement Quintilien, *dum discimus, adhibenda est, non cum dicimus*. Serait-il temps en effet d'y penser au moment de se produire aux regards du public dans un écrit ou dans un discours ? Non sans doute ; ce serait alors, dit Cicéron, un travail qui ne finirait pas, et qui deviendrait aussi puéril que ridicule : *Esset, cum infinitus, tum puerilis labor*. Nous admirons l'harmonie des orateurs d'Athènes et de Rome ; elle nous enchante : mais qui de nous a jamais réfléchi aux travaux dont chez eux elle était le prix ? On ne peut s'en former une idée qu'après avoir lu ce qu'Aristote, Cicéron, Quintilien et Denys d'Halicarnasse ont écrit sur cette matière.

allons exposer successivement et avec ordre les principes qui doivent le diriger.

* 2. Le nombre oratoire exige qu'on s'occupe d'abord du choix des mots et de leur succession. Boileau a dit :

Il est un heureux choix des mots harmonieux,

in quibus, dit Cicéron, *plenum quiddam et sonans inesse videtur.*

* En effet, les mots ont eux-mêmes des différences très-sensibles dans les sons, de la rudesse ou de la douceur, de la pesanteur ou de la légèreté, de la rapidité ou de la lenteur ; et ce sont ces différences qui déterminent l'orateur dans le choix qu'il doit faire.

Fuyez des mauvais sons le concours odieux,

a dit encore Boileau. C'est surtout dans l'assemblage des mots qu'il faut éviter les sons déplaisants. La délicatesse des oreilles va presque jusqu'au caprice. Un enchaînement de syllabes pesantes et rudes, de mots chargés de consonnes, de sons trop légers ou trop sautillants, les choque infailliblement. Elles sont blessées de ces vers faits exprès par Boileau en style de Chapelain, pour tourner en ridicule la dureté de ce poëte :

Maudit soit l'auteur dur, dont l'âpre et dure verve,
Son cerveau tenaillant, rima malgré Minerve ;
Et, de son lourd marteau martelant le bon sens,
A fait de méchants vers douze fois douze cents.

* Quelle roideur dans le mouvement de ces vers ! quelle âpreté de sons dans la combinaison des mots !

Voyez Aristote, *Rhet.*, lib. VIII, c. 8 ; Cicéron, *Orat.*, c. 20 et seq., et *de Orat.*, lib. III, c. 12 ; Quintilien, lib. XI, c. 4 ; et Denys d'Halycarnasse, Περὶ Συντάξεως.

Boileau sans doute ne pouvait plus heureusement imiter Chapelain. Voulez-vous de l'harmonie? Lisez les vers suivants du même auteur, qui donne l'exemple après avoir donné le précepte :

> Dans le réduit obscur d'une alcôve enfoncée,
> S'élève un lit de plume à grands frais amassée.
> Quatre rideaux pompeux, par un double contour,
> En défendent l'entrée à la clarté du jour.
> Là, parmi les douceurs d'un tranquille silence,
> Règne sur le duvet une heureuse indolence.

* Lisez ceux-ci de Racine, où il y a peut-être plus d'harmonie encore.

> L'Éternel est son nom : le monde est son ouvrage ;
> Il entend les soupirs de l'humble qu'on outrage,
> Juge tous les mortels avec d'égales lois,
> Et du haut de son trône interroge les rois.

Chez tous les peuples savants et polis, on aima toujours une prononciation douce. Les Français en font leurs délices. De là cet autre précepte donné aussi par Boileau :

> Gardez qu'une voyelle à courir trop hâtée
> Ne soit d'une voyelle en son chemin heurtée (1).

3. C'est ce qu'on appelle *Hiatus*. L'hiatus se trouve dans le style toutes les fois qu'une voyelle finissant un mot rencontre une autre voyelle qui commence le mot suivant, comme dans cette phrase : *Il alla à Alexandrie, où il s'appliqua à apprendre la peinture*. L'hiatus est banni de notre poésie, et on ne le permet dans la prose que lorsqu'il n'est pas sensiblement désagréable.

---

(1) Vers admirables, où le poëte, en évitant la faute qu'il signale, la peint vivement à l'oreille par les sons mêmes qu'il emploie.

L'harmonie dans la combinaison des mots exige encore qu'on ne place point à la suite les uns des autres ceux qui renferment des syllabes de même consonnance, comme dans ces vers de Voltaire :

Pourquoi *ce* roi du monde et *si* libre et *si* sage
*S*ubit-il *si* souvent un *si* dur esclavage?

Tel est encore ce vers d'Ennius, cité par Cicéron :

O Tite, tute, Tati, tibi tanta, tyranne, tulisti.

Et tel est enfin ce vers de Cicéron lui-même :

O fortunatam natam me consule Romam!

* S'il faut tant de soins dans la combinaison des mots, c'est parce que, dit Boileau,

la plus noble pensée
Ne peut plaire à l'esprit, si l'oreille est blessée (1).

Au reste, en ceci comme en toute autre chose, on doit éviter l'affectation et la contrainte. Cicéron blâme Isocrate d'avoir porté trop loin le soin minutieux de bannir de son style le concours des voyelles (2).

De l'harmonie dans les mots et dans leur assemblage résulte le nombre oratoire, c'est-à-dire l'harmonie des phrases en elles-mêmes et dans leur succession ; ce qui forme l'harmonie principale du discours. Mais nulle part cette harmonie ne se fait mieux sentir que dans la texture, la coupe, et la chute des périodes.

---

(1) Quintilien avait dit avant Boileau : *Nihil potest intrare in affectum, quod in aure velut quodam vestibulo statim offendit.*

(2) En effet, l'hiatus, bien ménagé, contribue lui-même à l'harmonie : Bossuet, Fénelon, Massillon en ornent quelquefois leur prose.

ARTICLE II.

DE LA PÉRIODE.

1. Qu'est-ce qu'une Période, un membre, une incise? — 2. Repos, unité, symétrie. — 3. Modèles de périodes en français; — 4. en latin. — 5. Protase et Apodose. — 6. Importance de l'harmonie périodique.

*1. On peut définir la Période *une phrase composée de plusieurs membres tellement liés entre eux, que le sens demeure suspendu jusqu'à la fin* (1).

* On appelle membre d'une période une phrase qui formerait un sens à elle seule, si elle n'était pas liée à une autre. Exemple : « Sa réputation est bien établie; la plus rigide censure est forcée de la respecter. » Voilà deux phrases dont chacune forme un sens. On peut en faire une période en les liant ainsi :

« Sa réputation est si bien établie (premier membre), — que la plus rigide censure est forcée de la respecter (deuxième membre). » (BOURDALOUE.)

* Une portion d'un membre qui se détache dans la prononciation se nomme *incise*. Exemple : « Si cette terre, qui n'est qu'un lieu d'exil, a déjà pour nous tant de charmes, — combien le ciel, notre vraie patrie, ne nous offrira-t-il pas de délices? » Cette période a deux membres composés chacun de trois incises.

* 2. Les repos de la période doivent flatter l'oreille,

---

(1) Période (περίοδος) signifie circuit, *circuitus verborum*, *ambitus*, comme l'appelle Cicéron.

satisfaire l'esprit et favoriser la respiration, c'est-à-dire ne point la gêner, mais avoir une proportion raisonnable avec la portée de la voix humaine (1).

* Une bonne période ne doit renfermer qu'une seule pensée développée, prouvée, mise en lumière.

* En outre, la justesse demande qu'on dispose en ordre et qu'on mette en rapport les diverses idées qui servent à éclaircir la pensée principale, de sorte que les membres correspondent aux membres, les mots aux mots, et les idées aux idées. C'est ce qu'on appelle *symétrie*. Cette symétrie est facile à remarquer dans la période qu'on vient de citer : on y voit placés en parallèle : *terre* et *ciel*, *exil* et *patrie*, *charmes* et *délices*.

* 3. Il y a des périodes à deux, à trois, à quatre, à cinq membres, etc. Ces membres, à mesure qu'on les multiplie, doivent offrir des proportions, des progressions et des chutes très-variées. Quand ils sont développés et distribués avec justesse, avec dignité et avec grâce, et néanmoins sans affectation, il en résulte je ne sais quoi de doux, d'insinuant et de flatteur, qui plaît infiniment et contribue à la persuasion, sans que ceux qui nous écoutent paraissent même le soupçonner.

* *Période à deux membres* : « Si fermer les yeux aux

(1) Ici se rattache cette pensée d'Aristote, si précieuse à recueillir : « Tout ce qui s'écrira doit être aisé à lire et à prononcer. » Ὅλως δὲ δεῖ εὐανάγνωστον εἶναι τὸ γεγραμμένον καὶ εὔφραστον. (*Rhet.*, lib. III, c. 5.) Ajoutons une seconde règle, qui n'est pas moins importante : Toute division de phrase doit réunir les mots nécessaires pour présenter une idée qui puisse occuper l'esprit. Ainsi ne dites pas : « Je devais, — après avoir parlé à cette personne et lui avoir montré le véritable état des choses, — partir incontinent. » Mais dites plutôt : « Je devais partir — aussitôt après avoir parlé à cette personne et lui avoir montré le véritable état des choses. » (ARISTOTE, *ibid.*)

« preuves éclatantes du christianisme est une extrava-
« gance monstrueuse, — c'est encore un plus grand
« renversement de raison d'être persuadé de cette doc-
« trine, et de vivre comme si on ne doutait pas qu'elle
« ne fût fausse. »

* *Période à trois membres*: « Puissiez-vous seulement
« reconnaître la justice de nos armes, — recevoir la
« paix que, malgré vos pertes, vous avez tant de fois
« refusée, — et dans l'abondance de vos larmes étein-
« dre les feux d'une guerre que vous avez malheureu-
« sement allumée! » (FLÉCHIER.)

* *Période à quatre membres*: « Comme une colonne,
« dont la masse solide paraît le plus ferme appui d'un
« temple ruineux, — lorsque ce grand édifice, qu'elle
« soutenait, fond sur elle, sans l'abattre; — ainsi, la
« reine se montre le ferme soutien de l'État, — lors-
« qu'après en avoir longtemps porté le faix, elle n'est
« pas même courbée sous sa chute. » (BOSSUET.)

La période à quatre membres égaux est la plus belle;
c'est celle que les rhéteurs appellent *période carrée*: elle
doit se montrer rarement, de crainte que l'art ne se
fasse trop sentir.

* On cite comme modèle d'une période poétique cette
belle strophe de J.-B. Rousseau :

> Si la loi du Seigneur vous touche, —
> Si le mensonge vous fait peur, —
> Si la justice en votre cœur,
> Règne aussi bien qu'en votre bouche; —
> Parlez, fils des hommes, — pourquoi
> Faut-il qu'une haine farouche
> Préside aux jugements que vous lancez sur moi?

* D'habiles maîtres ont prétendu, non sans raison

peut-être, qu'il n'est pas nécessaire, pour la perfection de la période, que les membres en soient enchaînés grammaticalement. Il suffit, selon eux, qu'ils le soient par le sens et la suite des idées : et ils trouvent une magnifique période dans ces lignes de Massillon :

« Le Sauveur, le Christ, le Seigneur,
« Paraît enfin aujourd'hui sur la terre ; —
« Les nuées enfantent le Juste,
« L'étoile de Jacob se montre à l'univers ; —
« Le sceptre est sorti de Juda,
« Et celui qui devait venir est arrivé. »

Et dans celles-ci de Fléchier :

« A ces cris Jérusalem redoubla ses pleurs ; —
« Les voûtes du temple s'ébranlèrent ; —
« Le Jourdain se troubla, —
« Et tous ses rivages retentirent du son de ces lu-
« gubres paroles : —
« Comment est mort cet homme puissant, qui sau-
« vait le peuple d'Israël ? »

Quoi qu'il en soit de cette manière d'envisager la période, il est certain que ces nombres sont admirables, et qu'on y remarque des proportions, des chutes et une variété d'où naît la plus belle harmonie.

4. Comme la langue latine, avec ses syllabes longues et brèves, se prête à la modulation beaucoup mieux que la nôtre, nous engageons les jeunes élèves de l'éloquence à s'exercer à la période latine. Ils rapporteront de ce travail le type de la véritable harmonie et une grande facilité pour la faire passer dans leurs compositions françaises. Qu'ils apprennent par cœur les périodes suivantes, et qu'ils s'efforcent d'en polir de semblables.

* *Quid tam est admirabile, quam ex infinita multitudine hominum existere unum — qui, id quod omnibus natura sit datum, vel solus, vel cum paucis facere possit?* (Cic.)

* *Nisi multorum præceptis multisque litteris mihi ab adolescentia suasissem nihil esse in vita magnopere expetendum nisi laudem atque honestatem, — in ea autem consequenda omnes cruciatus corporis, omnia pericula mortis atque exsilii parvi esse ducenda; — nunquam me pro salute vestra in tot ac tantas dimicationes atque in hos profligatorum hominum quotidianos impetus objecissem.* (Cic.)

* *Si quantum in agro locisque desertis audacia potest, — tantum in foro atque in judiciis impudentia valeret: — non minus nunc in causa cederet A. Cæcina Sexti Æbutii impudentiæ, — quam tum in vi facienda cessit audaciæ.* (Cic.)

Cette dernière période est une des plus belles qu'on puisse citer en latin.

5. Voici un principe qui tout à la fois aide à étendre une proposition simple en une période nombreuse, et sert à débrouiller les plus compliquées. Toute période, quel que soit le nombre de ses membres, se divise en deux parties: la *protase* et l'*apodose* (πρότασις, ἀπόδοσις). La protase contient le premier terme d'un parallèle, et l'apodose le second; la protase est l'antécédent, et l'apodose le conséquent; la protase exprime une condition, et l'apodose en présente le résultat (1). Exemple:

PROTASE. — *Etsi, quirites, non est meæ consuetudinis initio dicendo rationem reddere qua de causa quemque*

---

(1) Les deux parties de la période sont ordinairement liées entre elles par deux mots qui servent à les mettre en rapport. Ainsi la protase commence par *quemadmodum* ou *etsi*, et l'apodose par *sic*

defendam; — propterea quod omnibus in eorum periculis satis justam mihi causam necessitudinis esse duxi :.

Apodose. — *Tamen in hac defensione capitis, famæ, fortunarum omnium C. Rabirii proponenda ratio videtur officii mei, — propterea quod, quæ justissima causa ad hunc defendendum esse visa est, eadem vobis ad absolvendum debet videri.* (Cic.)

6. On ne saurait assez inculquer aux jeunes gens l'importance de l'harmonie. Personne n'en a fait plus de cas, ne l'a employée avec plus de succès, et n'en a mieux parlé, que Cicéron. « L'harmonie, dit-il, produit des effets si surprenants, que je ne comprends pas qu'on puisse être homme, et n'en pas sentir le pouvoir. Pour moi, j'avoue que j'en suis ravi : mon oreille aime un discours plein et nombreux ; elle veut des phrases bien cadencées et parfaitement arrondies : lorsqu'il y manque quelque chose, ou lorsqu'il y a du superflu, elle en est aussitôt choquée. Mais qu'est-il besoin de parler de moi ? Combien de fois a-t-on vu les assemblées du peuple, transportées d'admiration à la chute de périodes harmonieuses, témoigner leur satisfaction par des acclamations unanimes ? tant les hommes sont naturellement sensibles aux charmes de l'harmonie ! » (*Orat.*, c. 50, n. 168.)

Aussi les grands orateurs et les bons écrivains dans tous les genres sont-ils excessivement jaloux de l'harmonie périodique ; ils savent que c'est dans la construc-

---

ou *tamen*. Dans la protase on place *quantum*, *qualis*, et dans l'apodose *tantum*, *talis*; dans la première *non solum*, et dans la seconde *sed etiam* ; dans l'une *si*, et dans l'autre *profecto*. On oppose encore *unde*, *inde* ; *quo*, *eo* ; *quoniam*, *ideo*, etc.

tion et l'enchaînement des périodes qu'on voit si un homme sait manier la parole. Cicéron en était si convaincu, qu'il attribuait toute la force de Démosthène à l'art avec lequel il développait le nombre oratoire par l'harmonie périodique : *Demosthenis non tam vibrarent fulmina illa, nisi numeris contorta ferrentur* (Orat., c. LX, n. 234). Et voyez dans notre langue, si ce n'est pas le mérite éminent des Bossuet, des Fénelon, des Massillon (1) et de tous ceux dont notre éloquence s'honore. Otez-leur le nombre oratoire, vous leur ôterez non-seulement la force, mais encore la dignité, la grâce et tout ce qui attache le lecteur à leurs discours immortels.

ARTICLE III.

DE L'HARMONIE IMITATIVE.

*1. L'harmonie telle que nous venons de l'envisager peut s'appeler *harmonie mécanique*, parce qu'elle consiste dans les mots matériellement pris, et seulement considérés comme sons. Mais il y a une autre sorte d'harmonie, qu'on appelle *harmonie imitative;* « elle consiste dans le rapport des nombres et des sons avec les objets qu'ils expriment. »

Longin veut parler de cette harmonie quand il dit : « L'harmonie du discours ne frappe pas seulement

---

(1) « Lisez ces descriptions si douces que la plume de Fénelon a répandues dans le *Télémaque;* lisez les discours enchanteurs que le touchant Massillon adressait à un jeune roi, vous verrez combien la mélodie des paroles ajoute à l'éloquence de la vertu. (MARMONTEL, *Principes d'Éloq.*)

l'oreille, mais l'esprit; elle réveille une foule d'idées, de sentiments, d'images, et parle de près à notre âme, *par le rapport des sons avec les pensées.* »

* L'harmonie est imitative dans ce vers de Perse, qui parle d'un homme qui nasille :

Rancidulum quiddam balba de nare locutus.

* Dans celui-ci de Virgile, où, par des dactyles précipités, il peint le galop du cheval :

Quadrupedante putrem sonitu quatit ungula campum.

* Dans ceux-ci du même, où les travaux du laboureur sont rendus sensibles par le choc de syllabes dures et pesantes :

Ergo ægre terram rastris rimantur...
Agricola incurvo terram molitus aratro.

* Dans ceux-ci, du même encore, où il fait retentir les profondes cavités du cheval de bois sous les coups de la javeline lancée par Laocoon :

Stetit illa tremens, uteroque recusso,
Insonuere cavæ gemitumque dedere cavernæ.

* Et enfin dans ceux-ci, où tout ce que l'approche d'un orage a d'effrayant est décrit avec une vérité qui étonne :

Continuo, ventis surgentibus, aut freta ponti
Incipiunt agitata tumescere; et aridus altis
Montibus audiri fragor, aut resonantia longe
Littora misceri, et nemorum increbrescere murmur.

* Nos poëtes se sont montrés souvent les dignes rivaux des anciens dans l'harmonie imitative. Virgile n'aurait pas désavoué la traduction suivante des vers que nous venons de citer de lui :

> Le trait part, siffle, vole, et s'arrête en tremblant.
> La masse est ébranlée; et dans son vaste flanc
> De ses concavités les profondeurs gémirent.
> (Delille.)

> Au premier sifflement des vents impétueux,
> Tantôt, au haut des monts, d'un bruit tumultueux
> On entend les éclats; tantôt les mers profondes
> Soulèvent en grondant et balancent leurs ondes;
> Tantôt court sur la plage un long mugissement,
> Et les noires forêts murmurent sourdement.
> (Le même.)

* Racine fait entendre les sifflements des serpents qui ceignent la tête des Euménides :

> Pour qui sont ces serpents qui sifflent sur vos têtes?

Et le bruit d'un char qui se brise,

> L'essieu crie et se rompt.

* La Fontaine fait frissonner à la peinture de Borée, qui

> Se gorge de vapeurs, s'enfle comme un ballon,
>   Fait un vacarme de démon,
> Siffle, souffle, tempête....

Siffle, souffle, n'entendez-vous pas le vent?

* On fatigue, on sue, on perd haleine en lisant ces vers du même poëte :

> Dans un chemin montant, sablonneux, malaisé,
> Et de tous les côtés au soleil exposé,
>   Six forts chevaux tiraient un coche :
> Femmes, moines, vieillards, tout était descendu;
> L'équipage suait, soufflait, était rendu.

* C'est surtout dans les grands tableaux que l'harmonie imitative triomphe. Tout le monde sait par cœur ces vers magnifiques du récit de Théramène dans Racine ; tout y est peint par les sons :

> Un effroyable cri, sorti du fond des flots,
> Des airs en ce moment a troublé le repos ;
> Et du sein de la terre une voix formidable
> Répond en gémissant à ce cri redoutable.
> Jusqu'au fond de nos cœurs notre sang s'est glacé ;
> Des coursiers attentifs le crin s'est hérissé.
> Cependant sur le dos de la plaine liquide
> S'élève à gros bouillons une montagne humide ;
> L'onde approche, se brise et vomit à nos yeux
> Parmi des flots d'écume un monstre furieux.
> Son front large est armé de cornes menaçantes,
> Tout son corps est couvert d'écailles jaunissantes.
> Indomptable taureau, dragon impétueux,
> Sa croupe se recourbe en replis tortueux ;
> Ses longs mugissements font trembler le rivage.
> Le ciel avec horreur voit ce monstre sauvage ;
> La terre s'en émeut, l'air en est infecté ;
> Le flot qui l'apporta recule épouvanté.

S'il se trouvait des hommes assez mal organisés pour n'être point sensibles à l'harmonie imitative, si frappante dans tous les exemples que nous avons cités, on pourrait dire d'eux, avec Cicéron : *Quas aures habeant, aut quid in his homini simile sit, nescio* (Orat., c. 50, n. 168.)

* 2. Nos écrivains en prose ont lutté souvent avec avantage contre les meilleurs écrivains en vers, dans l'art de peindre les objets par les sons :

« Les trois gardes du palais se lèvent et laissent le
« marteau d'airain retomber avec un bruit lugubre sur
« la porte d'airain. » (CHATEAUBRIAND.)

* « Le rauque son de la trompette du Tartare appelle « les habitants des ombres éternelles; les noires ca- « vernes en sont ébranlées, et le bruit, d'abîme en « abîme, roule et retombe. (Chateaubriand.)

* « La lame se lève, elle approche, elle se brise; on « entend le gouvernail tourner avec efforts sur ses « gonds rouillés (1). (*Id.*)

* Mais les tableaux suivants frapperont davantage. L'harmonie de Fléchier a quelque chose d'admirable, quand il dit : « Peu s'en faut que je n'interrompe ici « mon discours. Je me trouble, Messieurs, Turenne « meurt; tout se confond, la fortune chancelle, la « victoire se lasse, la paix s'éloigne, les bonnes in- « tentions des alliés se ralentissent, le courage des « troupes est abattu par la douleur et ranimé par la « vengeance; tout le camp demeure immobile. » Cette harmonie sourde, brisée, rompue, est triste comme les objets qu'elle représente. Les nombres imitent la chose.

* « Le voyez-vous, s'écrie Bossuet, en parlant du « prince de Condé; le voyez-vous, comme il vole ou « à la victoire ou à la mort? Aussitôt qu'il eut porté « de rang en rang l'ardeur dont il était animé, on le « vit presque en même temps pousser l'aile droite des « ennemis, soutenir la nôtre ébranlée, rallier les Fran- « çais à demi-vaincus, mettre en fuite l'Espagnol vic- « torieux, porter partout la terreur, et étonner de ses « regards étincelants ceux qui échappaient à ses coups. » Ne semble-t-il pas que le style se précipite avec Condé?

---

(1) Virgile avait dit :

Horrisono stridentes cardine portæ.

Tout à coup l'orateur change de mouvement en changeant d'objet, et à une rapidité entraînante il fait succéder une pesanteur immobile : « Restait cette redou-
« table infanterie de l'armée d'Espagne, dont les gros
« bataillons serrés, semblables à autant de tours, mais
« à des tours qui sauraient réparer leurs brèches, de-
« meuraient inébranlables au milieu de tout le reste
« en déroute, et lançaient des feux de toutes parts. »

* A mesure que les jeunes gens deviendront sensibles à l'harmonie imitative, leur goût se développera ; mieux ils en sentiront les beautés, plus ils feront de progrès dans l'art de bien exprimer leurs pensées. Il leur sera très-utile de graver dans leur mémoire les vers suivants d'un de nos poëtes sur cette matière, où l'exemple est donné avec le précepte :

> Que le style soit doux, lorsqu'un tendre zéphire
> A travers les forêts s'insinue et soupire ;
> Qu'il coule avec lenteur, quand de petits ruisseaux
> Traînent languissamment leurs gémissantes eaux.
> Mais le ciel en fureur, la mer pleine de rage,
> Font-ils d'un bruit affreux retentir le rivage,
> Le vers comme un torrent en grondant doit marcher.
> Qu'Ajax soulève et lance un énorme rocher,
> Le vers appesanti tombe avec cette masse.
> Voyez-vous, des épis effleurant la surface,
> Camille dans un champ, qui court, vole et fend l'air ?
> Le style suit Camille et part comme un éclair.
> (Du Resnel.)

Ces beaux vers sont traduits du poëte anglais Pope. Delille s'est efforcé de les rendre à son tour :

> Peins-moi légèrement l'amant léger de Flore ;
> Qu'un doux ruisseau murmure en vers plus doux encore :
> Entend-on de la mer les ondes bouillonner,
> Le vers comme un torrent en roulant doit tonner.

Qu'Ajax soulève un roc et le lance avec peine,
Chaque syllabe est lourde et chaque mot se traîne :
Mais vois d'un pied léger Camille effleurer l'eau,
Le vers vole et la suit aussi prompt que l'oiseau.
(Delille.)

Quels sont les meilleurs? Nos jeunes lecteurs en décideront.

3. On peut conclure, de tout ce que nous venons de dire, qu'il y a deux principales différences entre l'harmonie mécanique et l'harmonie imitative. D'abord l'harmonie mécanique naît des mots artistement combinés pour le plaisir de l'oreille, sans aucun égard au sens qu'ils présentent à l'esprit; au lieu que l'harmonie imitative n'est telle que par les rapports qui se trouvent entre les sons des mots et les choses, les nombres et les idées qu'ils représentent. La seconde différence se tire de la première : l'harmonie mécanique rejette toutes les combinaisons, tous les arrangements qui ne flattent pas l'oreille; mais l'harmonie imitative se plaît à rassembler les mots les plus pesants ou les plus légers, les plus durs ou les plus doux, les plus lents ou plus rapides ; ce qui dépend de l'objet qu'elle se propose de peindre.

L'harmonie mécanique doit régner habituellement dans le discours; l'harmonie imitative n'y trouve place que par accident, et lorsque le sujet s'y prête.

Nous parlerons encore ailleurs de l'harmonie imitative ; en effet, elle appartient à la convenance du style : si nous en avons traité ici assez au long, c'était pour rapprocher des idées qui auraient perdu à être vues séparément.

CHAPITRE VII

DE LA DIGNITÉ DU STYLE.

ARTICLE I.

1. En quoi consiste la dignité du style. — 2. Style figuré. — 3. La connaissance des figures est utile. — 4. Définition des figures.

* 1. La dignité du style naît de la force, de la noblesse ou de la grâce qu'un certain emploi des mots et certains tours donnés à la pensée communiquent au discours.

* Prenez une pensée quelconque et exprimez-la : elle paraîtra plus ou moins frappante, suivant les mots ou le tour particulier dont vous vous servirez.

* Par exemple, cette pensée, *la mort n'est pas un mal*, n'acquiert-elle pas une grande force, tournée ainsi par un guerrier qui s'encourage au combat? *Usque adeone mori miserum est?* Mourir est-il donc un si grand mal?

* Et cette autre pensée triviale et commune, *on tirait le canon*, ne s'ennoblit-elle pas singulièrement, ainsi présentée par Fléchier? *Ces foudres de bronze que l'enfer a inventés pour la destruction des hommes, tonnaient de toutes parts.*

* Enfin la pensée suivante, qui n'a sûrement rien

de piquant : *Les bergers furent heureux, et ils goûtèrent les plaisirs dans leurs cabanes*, n'a-t-elle pas beaucoup de grâce, rendue de cette manière par Fénelon? *Les bergers se virent heureux, et leurs cabanes attiraient en foule les plaisirs purs qui fuient les palais dorés.*

* Les mots *fuient, attiraient en foule*, employés en un sens très-ingénieux dans l'exemple de Fénelon, la périphrase dans celui de Fléchier, enfin l'interrogation dans celui de Virgile : voilà ce qui donne du mérite ou de la dignité aux pensées de ces auteurs.

* 2. De cet usage des mots et de ces atours naît ce qu'on appelle le style figuré. Attachons-nous à connaître en quoi il consiste.

* Les rhéteurs ont signalé dans le discours des expressions et des tours qui donnent aux pensées une forme et comme une *figure* particulière, d'où leur viennent une beauté et une force qu'elles n'avaient pas quand elles n'étaient revêtues que de l'expression simple. Celle-ci en effet se borne à présenter la pensée toute nue, pour ainsi dire, et sans aucun accessoire ; mais les formes dont nous parlons l'embellissent et lui donnent comme un vêtement qui la fait remarquer, ainsi qu'on remarque un corps dont la forme extérieure ou la *figure* paraît plus gracieuse, plus élégante ou mieux décorée qu'une autre. Et c'est de là que ces expressions et ces tours ont pris le nom de *figure*. *Vim rebus adjiciunt*, dit Quintilien, *et gratiam præstant* (1), *et ex eo nomen duxerunt quod sint formatæ quodam modo.* (Quint., lib. IX, c. 1.)

(1) *Vim rebus adjiciunt et gratiam præstant !* Ce passage mérite d'être approfondi par les jeunes gens, et ils doivent en faire une application fréquente à leurs auteurs. Je n'en connais aucun qui, sous

Ces formes, malgré leur multiplicité, ne se ressemblent pas; elles ont toutes un caractère distinctif, qui leur est essentiellement propre, auquel on les reconnaît de manière à ne jamais les confondre. Aussi les rhéteurs, après les avoir observées avec soin, les ont-ils distribuées en différentes classes, et les plus remarquables ont reçu d'eux des noms particuliers, nécessaires pour les distinguer et en parler avec clarté. Le style embelli de cette espèce d'ornement s'appelle *style figuré*.

Quelques auteurs se sont élevés contre cette partie de la Rhétorique, prétendant qu'elle était inutile, et qu'elle n'apprenait ni à mieux parler, ni à mieux écrire. Les noms des figures leur ont paru barbares, et peu dignes d'occuper une place dans la mémoire des jeunes gens qui se destinent à l'éloquence.

* 3. Nous conviendrons, avec les rhéteurs les plus judicieux et les plus sensés, qu'il peut y avoir des personnes qui parlent et qui écrivent bien, sans connaître les noms des figures, ni les règles qui apprennent à en faire usage. La nature supplée chez elles à ce qui leur manque du côté de l'art. Aussi en rencontre-t-on tous les jours qui emploient souvent et à propos des figures, même très-expressives, sans savoir ce

---

ce point de vue, puisse les exercer avec plus de fruit que Bossuet. Qu'on me permette ici un seul exemple. Ce roi des orateurs sacrés avait à dire : « Que l'homme conserve jusqu'au dernier moment des « espérances qui ne se réalisent jamais. » Cette idée vraie, mais commune, n'a rien de frappant. Voyez-la revêtue par lui du *style figuré* : « L'homme, dit-il, marche vers le tombeau, traînant après lui la « longue chaîne de ses espérances trompées. » Je laisse aux maîtres le soin d'expliquer ce qu'il y a ici d'admirable dans la pensée, dans l'image et dans le sentiment. Tout y est dû au *style figuré*. Voyez sur cette phrase de Bossuet les belles remarques de M. de Bonald, *Mélang. littér.*, t. I, p. 363.

que c'est. Doit-on conclure de là que la connaissance en est inutile? Ce serait dire que la pratique suffit dans les sciences et dans les arts, et que les règles et les méthodes sont superflues; tandis qu'il est constant que celles-ci ont toujours perfectionné la pratique. Vous chantez agréablement, sans connaître une note de la gamme; beaucoup d'autres en font autant, donc vous ne devez pas apprendre la musique; donc il ne fallait pas la réduire en art et la soumettre à des règles. Ces conséquences sont assurément du dernier ridicule.

* Il est certain que la connaissance des figures est utile et nécessaire même à ceux qui veulent apprendre à bien parler et à bien écrire. Les avantages qu'ils en retireront sont de mettre plus d'ordre dans les idées qu'ils se feront du langage, de bien démêler le vrai sens des mots, d'entendre parfaitement les rapports du style avec les pensées, et d'y porter toujours la précision et la justesse, sans lesquelles il est impossible d'exceller dans aucun genre.

Quant aux noms des figures, quelle oreille délicate se sent choquée par l'*Antithèse* et l'*Hyperbole*, ou par la *Métaphore* et l'*Antonomase?*

Après tout, c'est le langage de tous les rhéteurs anciens et modernes. Vouloir que les jeunes gens y demeurent étrangers, c'est vouloir les mettre au rang de ceux que vous verrez, dit Boileau :

Pièce à pièce épluchant vos sons et vos paroles,
Interdire chez vous l'entrée aux *hyperboles;*
Traiter tout noble mot de terme hasardeux,
Et dans tous vos discours, comme monstres hideux,
Huer la *métaphore* et la *métonymie*,
Grands mots que Pradon croit des termes de chimie.

* 4. On peut définir les figures, *des manières de par-*

ler qui, par l'usage ingénieux des mots et par certains tours remarquables, ajoutent à la pensée de la force, de la noblesse ou de la grâce. Par où l'on voit qu'il y a deux sortes de figures, les figures de *mots* et les figures de *pensées*.

Les rhéteurs parlent encore de quelques autres ornements du discours, ou de certains tours, qui se rapprochent de très-près des figures de pensées, si toutefois on ne doit pas les ranger dans cette classe. Nous allons faire connaître ces ressources diverses de l'orateur dans les articles suivants. Nous y ajouterons quelques réflexions sur l'usage des *figures de mots*, et sur celui des *figures de pensées*.

ARTICLE II.

DES TROPES.

1. Sens propre et sens figuré. — 2. Catachrèse. — 3. Métonymie. — 4. Synecdoque. — 5. Antonomase. — 6. Métaphore. — 7. Règles de la métaphore. — 8. Allégorie. — 9. Origine et usages des Tropes.

Les figures de mots consistent dans les mots mêmes employés d'une manière ou dans un sens qui donne à la pensée plus de grâce, de noblesse ou de force.

Il y a plusieurs sortes de figures de mots; mais la plupart sont plus grammaticales qu'oratoires. Nous ne parlerons que des plus importantes, et nous commencerons par celles auxquelles on a donné le nom particulier de *Tropes* (1).

* Le mot *Trope*, τρόπος, signifie *changement*. On a

---

(1) Nous renvoyons à l'excellent traité de Dumarsais ceux qui voudraient de plus amples détails sur les *Tropes*.

donné ce nom aux figures dont il est ici question, parce qu'elles opèrent un changement dans la signification des mots.

* 1. Tous les mots, inventés pour exprimer nos idées, ont une signification primitive, qu'on appelle *sens propre*. Ils en ont souvent une autre, et même plusieurs autres détournées de la première, qu'on appelle *sens figuré*. Par exemple, le mot *chaleur* a été institué primitivement pour signifier une propriété du feu ; le mot *rayon*, pour signifier un trait de lumière. Ainsi, quand on dit *la chaleur du feu*, *les rayons du soleil*, ces mots sont pris dans leur signification primitive, dans le sens propre. Mais quand on dit *la chaleur du combat*, *un rayon d'espérance*, leur signification n'est plus la même, et ils sont pris dans un sens figuré.

On peut donc définir les tropes, des figures *qui transportent les mots de leur signification propre à une signification étrangère, pour donner à la pensée de la grâce, de la noblesse ou de la force.*

* Comme ces changements dans les significations des mots arrivent de bien des manières différentes, on distingue différents tropes. Nous ferons connaître les principaux, c'est-à-dire, comme s'exprime Quintilien, les plus nécessaires et les plus usités, *necessarios maxime atque in usum receptos*. (Lib. VIII, c. 6.) Nous mettons de ce nombre la *catachrèse*, la *métonymie*, la *synecdoque*, l'*antonomase*, la *métaphore* et l'*allégorie*.

1. — DE LA CATACHRÈSE.

* Le mot *catachrèse* (κατάχρησις) signifie *abus*. La catachèse, par abus, par extension ou par imitation, détourne les mots de leur signification primitive, pour leur en donner une autre qui y a quelque rapport; ce qui produit souvent les expressions ou les façons de parler les plus commodes, les plus agréables et les plus piquantes.

* Exemples de catachrèse par imitation. On dit les *feuilles* d'une plante, d'un arbre; c'est la signification primitive du mot *feuille*. Par imitation, on donne le même nom aux choses qui sont plates, minces et légères. Ainsi, on dit une *feuille* de papier, une *feuille* d'or, d'argent, une *feuille* de carton, les *feuilles* d'un paravent. Le mot *glace* dans le sens propre signifie *de l'eau gelée*. Par imitation, on emploie ce mot pour exprimer un verre poli, une *glace* de miroir, les *glaces* d'un carrosse.

* Exemples de catachrèse par extension. On dit l'*éclat* du son, quoique le mot *éclat* appartienne dans son sens primitif aux choses qui frappent les yeux par une vive lumière, et non à celles qui frappent les oreilles par le bruit. C'est par la même figure que Buffon a dit du chien, qu'il *voit* de l'odorat. Le vers suivant, qui peint le sourd-muet instruit dans nos écoles, renferme deux belles catachrèses par extension :

Il parle par ses doigts, il entend par ses yeux.

* Exemples de catachrèse par abus. On dit *aller à cheval sur un âne, sur un bâton : equitare in arundine longa*. On dit *ferrer d'argent* un cheval, une cassette ou tout autre meuble; ce qui est, comme on le voit, *abuser* des termes, en les transportant à une signification à laquelle ils semblent résister.

* Juvénal et, après lui, Boileau fournissent un

exemple brillant de cette espèce de catachrèse, dans les vers suivants :

Tot premit ordinibus, tot adhuc compagibus altum
Ædificat caput ! (Sat. VIII.)

Et qu'une main savante, avec tant d'artifice,
Bâtit de ses cheveux l'élégant édifice.

2. — DE LA MÉTONYMIE.

Métonymie (μετωνυμία) veut dire changement de nom. En effet, ce trope a lieu dans le discours toutes les fois qu'on met le nom d'une chose pour celui d'une autre. Il est d'un usage si familier, qu'il n'y a personne qui ne s'en serve à tout moment, et sans y penser. Toutes les langues polies lui doivent le plus grand nombre de leurs beautés de détail. L'éloquence, et la poésie surtout, y ont continuellement recours, et en tirent les effets les plus frappants et les plus variés.

* 1° Elle emploie la cause pour l'effet : *Vivre de son travail*, c'est-à-dire, de ce qu'on gagne en travaillant ; *lire Cicéron, Virgile,* pour dire les ouvrages de ces auteurs. Les poëtes mettent *Vulcain* pour le feu, *Mars* pour la guerre, *Bacchus* pour le vin, etc. Les deux vers suivants doivent toute leur grâce à cette figure :

Cujus ab alloquiis anima hæc moribunda revixit,
    Ut vigil infusa Pallade *flamma solet.*
                                    (OVIDE.)

Infusa Pallade pour *infuso oleo.* Pallas avait enseigné aux hommes l'art de faire l'huile. Fléchier a dit très-élégamment, en parlant de Judas Machabée : « Cet homme qui réjouissait *Jacob* par ses vertus et par ses exploits. » *Jacob* est là pour le peuple juif.

* 2° L'effet pour la cause. On lit dans Ovide : *Nec*

habet Pelion umbras, le mont Pélion n'a point d'*ombres*, pour dire n'a point d'*arbres* qui donnent de l'ombre. Virgile place à l'entrée des enfers les *pâles* maladies et la *triste* vieillesse (1). Horace nous montre la *pâle* mort, qui heurte du même pied aux cabanes des pauvres et aux palais des rois (2). Les mots *pâle*, *triste* signifient ici qui rend pâle, triste.

* 3° **Le signe pour la chose signifiée :** L'*épée* se prend pour la profession militaire, la *robe* pour la magistrature :

A la fin j'ai quitté la robe pour l'épée.
(CORNEILLE.)

Le sceptre est pris pour la royauté dans ces vers de Quinault :

Dans ma vieillesse languissante,
Le *sceptre* que je tiens pèse à ma main tremblante.

Chez les Romains les *faisceaux* se prenaient pour l'autorité consulaire, les *aigles romaines* pour les armées. On dit l'*olivier* pour la paix, dont cet arbre est le symbole; le *laurier* pour la victoire, la *palme* pour le martyre, etc. etc.

* 4° **Le lieu où une chose se fait pour la chose même.** On dit *un sedan* pour un drap fabriqué à Sedan. Le mot *Caudebec*, ville de Normandie, où l'on fabriquait des chapeaux renommés, est pris pour un chapeau dans ces vers de Boileau :

Pradon a mis au jour un livre contre vous,
Et chez le chapelier du coin de notre place
Autour d'un *caudebec* j'en ai lu la préface.

(1) .... *Primisque in faucibus Orci....*
Pallentes *habitant Morbi* tristisque *Senectus.*
(2) Pallida *Mors æquo pulsat pede pauperum tabernas*
Regumque turres.

Rousseau, parlant des occupations de Cicéron à la campagne, s'exprime ainsi :

> C'est là que ce Romain, dont l'éloquente voix
> D'un joug presque certain sauva la république,
> Fortifiait son cœur dans l'étude des lois
>   Et du *Lycée* et du *Portique :*

c'est-à-dire de la philosophie enseignée au *Portique* par les disciples de Zénon, et au *Lycée* par ceux d'Aristote.

5° Le contenant pour le contenu : *Il avale la coupe écumante*, c'est-à-dire la liqueur qui écume dans la coupe : *Ille impiger hausit spumantem pateram.* (Virgile.) A ces cris *Jérusalem* redoubla ses pleurs. (Fléchier), pour dire *les habitants* de Jérusalem. Il est dit dans l'Écriture que *la terre* se tut devant Alexandre, *siluit* terra *in conspectu ejus*, pour signifier que *les habitants de la terre* se soumirent à son empire.

6° Le nom abstrait pour le concret : *blancheur* est un terme abstrait, et *blanc* un terme concret (1). On connaît l'élégance de ces vers de Phèdre :

> *Gulæque credens* colli longitudinem....
> *Tum demum ingemuit deceptus* corvi stupor.

où *colli longitudinem* est mis pour *collum longum*, et *corvi stupor* pour *corvus stupidus*. On loue beaucoup, et avec raison, les deux vers suivants :

> Les vainqueurs ont parlé ; *l'esclavage* en silence
> Obéit à leur voix, dans cette ville immense.
>   (Voltaire.)

---

(1) Un terme abstrait désigne une qualité considérée toute seule et séparée du sujet, comme *rondeur, blancheur, bonté*. Un terme concret désigne une qualité considérée dans un sujet, comme *chapeau rond, vin blanc, bon père*.

L'esclavage en silence peint admirablement bien tout *un peuple esclave* qui, sans rien dire, obéit à ses vainqueurs.

3. — DE LA SYNECDOQUE.

* *Synecdoque* (συνεκδοχή) veut dire compréhension, conception. En effet, par ce trope on fait concevoir à l'esprit plus ou moins que le mot dont on se sert ne signifie dans le sens propre.

* La *Synecdoque* est donc un trope par lequel on donne une signification particulière à un mot qui, dans le sens propre, a une signification plus générale; ou, au contraire, par lequel on donne une signification plus générale à un mot qui, dans le sens propre, n'a qu'une signification particulière. En un mot, la *synecdoque* met le plus pour le moins, ou le moins pour le plus; elle étend ou restreint la signification des mots, ce qui donne lieu à mille beautés dans le discours.

* Elle emploie, 1° le genre pour l'espèce, ou l'espèce pour le genre :

> Seigneur, dans ta gloire adorable
> Quel *mortel* est digne d'entrer !

c'est-à-dire, quel *homme*. Le terme *mortel* comprend dans le sens propre tous les animaux sujets à la mort, c'est le *genre*; *homme*, c'est l'*espèce*. Horace a dit, en parlant du déluge de Deucalion :

> *Piscium et summa genus hæsit* ulmo,
> *Nota quæ sedes fuerat* columbis;
> *Et superjecto pavidæ natarunt*
>   *Æquore* damæ.

Dans cet exemple on voit jusqu'à trois fois l'*espèce* pour le *genre: ulmo* est mis pour toutes sortes d'arbres, *columbis* pour toutes sortes d'oiseaux, et *damæ* pour tous les quadrupèdes qui habitent les forêts.

* 2° Un nombre pour un autre nombre : *Le Germain* révolté, pour *les Germains. Le Français* est naturellement brave, pour *les Français. L'ennemi* vient à nous, pour *les ennemis.* C'est le *singulier* pour le *pluriel. Les poëtes* feignent,... *les historiens* racontent,... *les livres saints* assurent, quoiqu'il n'y ait qu'un poëte qui feigne, qu'un historien qui raconte, qu'un des livres saints qui assure la chose dont on veut parler. C'est le *pluriel* pour le *singulier.*

* 3° Un nombre certain pour un nombre incertain : on dit communément, je l'ai vu *dix* fois, *vingt* fois, *cent* fois, pour dire un grand nombre de fois. Dans la Henriade, saint Louis dit à Henri IV : « Arrête, trop malheureux vainqueur !

Tu vas abandonner aux flammes, au pillage,
De *cent* rois, tes aïeux, l'immortel héritage. »

De *cent* rois, c'est-à-dire, d'un grand nombre de rois.

* 4° La partie pour le tout, ou le tout pour la partie : Autant *de têtes,* autant *de sentiments : Quot* capita, *tot* sensus.

Quis desiderio sit pudor aut modus
Tam cari capitis !
(HORACE.)

Les chrétiens vous devraient *une tête* si chère.
(VOLTAIRE.)

Dans tous ces exemples *tête* est mis pour *homme.*

La Seine a des Bourbons, *le Tibre* a des Césars ;
(BOILEAU.)

ce sont des noms de fleuves pour ceux des pays qu'ils arrosent. C'est *la partie* pour *le tout*. Voici *le tout* pour *la partie* : nous disons en français, un *castor* pour un *chapeau* fait de poil de castor. Virgile parle d'un bouclier fait *de trois taureaux*, c'est-à-dire *de trois cuirs de taureau* : Tribus *intextum* tauris *opus*.

* 5° Enfin, la matière dont une chose est faite pour la chose même : Périr par *le fer*, c'est-à-dire par *l'épée*. Épaminondas arracha lui-même le *fer* de sa blessure, c'est-à-dire, *le trait*, *le javelot*. Boileau, dans son ode sur la prise de Namur, a mis *l'airain* pour *les canons*.

> Et par cent bouches horribles,
> *L'airain* sur ces monts terribles
> Vomit le fer et la mort.

La différence entre la synecdoque et la métonymie consiste en ce que la métonymie fait entendre une chose en nommant une autre chose. Par exemple, elle dit *pateram*, et l'on entend *vinum*. Au contraire, la synecdoque nomme la chose dont elle parle ; seulement elle dit plus qu'il ne faut, ou moins qu'il ne faut. Par exemple, quand elle met *puppem* pour *navem*, elle nomme au moins une partie de la chose qu'elle veut exprimer.

4. — DE L'ANTONOMASE.

* L'*Antonomase* (1) consiste à mettre un nom commun pour un nom propre, ou un nom propre pour un commun. Les Grecs disaient *l'Orateur* pour *Démosthènes*, *le Poëte* pour *Homère*. Par les mêmes noms, les Latins indiquaient *Cicéron* et *Virgile*, et nous disons encore

---

(1) Αντονομασία, nom pour nom.

l'Orateur romain, *l'Orateur grec*, pour dire *Cicéron* et *Démosthènes*. C'est *un Titus*, *un Néron*, *un Achille*, *un Thersite*, signifie c'est *un bon prince*, *un mauvais prince*, *un brave*, *un lâche*. Lisez vos vers à un ami judicieux, il sera pour vous un *Aristarque*, *fiet Aristarchus* (Horace), c'est-à-dire un censeur sévère.

Aux *Saumaises* futurs préparer des tortures,
aux *commentateurs* à venir (1).

5. — DE LA MÉTAPHORE.

* De tous les tropes, le plus fréquent est la *Métaphore*. C'est aussi le plus agréable et le plus brillant, au gré de Quintilien (lib. xiii, c. 6); et le langage lui doit ses plus grandes beautés. Elle renferme d'inépuisables richesses. Car, dit très-bien le même auteur, avec son secours il n'y a rien qu'on ne puisse exprimer (2).

* Le mot *métaphore* (μεταφορά, *translatio*) signifie *transport*. En effet, la métaphore est un trope qui transporte un mot de sa signification propre à une signification étrangère, à cause de quelque ressemblance entre la chose signifiée par le mot pris dans le sens propre et la chose signifiée par le mot pris dans le sens figuré (3). Elle change le nom d'un objet, pour lui en donner un qui n'est pas le sien, mais qu'elle emprunte d'une chose qui lui ressemble.

* Aussi toute métaphore n'est-elle qu'une compa-

---

(1) *Aristarque*, censeur célèbre de l'antiquité, et *Saumaise*, fameux commentateur du xviie siècle.
(2) *Quod difficillimum est, præstat ne ulli rei nomen deesse videatur.* (Quint., lib. viii, c. 7, *de Tropis*.)
(3) *Translatio est quum verbum in quamdam rem ex alia re transfertur propter similitudinem.* (Cic., *Her.*, ii. 45.)

raison abrégée, et c'est à cette marque qu'on la distingue des autres tropes. Si je dis d'Achille fondant sur les Troyens, qu'*il s'élance comme un lion*, je fais une similitude ou une comparaison. Mais quand Homère se borne à dire : *Ce lion s'élançait*, c'est une métaphore, ou une comparaison abrégée, qui rend l'image plus vive et son effet plus rapide.

* Car c'est le propre de la métaphore de frapper par des images, comme la peinture. Elle met la vérité sous les yeux, en donnant du corps, de la couleur, des qualités visibles aux choses même les plus intellectuelles et les plus abstraites, que sans elle on ne pourrait ni exprimer, ni faire entendre.

* Quelques métaphores expliquées donneront une juste idée de toutes les autres. On dit qu'un homme est *bouillant* de colère; en effet, la colère produit dans l'âme et dans le corps même de celui qui s'y livre un mouvement, une agitation violente, qui ressemble beaucoup au bouillonnement d'une liqueur sur le feu. On dit de la même manière qu'un homme est *enivré* de gloire, *consumé* de chagrin, *glacé* d'effroi, *embrasé* d'amour, etc.

* On dit *le feu* de la jeunesse, parce que la vivacité de cet âge rappelle celle du feu. On dit de même *les glaces* de la vieillesse, dont les effets ont quelque chose de semblable à ceux du froid. On dit *la fleur* de l'âge, *le printemps* de la vie, *le poids* des années, *l'aveuglement* de l'esprit, *la dureté* du cœur, *le torrent* des passions, etc. etc. Ces métaphores et mille autres pareilles plaisent à l'esprit, et charment l'imagination, par le rapprochement de deux idées, dont l'une embellit toujours l'autre. (*De Orat.*, lib. III,

c. 40, n. 160.) C'est ce qu'on éprouve en lisant les vers suivants :

> Celui qui *met un frein* à la fureur des flots
> Sait aussi des méchants arrêter les complots.
> (RACINE.)

> Le Dieu qui rend la force aux plus faibles courages
> Soutiendra ce *roseau plié par les orages*.
> (VOLTAIRE.)

> Le ravage des champs, le pillage des villes,
> Et les proscriptions, et les guerres civiles,
> Sont *les degrés sanglants* dont Auguste a fait choix
> Pour *monter* sur le trône et nous donner des lois.
> (CORNEILLE.)

Des crimes qui sont *des degrés* par lesquels on *monte* sur le trône, pour signifier *les moyens* employés pour y arriver ; *un roseau plié par les orages*, pour peindre une personne malheureuse ; *mettre un frein à la fureur des flots*, au lieu de dire *calmer les flots* : on ne peut s'exprimer avec plus d'agrément sans doute, ni avec plus d'énergie.

6. — RÈGLES DE LA MÉTAPHORE.

* 1. Puisque la métaphore a pour base une comparaison, il faut qu'il y ait similitude entre les deux objets que l'on compare, et que la similitude soit connue. Ainsi je dirai bien d'Homère : « C'est un *aigle*, » parce qu'il s'élève très-haut dans ses poésies, comme l'aigle dans les airs. Mais si je disais « Homère est un héron, » on ne comprendrait pas ce que je veux dire ; car peu de gens savent que le vol du héron n'est pas moins élevé que celui de l'aigle.

* 2. Le terme pris dans un sens métaphorique ne peut pas s'allier avec des mots qui répugnent à son sens propre (1). Ainsi on peut dire d'un orateur : « Son éloquence est un torrent qui renverse tout ce qui lui résiste, un feu brûlant qui enflamme tous les cœurs. » Mais on ne dira pas : « C'est un torrent qui enflamme. »

*On a blâmé avec raison ces vers de J.-B. Rousseau :

Et les jeunes zéphyrs, de leurs chaudes haleines,
   Ont *fondu l'écorce* des eaux.

On brise une écorce, on ne la fond pas. Le même poëte, parlant de Midas, a dit que la nature,

En maçonnant les remparts de son âme,
Songea bien plus au fourreau qu'à la lame.

Mais en maçonnant un rempart, on ne fabrique pas un fourreau. Malherbe a de même eu tort de dire :

Prends ta foudre, Louis, et va comme un lion.

Un *lion* n'a pas de *foudre* : ce sont deux idées incohérentes.

L'académicien Thomas représente l'*Histoire universelle* de Hardion comme « Un tableau immense, où « tout ce qui a existé dans tous les points de l'espace « se presse sous un seul de nos regards, où nous « tenons à la fois dans nos mains les deux extrémités « de la chaîne du temps, où l'on ne marche qu'au « bruit de la chute des empires. » Comment tenir une chaîne dans un tableau que l'on regarde, et comment y marcher ? C'est absurde.

* Au contraire, on aime à voir la métaphore continuée, comme dans ce beau vers de Voltaire :

Tel *brille* au second rang qui *s'éclipse* au premier.

---

(1) C'est-à-dire qu'on ne peut jamais affirmer, d'un mot pris dans un sens métaphorique, ce qui répugne à ce mot pris dans son sens propre, comme *fondre* une *écorce*.

Et dans ceux-ci de Boileau :

> Que toujours le bon sens *s'accorde* avec la rime :
> L'un l'autre vainement ils semblent se *haïr*,
> La rime est un *esclave* et ne doit qu'*obéir*, etc.

* 3. La métaphore doit être modeste et réservée, dit Cicéron ; il faut qu'elle paraisse invitée à prendre la place étrangère qu'elle occupe, et non qu'elle semble l'avoir envahie par contrainte (1).

* Lors donc qu'une métaphore pourrait sembler trop hardie, préparez-la, comme dans ces beaux vers de Rousseau :

> A l'aspect des *vaisseaux* que vomit le Bosphore,
> Sous un nouveau Xerxès Thétis *croit* voir encore
> *Au travers de ses flots promener les forêts.*

Tirez vos comparaisons d'objets familiers au grand nombre des auditeurs. Celles qui sont empruntées des sciences, des arts et des métiers sont donc en général mal choisies, et donnent lieu à des métaphores presque toutes essentiellement vicieuses, par leur air à prétention et par leur obscurité. Vous ne direz donc pas que « la prière est le *cabestan* qui élève l'âme au ciel. » Rappelez-vous ce que nous avons dit des mots techniques et scientifiques, en parlant de la clarté du style.

* Si une métaphore juste et énergique offre une image qui pourrait déplaire aux bons esprits, ajoutez-y un correctif qui lui serve comme de passe-port : *s'il est permis de s'exprimer ainsi ; si j'ose le dire ; pour*

---

(1) *Verecunda debet esse translatio, ut deducta esse in alienum locum, non irrupisse, atque ut precario, non vi venisse videatur.* (De Orat., lib. III, c. 41, n. 165.)

ainsi dire ; en quelque manière. Mais ces correctifs ne sont bons que pour la prose; encore y seraient-ils d'un fort mauvais goût, s'ils servaient à excuser des métaphores inadmissibles.

N'allez point non plus chercher des métaphores brillantes pour exprimer une chose toute simple. Ces grandes expressions déplacées forment un style précieux et ridicule. Un auteur anglais veut dire qu'un acte du parlement passa à la grande majorité et obtint la sanction du roi. Au lieu de s'en tenir à ce langage naturel et simple, il a recours à une pompeuse métaphore : « Enfin le bill flotta à travers les deux chambres « sur les vagues d'une grande majorité, et parvint « heureusement au port de la sanction royale. » Peut-on rien imaginer de plus puéril ?

4. Il faut que les comparaisons soient nobles, qu'elles n'offrent rien de bas ni de trivial, ni de dégoûtant. Cicéron reprochait à un orateur de son temps d'avoir appelé son adversaire *stercus curiæ.* « La ressemblance est vraie, disait-il ; mais la pensée en est révoltante (1). »

Corneille a dégradé son style dans ces deux vers, où il parle des soldats de Pompée,

> Dont plus de la moitié *piteusement* étale
> Une indigne *curée* aux vautours de Pharsale.

Outre que *piteusement* n'est point du style noble, le mot de *curée* offre une métaphore trop basse, et que l'imagination repousse.

Craignez donc l'abus de la métaphore. « C'est un

---

(1) *Quamvis sit simile, tamen est deformis cogitatio similitudinis.* (De Orat., lib. III, c. 41, n. 164.)

grand talent de savoir bien l'employer, dit Aristote. C'est la production d'un heureux naturel, le coup d'œil d'un esprit juste qui saisit bien les rapports. »

7. — DE L'ALLÉGORIE.

Quand les métaphores se succèdent et se soutiennent avec les mêmes images dans un discours un peu étendu, il se forme un autre trope qu'on n'appelle plus métaphore, mais *allégorie*. Ce mot signifie littéralement un discours par lequel on dit une chose pour en signifier une autre : *sermo quo aliud verbis, aliud sensu ostenditur*. (QUINT.) En effet, dans l'allégorie, les mots étant continuellement transportés de leur sens naturel à un sens étranger, doivent continuellement offrir deux sens, l'un propre, et l'autre figuré. Aussi peut-on définir ce trope : *Un discours qui, sous un sens propre, présente à l'esprit un sens étranger.* On connaît ces vers de La Fontaine, où il peint la dangereuse confiance que la faveur inspire aux courtisans :

Lorsque sur cette mer on vogue à pleines voiles,
Qu'on croit avoir pour soi les vents et les étoiles,
Il est bien malaisé de régler ses désirs ;
Le plus sage s'endort sur la foi des zéphirs.

Ces vers sont allégoriques ; ils présentent d'abord un sens propre, celui d'une mer tranquille où l'on vogue à son gré, ensuite un sens étranger ou figuré, celui de la cour où la faveur seconde les vœux du courtisan.

L'allégorie doit être rare dans le discours, et parfaitement intelligible. C'est une figure brillante ; mais si on la prodigue, elle dégénère en affectation. Les images qu'elle présente doivent laisser facilement percer la vérité. Trop obscure, elle deviendrait fatigante et ne serait plus une beauté, mais un défaut.

L'allégorie habite un palais diaphane,

a dit ingénieusement le poëte Lemière, donnant à la fois le précepte et l'exemple.

On fait quelquefois des ouvrages entièrement allégoriques. Pourvu qu'ils ne soient pas trop longs et que le sens figuré perce avec assez de facilité à travers le sens littéral, ils sont ordinairement agréables et piquants; ils servent à voiler une vérité que l'on a intérêt à ne pas montrer trop à découvert, et qu'on laisse à deviner au lecteur pour lui ménager plus de plaisir. Telle est une pièce charmante, que nous citerons ici comme un modèle parfait dans ce genre. En voici d'abord le sens littéral. Madame Deshoulières, sous l'image d'une bergère, se plaint à ses brebis de ce qu'elle ne peut plus les conduire dans de gras pâturages; elle a perdu son chien et sa houlette; elle recommande donc ses chères brebis au dieu Pan, qui aura toute sa reconnaissance, s'il daigne les protéger. Voici maintenant le sens figuré, caché, et comme enveloppé dans le sens littéral : madame Deshoulières se plaint à ses enfants de ce qu'elle ne peut les pousser dans le monde, ni leur procurer des établissements; elle a perdu son mari, l'appui et le soutien de sa famille; elle la recommande au roi Louis XIV, à qui elle promet une reconnaissance éternelle, s'il daigne lui accorder quelques bienfaits.

Dans ces prés fleuris	J'ai fait, pour vous rendre
Qu'arrose la Seine,	Le destin plus doux,
Cherchez qui vous mène,	Ce qu'on peut attendre
Mes chères brebis.	D'une amitié tendre;

Mais son long courroux
Détruit, empoisonne
Tous mes soins pour vous,
Et vous abandonne
Aux fureurs des loups.
Seriez-vous leur proie,
Aimable troupeau?
Vous, de ce hameau,
L'honneur et la joie;
Vous qui, gras et beau,
Me donniez sans cesse,
Sur l'herbette épaisse,
Un plaisir nouveau!
Que je vous regrette!
Mais il faut céder:
Sans chien, sans houlette,
Puis-je vous garder?
L'injuste fortune
Me les a ravis:
En vain j'importune
Le ciel par mes cris;
Il rit de mes craintes,
Et sourd à mes plaintes,
Houlette, ni chien,
Il ne me rend rien.
Puissiez-vous, contentes
Et sans mon secours,
Passer d'heureux jours,
Brebis innocentes,
Brebis, mes amours.
Que Pan vous défende;
Hélas! il le sait,
Je ne lui demande
Que ce seul bienfait.
Oui, brebis chéries,
Qu'avec tant de soin
J'ai toujours nourries,
Je prends à témoin
Ces bois, ces prairies,
Que si les faveurs
Du dieu des pasteurs
Vous gardent d'outrages
Et vous font avoir
Du matin au soir
De gras pâturages,
J'en conserverai,
Tant que je vivrai,
La douce mémoire;
Et que mes chansons
En mille façons
Porteront sa gloire,
Du rivage heureux
Où, vif et pompeux,
L'astre qui mesure
Les nuits et les jours,
Commençant son cours,
Rend à la nature
Toute sa parure;
Jusqu'en ces climats
Où, sans doute, las
D'éclairer le monde,
Il va chez Thétis
Rallumer dans l'onde
Ses feux amortis.

Tout ce discours pourrait s'entendre à la lettre d'une bergère qui, touchée de ne pouvoir mener ses brebis dans de bons pâturages, leur adresserait la parole, et se plaindrait à elles de son impuissance. Mais ce sens, tout vrai qu'il paraît, n'est pas celui que madame Deshoulières avait dans l'esprit. Les besoins de ses enfants, la perte de son mari, les faveurs et les bienfaits du roi, voilà ce qui occupait son âme attendrie.

Les apologues, les fables, les contes sont de vraies allégories, ou, si l'on veut, différentes manières de cacher la vérité sous une enveloppe qui la laisse apercevoir, l'embellit, ou lui ôte ce qu'elle peut avoir de dur et d'austère. Ici les exemples se présentent en foule; nous laissons aux jeunes gens le plaisir d'en faire le choix eux-mêmes, et de percer le voile qu'ils présentent au premier abord et à la première vue.

8. — ORIGINE ET USAGE DES TROPES.

Les rhéteurs ont cherché avec soin l'origine des tropes. Si l'on recueille ce qu'ils ont dit de mieux sur cette matière, on verra que leurs véritables causes furent d'abord la nécessité et l'indigence, ensuite la commodité et l'agrément, puis la délicatesse et le sentiment des bienséances; enfin la vivacité et l'ardeur de l'imagination.

« L'usage d'employer les mots dans un sens figuré s'étend fort loin, dit Cicéron (1); il est né du besoin causé par la pauvreté et la détresse du langage. » Ainsi, on a dit par nécessité une *feuille* de papier, parce que le mot propre manquait pour l'objet, et l'on a eu recours au nom de la chose qui en approchait le plus.

Mais dans la suite, ajoute Cicéron, le plaisir et l'agrément ont rendu ces figures communes (2). C'est en

---

(1) *Modus transferendi verba late patet, quem necessitas genuit, inopia coacta et angustiis.* (De Orat., lib. III, c. 38, n. 155.)
(2) *Post autem delectatio jucunditasque celebravit.* (Ibid.)

effet pour donner de l'agrément au langage, pour le rendre plus facile, plus commode, plus élégant, qu'on a pris la partie pour le tout, le contenant pour le contenu, la cause pour l'effet, etc.

Puis on a senti dans une infinité de circonstances qu'il convenait d'adoucir certaines idées déplaisantes ou peu décentes; et pour éviter des mots ou des expressions dures, qui auraient choqué ou révolté l'oreille, on a eu recours à des expressions et à des mots qui peignaient les choses avec des couleurs étrangères. De là les expressions voilées et allégoriques.

Enfin la vivacité et l'ardeur de l'imagination ont achevé d'enrichir le langage des figures de mots. Tantôt elle s'est portée vers ce qui la frappait le plus, et l'on a dit *une voile* pour un vaisseau, *le trône* pour l'autorité royale, *une bonne lame* pour quelqu'un qui se bat bien à l'épée. Tantôt elle a abrégé et serré le discours, et l'a réduit, pour ainsi dire, aux expressions les plus simples ou les plus concises; et l'on a dit *l'homme, le lion, le chêne*, pour dire tous les hommes, tous les lions, tous les chênes; *la France* vainquit l'Europe, *Rome* subjugua le monde, etc. Tantôt enfin elle a eu recours à des images étrangères, ce qui se présentait d'abord lui paraissant trop faible ou trop lâche pour peindre sa pensée; et l'on a dit *le feu* de la jeunesse, *les glaces* de la vieillesse, etc.

Toutes ces opérations de l'esprit humain, impatient de se former un langage qui lui convînt, n'ont d'abord été que des licences plus ou moins hardies. Peu à peu l'usage les a autorisées, et elles sont devenues de véritables beautés, sur l'emploi desquelles néanmoins nous devons faire ici quelques réflexions nécessaires.

« J'admire, dit Cicéron, comment les hommes, lors même qu'ils ont le plus de mots simples à leur disposition, leur préfèrent néanmoins toujours les mots figurés. » (*De Orat.*, lib. III, n. 158.) Cette tendance invincible que nous avons tous à en revêtir nos discours, prouve sans doute combien les tropes sont naturels, et explique pourquoi ils ont toujours fait le plus bel ornement des langues. Il ne faut pas croire cependant qu'ils soient abandonnés au caprice et à la bizarrerie de la multitude, et que chacun puisse les semer dans le discours au gré de son imagination. Les uns, comme la métaphore, ont des règles certaines ; les autres veulent que l'usage les autorise.

L'usage est la manière reçue de parler ou d'écrire une langue. C'est un principe, qu'on doit rejeter toute expression ou façon de parler qui n'y est pas conforme : autrement le style deviendrait bientôt ridicule, ou intelligible. Supposons qu'il soit libre à un écrivain de changer à son gré le sens des mots par métonymie, par synecdoque, par catachrèse : il pourra donc dire une flotte de cent *poupes* au lieu de cent voiles, une ville de mille *cuisines* au lieu de mille feux ; qu'on moissonne les *chênes*, comme les lauriers de la victoire ; qu'on cueille le *lierre* de la poésie, comme la palme de l'éloquence, etc. On voit sur-le-champ le ridicule de ces expressions ; elles prouvent qu'il faut être sévère dans l'usage des tropes, et n'en admettre aucun qui ne soit autorisé ou évidemment permis.

De là l'étroite nécessité d'étudier les langues dans les bonnes sources. On ne peut se flatter d'en bien savoir aucune, si l'on ne connaît exactement ce que nous avons appelé le sens propre et naturel des mots, et leur sens figuré. D'où l'on peut conclure combien nous avons eu raison de dire que la science des tropes était utile, et même nécessaire (1).

ARTICLE III.

DE QUELQUES AUTRES FIGURES DE MOTS.

Il y a des figures de mots qui ne sont pas des tropes, parce qu'elles ne changent pas la signification des mots; plusieurs les appellent *Figures de grammaire.*

Nous ne parlerons que de la *répétition* et de la *conversion*, de la *conjonction* et de la *disjonction*, de l'*ellipse* et du *pléonasme.*

* La *Répétition* consiste à dire plusieurs fois le même mot, pour insister plus fortement sur une pensée, pour exprimer une passion vive, un sentiment profond, etc.

C'est par la répétition que Virgile peint si bien la douleur d'Orphée après la mort d'Eurydice :

Te *dulcis conjux*, te *solo in littore secum,*
Te *veniente die,* te *decedente canebat.*

Tendre épouse! c'est *toi* qu'appelait son amour,
Toi qu'il pleurait la nuit, *toi* qu'il pleurait le jour.
(Delille.)

Mentor dit à Télémaque dans l'île de Chypre : « *Fuyez, fuyez*, hâtez-vous de *fuir;* » ce qui fait vive-

---

(1) Non-seulement la connaissance des figures du langage est nécessaire au poëte et à l'orateur, mais le théologien lui-même ne doit pas la dédaigner : elle l'aide à fixer le sens des divines Écritures. Calvin qui traduit *Hoc est corpus meum* par ces mots : « Ceci est l'image de mon corps. » donne un sens impossible, condamné par les règles de la métaphore. Luther qui rend ainsi les mêmes paroles : « Ceci contient mon corps, » fait un autre contre-sens, réprouvé par les règles de la métonymie.

ment sentir au jeune prince le danger qu'il y a pour lui de rester dans cette île. Virgile a dit à peu près de même :

Heu! fuge *crudeles terras,* fuge *littus avarum.*

* On appelle *Conversion* les répétitions faites en symétrie. Telle est celle que l'on voit dans ces vers de Corneille, sur le cardinal de Richelieu :

Qu'on parle mal ou bien du fameux cardinal,
Ma prose ni mes vers n'en diront jamais rien :
Il m'a fait trop *de bien* pour en dire *du mal;*
Il m'a fait trop *de mal* pour en dire *du bien.*

Il y a une conversion très-élégante dans la phrase suivante de Massillon : « Une simple femme, Thécuite, « venait exposer simplement à David ses chagrins do- « mestiques ; et si *l'éclat du trône* était tempéré par « *l'affabilité du souverain, l'affabilité du souverain* re- « levait *l'éclat et la majesté du trône.* »

Cette figure est voisine de l'affectation, et il faut l'employer rarement. Bourdaloue s'en sert avec avantage dans ses divisions.

* La *Conjonction* et la *Disjonction* sont deux figures de mots qui donnent de la vivacité au discours : la première, en multipliant les conjonctions pour insister fortement sur un objet; la seconde, en les retranchant pour donner au discours plus de rapidité.

* Exemple de la conjonction :

On égorge à la fois les enfants, les vieillards,
  Et la sœur *et* le frère,
  Et la fille *et* la mère.
(RACINE.)

Le redoublement de la conjonction *et* semble multiplier les meurtres, et peint la fureur du soldat.

* Exemple de la disjonction :

Français, Anglais, Lorrains, que la fureur assemble,
Avançaient, combattaient, frappaient, mouraient ensemble.
(VOLTAIRE.)

Le retranchement de la conjonction précipite le vers, et lui donne une rapidité qui imite la chose.

* L'*Ellipse* contribue à la beauté du discours, en supprimant un mot nécessaire pour l'intégrité de la phrase, et le *Pléonasme*, en l'ajoutant lorsqu'on pourrait s'en passer. Exemple de l'ellipse :

Mais Hector, de ses cris remplissant le rivage,
Commande à ses soldats de quitter le pillage,
De courir aux vaisseaux ; « car j'atteste les dieux
Que quiconque osera s'écarter à mes yeux,
Moi-même dans son sang j'irai laver sa honte. »
(BOILEAU.)

L'ellipse qui se trouve dans ces vers est pleine de vivacité. Après ces mots *de courir aux vaisseaux*, le poëte aurait dû ajouter : *Il les menace en disant*, etc. Mais ce tour a de la lenteur, et l'on voit avec autant de plaisir que de surprise Hector qui paraît tout à coup sur la scène parlant lui-même en personne (1).

* Exemple du pléonasme dans l'imprécation de Camille contre Rome :

Que le courroux du ciel allumé par mes vœux
Fasse pleuvoir sur elle un déluge de feux !
Puissé-je *de mes yeux* y voir tomber la foudre !

De mes yeux est de trop dans le dernier vers ; mais la circonstance donne à ces mots beaucoup de vivacité et d'énergie : rien ne marque plus la passion.

---

(1) Voyez encore un brillant exemple d'ellipse dans le fragment de Cicéron, cité p. 77 : *Ut adeas, tantum dabis.*

ARTICLE IV.

DES FIGURES DE PENSÉES.

* L'usage ingénieux des mots, ou le changement de leur signification dans l'expression de la pensée, c'est ce qui forme les *figures de mots*. Les *figures de pensées*, au contraire, dépendent du tour qu'on donne aux pensées mêmes; et on peut les définir : *Des figures qui, par le tour qu'elles donnent à la pensée, y ajoutent de la grâce, de la noblesse ou de la force.*

* La différence entre la figure de mots et la figure de pensées est très-sensible : l'une dépend d'un mot, l'autre d'un tour. En effet, changez le mot dans la figure de mots, et au lieu de dire *cent voiles*, dites *cent vaisseaux*, la figure disparaît; de même, changez le tour dans la figure de pensées, et au lieu de dire : *Grand Dieu! que tes œuvres sont belles*, dites : *Les œuvres de Dieu sont belles*, la figure disparaît également.

On compte un très-grand nombre de figures de pensées; nous ne parlerons ici que des plus intéressantes.

* 1. La *Prétermission* est une figure par laquelle on feint de passer sous silence ou de ne toucher que légèrement des choses sur lesquelles, néanmoins, on insiste avec force.

Dans l'oraison funèbre de la duchesse d'Orléans, Bossuet fait un bel usage de cette figure : « Je pourrais
« vous faire remarquer, dit cet orateur, qu'elle con-
« naissait si bien la beauté des ouvrages d'esprit, que
« l'on croyait avoir atteint la perfection, quand on
« avait su plaire à Madame. Je pourrais encore ajouter
« que les plus sages et les plus expérimentés admiraient

« cet esprit vif et perçant qui embrassait sans peine les
« plus grandes affaires, et pénétrait avec tant de faci-
« lité dans les plus secrets intérêts. Mais pourquoi
« m'étendre sur, etc. »

* 2. La *Concession* est une figure par laquelle l'orateur accorde à son auditeur ou à son adversaire ce qu'il pourrait lui refuser, afin de mieux insister sur ce qu'il ne veut pas lui accorder.

« Je veux bien, » dit Bossuet, dans son oraison funèbre de la reine d'Angleterre, en parlant de Charles 1er; « je veux bien avouer de lui ce qu'un au-
« teur célèbre a dit de César, qu'il a été clément jus-
« qu'à être obligé de s'en repentir. Que ce soit donc
« là, si l'on veut, l'illustre défaut de Charles, aussi
« bien que de César; mais que ceux qui veulent croire
« que tout est faible dans les malheureux et dans les
« vaincus, ne pensent pas pour cela nous persuader
« que la force ait manqué à son courage, ni la vigueur
« à ses conseils. Poursuivi à toute outrance par l'im-
« placable malignité de la fortune, trahi de tous les
« siens, il ne s'est pas manqué à lui-même. »

* 3. La *Permission* a quelque rapport avec la *Concession*. On l'emploie, tantôt pour abandonner à eux-mêmes ceux qu'on ne peut détourner de leur dessein, tantôt pour inviter quelqu'un à se porter aux plus grands excès, et cela afin de le toucher et de lui inspirer de l'horreur pour ce qu'il a déjà fait ou ce qu'il veut faire encore. Thyeste, après avoir reconnu le sang de son fils dans la coupe qui lui a été présentée par Atrée, lui parle ainsi :

Monstre, que les enfers ont vomi sur la terre,
Assouvis la fureur dont ton cœur est épris ;

Joins un malheureux père à son malheureux fils :
A ses mânes sanglants donne cette victime,
Et ne t'arrête point au milieu de ton crime.
Barbare, peux-tu bien m'épargner en des lieux
D'où tu viens de chasser et le jour et les dieux?
(Crébillon.)

4. La *Correction* est une figure par laquelle l'orateur corrige ses mots ou ses pensées, et leur en substitue d'autres plus convenables ou plus forts. Fléchier, après avoir vanté la noblesse du sang dont Turenne était sorti, revient sur sa pensée et la corrige ainsi : « Mais que dis-je? il ne faut pas l'en louer ici, il faut « l'en plaindre : quelque glorieuse que fût la source « dont il sortait, l'hérésie des derniers temps l'avait « infectée. »

5. La *Dubitation* est une figure par laquelle l'orateur paraît incertain de ce qu'il doit dire ou de ce qu'il doit faire. Germanicus haranguant ses soldats révoltés, s'exprime ainsi dans Tacite : « Quel nom donnerai-je « à cette assemblée? Vous appellerai-je soldats? vous « qui avez assiégé à main armée le fils de votre em-« pereur; citoyens? vous qui foulez aux pieds l'auto-« rité du sénat, qui avez violé les droits des gens, des « ambassadeurs et des ennemis (1). »

6. La *Subjection* est une figure par laquelle l'orateur répond coup sur coup à ses propres questions. « Quelles pensez-vous, » dit Fléchier dans l'oraison funèbre du président de Lamoignon, « quelles pensez-« vous que fussent les voies qui conduisirent cet il-

---

(1) *Quod nomen huic cœtui dabo? Militesne appellem? qui filium Imperatoris vestri vallo et armis circumsedistis; an cives? quibus tam projecta Senatus auctoritas; hostium quoque jus, et sacra legationis et jus gentium rupistis.*

« lustre magistrat à des fins si nobles? La faveur?
« il n'avait d'autres relations à la cour que celles
« que lui donnaient ou ses affaires ou ses devoirs; le
« hasard? on fut longtemps à délibérer, et dans une
« affaire aussi délicate on crut qu'il fallait tout donner
« au conseil, et ne rien laisser à la fortune; la ca-
« bale? il était du nombre de ceux qui n'avaient suivi
« que le parti de leur devoir. »

Un autre genre de subjection consiste à donner la même réponse à plusieurs questions. Exemple : *Qui sunt qui fœdera sæpe ruperunt? Carthaginienses. Qui sunt qui crudele bellum in Italia gesserunt? Carthaginienses. Qui sunt qui sibi postulant ignosci? Carthaginienses. Videte ergo quam conveniat eos impetrare.* (Cic., *Heren.*, iv, c. 14.) *Voyez* Mil., n. 59.

* 7. L'*Occupation* consiste à prévenir une objection, en se la faisant soi-même, et en y répondant. On cite cet exemple de Boileau : on pouvait reprocher à ce poëte son goût pour la satire et la manière dont il traitait Chapelain; il prévient cette objection, et il y répond :

Il a tort, dira l'un : pourquoi faut-il qu'il nomme?
Attaquer Chapelain! ah! c'est un si bon homme!
Balzac en fait l'éloge en cent endroits divers.
Il est vrai, s'il m'eût cru, qu'il n'eût point fait de vers;
Il se tue à rimer, que n'écrit-il en prose?
Voilà ce que l'on dit. Et que dis-je autre chose?
En blâmant ses écrits, ai-je, d'un style affreux,
Distillé sur sa vie un venin dangereux?
Ma muse, en l'attaquant, charitable et discrète,
Sait de l'homme d'honneur distinguer le poëte.

* 8. La *Communication* est une figure par laquelle l'orateur, plein de confiance en ses raisons, les communique familièrement à ses auditeurs, à ses juges, à son adversaire même, s'en rapportant à leur décision. Cicéron emploie souvent cette figure. Dans le plaidoyer pour Ligarius, après avoir poussé vivement Tubéron, son accusateur: « Qu'en pensez-vous? dit-il à « César. Croyez-vous que je sois fort embarrassé de « défendre Ligarius? vous semble-t-il que je sois uni- « quement occupé de sa justification? Quelque puis- « sants que soient les moyens que je viens d'alléguer, « je ne veux devoir son salut qu'à votre humanité, « qu'à votre clémence, qu'à votre compassion pour un « malheureux (1). »

* 9. La *Suspension* est une figure par laquelle l'orateur tient l'esprit de ses auditeurs en suspens et dans l'incertitude sur ce qu'il va dire. Dans l'oraison funèbre de la reine d'Angleterre, Bossuet s'exprime ainsi: « Elle remerciait Dieu de deux grâces: l'une de « l'avoir faite chrétienne; l'autre... Messieurs, qu'at- « tendez-vous? peut-être d'avoir rétabli les affaires du « roi son fils? non, c'est de l'avoir faite reine malheu- « reuse. »

La *Suspension* ne produirait aucun effet, et pourrait même devenir ridicule, si la chute n'en était frappante et digne de fixer l'attention qu'on a voulu exciter.

* 10. La *Réticence* est une figure par laquelle l'orateur interrompt brusquement son discours, pour passer à un autre objet, en sorte néanmoins que ce qu'il a dit laisse assez entendre ce qu'il affecte de sup-

---

(1) *Num tibi videor, Cæsar, in causa Ligarii occupatus esse? Num de ejus facto dicere? Quidquid dixi, ad unam summam referri volo, vel humanitatis, vel clementiæ, vel misericordiæ tuæ.*

primer. On en voit un exemple dans ces paroles d'Athalie à Joad, lorsqu'elle lui demande Eliacin et les trésors qu'elle croit cachés dans le temple :

> En l'appui de ton Dieu tu t'étais reposé :
> De ton frivole espoir es-tu désabusé?
> Il laisse à mon pouvoir et son temple et ta vie.
> Je devrais sur l'autel où ta main sacrifie
> Te... Mais du prix qu'on m'offre il faut me contenter;
> Ce que tu m'as promis, songe à l'exécuter (1).

* 11. La *Périphrase* ou circonlocution étend et développe, par un circuit de paroles, ce qu'on pourrait dire en moins de mots, mais d'une manière moins noble et moins gracieuse. Mascaron, pour dire que Louis XIV fit placer Turenne dans le tombeau des rois de France, relève ces idées communes par cette belle périphrase : « Le roi, pour donner une marque « immortelle de l'estime et de l'amitié dont il honorait ce grand capitaine, donne une place illustre « à ses glorieuses cendres, parmi ces maîtres de la « terre qui conservent encore, dans la magnificence « de leurs tombeaux, une image de celle de leurs « trônes. »

Boileau, n'osant dire en vers qu'il porte une *per-*

---

(1) Cette belle suspension est imitée de Virgile. (*Æn.*, I, 38.)

Tantane vos generis tenuit fiducia vestri?
Jam cœlum terramque meo sine numine, venti,
Miscere, et tantas audetis tollere moles!
Quos ego... Sed motos præstat componere fluctus.

Eh quoi! sans mon aveu, quoi! dans mon propre empire,
D'une race rebelle enfants audacieux,
Vents, vous osez troubler et la terre et les cieux!
Je devrais... Mais des flots il faut calmer la rage.
(Delille.)

ruque et qu'il a *cinquante-huit* ans, a recours à cette élégante circonlocution :

> Mais aujourd'hui qu'enfin la vieillesse venue,
> Sous mes *faux cheveux blonds* déjà toute chenue,
> A jeté sur ma tête avec ses doigts pesants
> *Onze lustres complets surchargés de trois ans.*

* La périphrase qui n'est qu'élégante nuirait à la vigueur du style, si elle revenait souvent. Les meilleures sont celles qui ne remplacent le terme propre que pour ajouter une idée ou un sentiment au discours. Telle est cette excellente périphrase de Bossuet peignant l'état déplorable de l'église d'Angleterre : « Les enfants de Dieu étaient étonnés de ne « voir plus ni l'autel, ni le sanctuaire, ni *ces tri-* « *bunaux de miséricorde qui justifient ceux qui s'ac-* « *cusent.* »

Mais il est surtout un cas où cette figure rend service à l'orateur; c'est, comme nous l'avons dit plus haut, lorsqu'il faut éviter un mot dur et blessant : comme lorsqu'au lieu de prononcer, *Clodium occiderunt*, Cicéron dit : *Fecerunt id servi Milonis quod suos quisque servos in tali re facere voluisset.*

* 12. L'*Antithèse* oppose les mots aux mots, les pensées aux pensées. Cette figure plaît, si elle présente de la justesse, et si elle ne revient pas trop souvent. En voici deux beaux exemples tirés de l'oraison funèbre du vicomte de Turenne, par Mascaron : « M. de Turenne « vainqueur des ennemis de l'État ne causa jamais à « la France une joie si universelle que M. de Turenne « vaincu par la vérité et soumis au joug de la foi.

« Rome profane lui eût dressé des statues sous « l'empire des Césars; et Rome sainte trouve de quoi

« l'admirer sous les pontifes de la religion de Jésus-
« Christ. »

* Ces antithèses ne sont qu'ingénieuses et brillantes, celles qu'on va lire sont pleines d'élévation et de force :
« O homme ! vous ne connaissez pas les objets que
« vous avez sous l'œil, et vous voulez voir clair dans
« les profondeurs éternelles de la foi ! La nature est
« pour vous un mystère, et vous voudriez une reli-
« gion qui n'en eût point ! Vous ignorez les secrets de
« l'homme, et vous voudriez connaître les secrets de
« Dieu ! Vous ne vous connaissez pas vous-mêmes, et
« vous voudriez approfondir ce qui est si fort au-des-
« sus de vous ! L'univers, que Dieu a livré à votre curio-
« sité et à vos disputes, est un abîme où vous vous
« perdez ; et vous voulez que les mystères de la foi,
« qu'il n'a exposés qu'à votre docilité et à votre res-
« pect, n'aient rien qui échappe à vos faibles lumières !
« O égarement ! » (MASSILLON.)

* 13. L'*Ironie* cache un sens opposé au sens propre et littéral des paroles ; elle dit précisément le contraire de ce qu'on pense et de ce qu'on veut faire penser aux autres.

* Il y a deux sortes d'ironie : l'une enjouée, légère, qui plaisante avec finesse ; l'autre aigre, mordante, qui répand l'amertume et le fiel.

* Rousseau raille finement les déistes et les prétendus esprits forts, dans son épître à Racine le fils.

>Tous ces objets de la crédulité,
>Dont s'infatue un mystique entêté,
>Pouvaient jadis abuser des Cyrilles,
>Des Augustins, des Léons, des Basiles ;
>Mais quant à vous, grands hommes, grands esprits,

> C'est par un noble et généreux mépris
> Qu'il vous convient d'extirper ces chimères,
> Épouvantails d'enfants et de grand'mères.

* Néron vient d'empoisonner son frère Britannicus par les conseils de Narcisse. Agrippine commence à lui reprocher son crime par cette ironie amère :

> Poursuis, Néron, avec de tels ministres,
> Par des faits glorieux tu vas te signaler ;
> Poursuis, tu n'as point fait ce pas pour reculer.

Expression favorite de la gaieté et de l'enjouement, du mépris et du dédain, du dépit et de la colère, l'ironie est quelquefois la dernière ressource de la fureur, de la rage, du désespoir même. Oreste apprend qu'Hermione n'a pu survivre à Pyrrhus, auquel il vient lui-même de donner la mort : dans l'excès du plus violent désespoir, il s'écrie :

> Grâce au ciel, mon malheur passe mon espérance !
> Oui, je te loue, ô ciel ! de ta persévérance.

Et il termine cette affreuse ironie par ce vers qui y met le comble :

> Eh bien, je suis content (1), et mon sort est rempli.

* 14. L'*Hyperbole* est une figure qui exagère les choses, soit en les augmentant, soit en les diminuant beaucoup au delà de la vérité. Elle emploie des mots qui, pris à la lettre, vont bien au delà de la vérité, mais qui sont réduits à leur juste valeur par ceux qui nous entendent. Elle a ses bornes : ayez assez de goût pour ne jamais les franchir.

* Virgile emploie cette figure, lorsqu'il dit de l'a-

---

(1) « Dans la situation d'Oreste, dit la Harpe, ce mot, *je suis content*, est le sublime de la rage. » *Cours de Litt.*, t. II, p. 330.

mazone Camille (1) : « Elle eût volé sur la surface d'une moisson verdoyante, sans courber sous ses pas les épis mobiles ; ou, suspendue sur les vastes mers, elle eût rasé la cime des flots émus sans mouiller ses pieds légers. »

* On admire l'hyperbole qui termine le second chant de la *Henriade* et le tableau de la Saint-Barthélemy :

> Et des fleuves français les eaux ensanglantées
> Ne portaient que des morts aux mers épouvantées.

* 15. La *Litote* ou l'*Atténuation* (λιτότης) paraît affaiblir par l'expression ce qu'elle veut laisser entendre dans toute sa force. Ainsi, on dit d'un homme très-courageux, que *ce n'est pas un poltron ;* d'un homme de beaucoup d'esprit, que *ce n'est pas un sot ;* d'un auteur grave, qu'*il n'est pas à mépriser, non spernendus auctor*, dit Tite-Live de Polybe ; *Nec sum adeò informis* (Virgile, *Eglog.* 2) : « Je ne suis pas si difforme, » dit Corydon, voulant fait entendre qu'il est bien fait, ou qu'il croit l'être.

Cette figure est très-favorable à la délicatesse, à la

---

* (1) *Illa vel intactæ segetis per summa volaret*
Gramina, nec teneras cursu læsisset aristas ;
Vel mare per medium fluctu suspensa tumenti
Ferret iter, celeres nec tingeret æquore plantas.
(Æn., lib. VII, v. 808.)

Ces beaux vers sont imités d'Homère, qui avait dit en parlant des cavales de Borée :

> Αἱ δ'ὅτε μὲν σκιρτῷεν ἐπὶ ζείδωρον ἄρουραν,
> Ἄκρον ἐπ' ἀνθερίκων καρπὸν θέον οὐδὲ κατέκλων·
> Ἀλλ' ὅτε δὴ σκιρτῷεν ἐπ' εὐρέα νῶτα θαλάσσης,
> Ἄκρον ἐπὶ ῥηγμῖνος ἁλὸς πολίοιο θέεσκον.
> (*Il.*, XX, 226.)

modestie, à la timidité; elle joint la grâce à la force, et renferme un artifice de diction qui va presque toujours à son but.

16. La *Gradation* consiste à présenter une suite d'idées, d'images ou de sentiments, qui vont toujours en augmentant ou en diminuant. Il y a donc deux sortes de gradations, l'une *ascendante*, et l'autre *descendante*. On voit l'une et l'autre à la fois dans l'exemple suivant : « Vous ne faites rien, vous n'entreprenez rien, vous n'imaginez rien, non-seulement que je ne l'entende, mais même que je ne le voie et que je ne le pénètre à fond (1). » La gradation est *descendante* d'abord, et ensuite *ascendante*.

Il y a une gradation qui consiste à répéter un mot de la phrase précédente pour s'élever à une idée supérieure. Telle est cette belle gradation de Démosthène. Après avoir rappelé aux Athéniens comment il leur proposa de se liguer avec les Thébains contre Philippe, il ajoute :

« Après avoir ainsi parlé, je descendis de la tri-
« bune. Mon avis reçut l'approbation générale, et ne
« fut contredit par personne. Mais je ne me bornai pas
« à l'énoncer de vive voix; j'en proposai le décret.
« Je ne me contentai pas du décret, je me fis nommer
« ambassadeur; et chargé de l'ambassade, je per-
« suadai les Thébains. Je commençai, je poursuivis,
« je consommai l'entreprise, dévouant pour vous ma
« tête à tous les dangers qui menaçaient la répu-
« blique. »

(1) *Nihil agis, nihil moliris, nihil cogitas, quod ego non modo non audiam, sed etiam non videam, planeque sentiam.* (Cic., *I Catil.*)— Il y a bien du goût dans cette période.

Mais il faut lire dans le texte même cet admirable passage (1).

* 17. L'*Hypotypose* (ὑποτύπωσις, représentation) raconte un fait particulier, un grand événement; elle peint une tempête, une bataille, un incendie, etc., mais si vivement, qu'on croit voir sous ses yeux l'objet même décrit par l'orateur.

* Dans Athalie, Josabet raconte au grand prêtre comment elle avait arraché Joas tout sanglant des mains de ses meurtriers. C'est une superbe hypotypose.

> Hélas! l'état horrible où le Ciel me l'offrit
> Revient à tout moment effrayer mon esprit.
> De princes égorgés la chambre était remplie;
> Un poignard à la main l'implacable Athalie
> Au carnage animait ses barbares soldats,
> Et poursuivait le cours de ses assassinats.
> Joas, laissé pour mort, frappa soudain ma vue;
> Je me figure encor sa nourrice éperdue,
> Qui devant les bourreaux s'était jetée en vain,
> Et, faible, le tenait renversé sur son sein.
> Je le pris tout sanglant; en baignant son visage,
> Mes pleurs du sentiment lui rendirent l'usage;
> Et soit frayeur encore, ou pour me caresser,
> De ses bras innocents je me sentis presser.

* 18. L'*Interrogation* est une des figures les plus familières à l'orateur, et des plus propres à donner de

---

(1) Ταῦτα καὶ παραπλήσια τούτοις εἰπὼν κατέβην. Συνεπαινεσάντων δὲ πάντων καὶ οὐδενὸς εἰπόντος ἐναντίον οὐδέν, οὐκ εἶπον μὲν ταῦτα, οὐκ ἔγραψα δέ· οὐδ' ἔγραψα μὲν, οὐκ ἐπρέσβευσα δέ· οὐδ' ἐπρέσβευσα μὲν, οὐκ ἔπεισα δὲ Θηβαίους· ἀλλ' ἀπὸ τῆς ἀρχῆς διὰ πάντων ἄχρι τῆς τελευτῆς διεξῆλθον; καὶ ἔδωκ' ἐμαυτὸν ὑμῖν ἁπλῶς εἰς τοὺς περιεστηκότας τῇ πόλει κινδύνους. (*Pro Cor.*, 179.) Voyez dans la *Milonienne* une gradation semblable, c. 23, n. 61.

l'âme, du feu, de la rapidité et de la force au discours.

Dans Athalie, Joas, surpris de voir Josabet s'entretenir avec Mathan, lui adresse ces reproches, auxquels l'interrogation donne la plus grande vivacité :

> Où suis-je? de Baal ne vois-je pas le prêtre?
> Quoi! fille de David, vous parlez à ce traître?
> Vous souffrez qu'il vous parle? et vous ne craignez pas
> Que du fond de l'abîme entr'ouvert sous ses pas
> Il ne sorte à l'instant des feux qui vous embrasent,
> Ou qu'en tombant sur lui ces murs ne vous écrasent?
> Que veut-il? de quel front cet ennemi de Dieu
> Vient-il infecter l'air qu'on respire en ce lieu?

19. La *Prosopopée* donne de la vie et du sentiment, et prête quelquefois des discours aux êtres absents, inanimés, imaginaires, aux morts même.

Brutus, près de sacrifier sa patrie, et déchiré par ses remords, redoute la vengeance céleste :

> Du ciel qui tonne sur ma tête
> J'entends la voix qui crie : arrête, ingrat, arrête!
> Tu trahis ton pays!

Bossuet parle aux morts et ranime leurs cendres : « Grande reine! je satisfais à vos plus tendres désirs, « quand je célèbre ce monarque; et ce cœur, qui n'a « jamais vécu que pour lui, se réveille tout poudre « qu'il est, et devient sensible, même sous ce drap « mortuaire, au nom d'un époux si chéri. »

Cicéron, dans sa première Catilinaire, fait parler la patrie, l'Italie, la république entière (1) : « M. Tullius,

(1) *M. Tulli, quid agis? tune eum, quem esse hostem comperisti, quem ducem belli futurum vides, quem exspectari imperatorem in castris hostium sentis, auctorem sceleris, principem conjurationis, evocatorem servorum et civium perditorum, exire patieris, ut abs te non emissus ex urbe, sed immissus in urbem esse videa-*

« que fais-tu? Quoi! celui que tu reconnais pour mon
« ennemi, celui qui va porter la guerre dans mon sein,
« celui qu'une armée de rebelles attend pour marcher
« sous ses ordres, qui soulève les esclaves et enrôle les
« mauvais citoyens, l'auteur de la plus criminelle en-
« treprise, le chef de cette conjuration sacrilége, tu le
« laisses sortir de Rome, et tu le déchaînes contre moi?
« Pourquoi ne le fais-tu pas charger de fers, traîner
« à la mort, punir du dernier supplice? Qui t'arrête? »

* 20. L'*Apostrophe* est une figure par laquelle l'orateur s'interrompt, dans la passion qui l'agite, pour
s'adresser directement et nommément à quelque objet
animé ou inanimé.

* Bossuet, dans l'oraison funèbre de la reine d'Angleterre, après avoir dit que, malheureuse, persécutée,
fugitive, elle donna naissance à une princesse, se
livre aux mouvements de son âme, et fait les apostrophes suivantes : « Princesse, dont la destinée est si
« grande et si glorieuse, faut-il que vous naissiez en
« la puissance des ennemis de votre maison! O Éter-
« nel! veillez sur elle! Anges saints, rangez à l'entour
« vos escadrons invisibles, et faites la garde autour du
« berceau d'une princesse si grande et si délaissée! »

L'*Apostrophe* tient de la prosopopée, et se confond souvent avec elle, quand elle s'adresse à des êtres
inanimés ou insensibles. Philoctète, instruit enfin
qu'on veut le mener au siége de Troie, conjure Pyrrhus
de lui rendre ses flèches :

Rends, mon fils, rends ces traits que je t'ai confiés;
Tu ne peux les garder : c'est mon bien, c'est ma vie;

tur? Nonne hunc in vincula duci, non ad mortem rapi, non summo supplicio mactari imperabis? Quid tandem impedit te? etc.

Et ma crédulité doit-elle être punie?
Rougis d'en abuser... Au nom de tous les dieux !...
Tu ne me réponds rien! tu détournes les yeux!
Je ne puis te fléchir !... O rochers! ô rivages!
Vous mes seuls compagnons, ô vous, monstres sauvages!
(Car je n'ai plus que vous à qui ma voix, hélas!
Puisse adresser des cris que l'on n'écoute pas);
Témoins accoutumés de ma plainte inutile,
Voyez ce que m'a fait le fils du grand Achille (1).

* 21. L'*Exclamation* est une figure par laquelle l'orateur éclate par des interjections, pour exprimer un vif sentiment de l'âme. Ainsi Bossuet, frappé de la mort inopinée de la duchesse d'Orléans, s'écrie : « O vanité ! ô néant ! ô mortels ignorants de leur « destinée ! »

* L'exclamation a beaucoup de rapport avec l'apostrophe. Il y a tout à la fois exclamation et apostrophe dans l'exemple suivant : « O mort ! éloigne-toi de « notre pensée, et laisse-nous tromper pour un peu « de temps la violence de notre douleur par le sou- « venir de notre joie. »

* 22. L'*Epiphonéme* consiste ou dans une espèce d'exclamation à la fin d'un récit, ou dans une courte réflexion sur le sujet dont on vient de parler.

* 1° Dans une espèce d'exclamation, comme dans ces vers du Lutrin de Boileau :

Muse, redis-moi donc quelle ardeur de vengeance
De ces hommes sacrés rompit l'intelligence,
Et troubla si longtemps deux célèbres rivaux :
Tant de fiel entre-t-il dans l'âme des dévots (2) !

---

(1) Vers traduits de Sophocle, *trag. de Philoctète*, par La Harpe. Fénelon a fait une belle imitation de ce morceau dans son Télémaque, livre XV.
(2) *Tantæne animis cœlestibus iræ !* (VIRG.)

* 2° Dans une courte réflexion sur ce que l'on vient de dire : « L'histoire est pleine des aventures tragiques « des mauvais princes qui ont péri victimes de leur « tyrannie. *Le vrai soutien de la puissance, c'est l'amour,* « *et non la crainte.* »

* 23. L'*Imprécation* est une figure par laquelle l'orateur fait des vœux contre un objet quelconque.

* Elle est quelquefois dictée par l'horreur du crime et des scélérats : telle est celle de Joad, dans l'*Athalie* de Racine. Il parle de Joas :

Grand Dieu! si tu prévois qu'indigne de sa race
Il doive de David abandonner la trace,
Qu'il soit comme le fruit en naissant arraché,
Ou qu'un souffle ennemi dans sa tige a séché.
Mais si ce même enfant, à tes ordres docile,
Doit être à tes desseins un instrument utile,
Fais qu'au juste héritier le sceptre soit remis :
Livre en mes faibles mains tes puissants ennemis;
Confonds dans ses conseils une reine cruelle.
Daigne, daigne, mon Dieu, sur Mathan et sur elle
Répandre cet esprit d'imprudence et d'erreur,
De la chute des rois funeste avant-coureur.

* Mais l'imprécation est le plus souvent l'expression de la colère et de la fureur. Dans les Horaces, leur sœur Camille, désespérée de la mort de celui des trois Curiaces dont la main lui était promise, exhale sa douleur par les imprécations suivantes, où Corneille semble avoir déployé toute la force de son pinceau :

HORACE.

Ah! préfère du moins au souvenir d'un homme
Ce que doit ta naissance aux intérêts de Rome.

CAMILLE.

Rome, l'unique objet de mon ressentiment!

Rome, à qui vient ton bras d'immoler mon amant!
Rome, qui t'a vu naître et que ton cœur adore!
Rome enfin, que je hais parce qu'elle t'honore!
Puissent tous ses voisins ensemble conjurés
Saper ses fondements encor mal assurés!
Et si ce n'est assez de toute l'Italie,
Que l'Orient contre elle à l'Occident s'allie!
Que cent peuples unis des bouts de l'univers
Passent pour la détruire et les monts et les mers!
Qu'elle-même sur soi renverse ses murailles
Et de ses propres mains déchire ses entrailles!
Que le courroux du ciel allumé par mes vœux
Fasse pleuvoir sur elle un déluge de feux!
Puissé-je de mes yeux y voir tomber ce foudre,
Voir ses maisons en cendre, et tes lauriers en poudre,
Voir le dernier Romain à son dernier soupir,
Moi seule en être cause et mourir de plaisir!

* 24. La *Déprécation* ou l'*Obsécration* sert à demander ce qu'on désire avec un empressement plein d'ardeur, en présentant à ceux qu'on veut fléchir les motifs les plus capables de les attendrir : elle s'adresse à Dieu ou aux hommes.

Dans Télémaque, Philoctète fait à Néoptolème cette prière touchante : « O mon fils! je te conjure par « les mânes de ton père, par ta mère, par ce que tu as « de plus cher sur la terre, de ne me laisser pas seul « dans ces maux que tu vois.... Il n'y a que les grands « cœurs qui sachent combien il y a de gloire à être « bon. Ne me laisse point en un désert où il n'y a « aucun vestige d'hommes ; mène-moi dans ta patrie, « rends-moi à mon père.... J'ai recours à toi, ô « mon fils! souviens-toi de la fragilité des choses « humaines. Celui qui est dans la prospérité doit « craindre d'en abuser et secourir les malheureux. »

* L'élégie de la Fontaine sur la disgrâce de Fouquet est terminée par une *obsécration*, ou une prière, aussi touchante que noble et délicate ; elle s'adresse aux nymphes de l'Anqueil (1) :

> Mais quittons ces pensers : Oronte vous appelle.
> Vous dont il a rendu la demeure si belle,
> Nymphes qui lui devez vos plus charmants appas :
> Si le long de vos bords Louis porte ses pas,
> Tâchez de l'adoucir, fléchissez son courage.
> Il aime ses sujets, il est juste, il est sage :
> Du titre de clément rendez-le ambitieux ;
> C'est par là que les rois sont semblables aux dieux.
> Du magnanime Henri qu'il contemple la vie ;
> Dès qu'il put se venger, il en perdit l'envie.
> Inspirez à Louis cette même douceur :
> La plus belle victoire est de vaincre son cœur.
> Oronte est à présent un objet de clémence ;
> S'il a cru les conseils d'une aveugle puissance,
> Il est assez puni par son sort rigoureux ;
> Et c'est être innocent que d'être malheureux.

ARTICLE V.

DE QUELQUES AUTRES FIGURES.

Plusieurs rhéteurs ont mis au nombre des *Figures de pensées* certains ornements du discours, que d'autres se contentent de désigner par le nom particulier qui leur convient. De ce nombre sont la *Comparaison*, l'*Énumération des parties*, l'*Allusion*, l'*Induction*, la *Description*, le *Portrait*, le *Parallèle*, le *Contraste*, l'*Hypothèse* ou la *Supposition*. Nous ne déciderons point si ces sortes de tours ou de formes oratoires doivent réellement ou ne doivent pas être comptées

---

(1) Petite rivière qui baignait de ses eaux la superbe maison de Vaux.

parmi les *figures*. Mais nous ne pouvons nous dispenser de les faire connaître aux jeunes gens, et de leur apprendre les moyens de les employer avec succès.

* 1. La *Comparaison*, avec laquelle on confond la *similitude*, est un discours par lequel on marque la ressemblance d'une chose ou d'une personne avec une autre, pour la clarté ou pour l'ornement du sujet que l'on traite. Elle rapproche deux objets qui se ressemblent par plusieurs côtés ou par un seul.

* « Les jours de l'homme sont comme l'herbe; sa
« fleur est comme celle des champs; un souffle a passé,
« et la fleur est tombée, et la terre qui la portait ne la
« reconnaîtra plus. » (*Ps.* cii.)

« O mère! ô femme! ô reine admirable! » s'écrie Bossuet dans l'oraison funèbre de la reine d'Angleterre, « vous avez assez soutenu l'État, qui est atta-
« qué par une force invincible et divine; il ne reste
« plus désormais sinon que vous teniez ferme parmi
« ses ruines. » L'orateur ajoute la comparaison suivante, une des plus belles qu'on ait jamais employées :
« Comme une colonne, dont la masse solide paraît le
« plus ferme appui d'un temple ruineux, lorsque ce
« ce grand édifice, qu'elle soutenait, fond sur elle sans
« l'abattre : ainsi la reine se montre le ferme soutien
« de l'État, lorsqu'après en avoir longtemps porté le
« faix, elle n'est pas même courbée sous sa chute (1). »

La grande poésie, comme la grande éloquence, aime à se parer de comparaisons riches, nobles, expressives. Homère et Virgile en ont d'admirables : nos poètes leur en ont quelquefois disputé la gloire.

---

(1) Sénèque peint quelque part Caton *inter publicas ruinas erectum*.

* On a distingué celle dont Voltaire se sert pour peindre l'impétuosité active de d'Aumale désolant les ennemis par ses fréquentes sorties :

> Sans relâche il fond sur les campagnes,
> Tantôt dans le silence, et tantôt à grand bruit.
> A la clarté des cieux, dans l'ombre de la nuit,
> Chez l'ennemi surpris portant partout la guerre,
> Du sang des assiégeants son bras couvrait la terre.
> Tels du fond du Caucase ou des sommets d'Athos,
> D'où l'œil découvre au loin l'air, la terre et les flots,
> Les aigles, les vautours aux ailes étendues,
> D'un vol précipité fendant les vastes nues,
> Vont dans les champs de l'air enlever les oiseaux ;
> Dans les bois, sur les prés déchirent les troupeaux,
> Et dans les flancs affreux de leurs roches sanglantes
> Remportent à grands cris ces dépouilles vivantes.

Nous remarquerons, en passant, la beauté de ces deux derniers vers, dignes de Virgile, dit la Harpe, pour l'harmonie expressive et le choix des épithètes.

* Nous avons dit, en parlant de la *métaphore*, tout ce qui est nécessaire pour éclairer le goût dans le choix et l'emploi des *comparaisons*. Nous ajouterons seulement qu'il ne faut pas trop les multiplier dans le discours. Employées sobrement et placées à propos, dans le but d'éclaircir la pensée ou de lui donner de la force, elles ont un charme dont peu de lecteurs savent se défendre : prodiguées comme ornement, elles dégénèrent en une sorte de luxe qui tient de l'ostentation et qui déplaît.

* 2. Nous avons déjà présenté l'*Énumération des parties* comme une source de preuves. Ici nous la considérons comme une figure du discours. Elle met sous les yeux tous les détails et toutes les circonstances qui

peuvent relever un sujet et en laisser une idée frappante. Plus les traits sont habilement choisis, rapprochés, accumulés, plus l'impression en est vive et l'effet certain. Bossuet en offre un bel exemple dans l'exorde que nous avons cité de l'oraison funèbre de la reine d'Angleterre. Mascaron a fait aussi un usage remarquable de ce tour oratoire dans le morceau suivant.

« Certes, s'il y a une occasion au monde où l'âme
« pleine d'elle-même soit en danger d'oublier son
« Dieu, c'est dans ces postes éclatants où un homme
« par la sagesse de sa conduite, par la grandeur de son
« courage, par la force de son bras et par le nombre
« de ses soldats, devient comme le dieu des autres
« hommes, et, rempli de gloire en lui-même, remplit
« tout le reste du monde d'amour, d'admiration ou de
« frayeur. Les dehors mêmes de la guerre, le son des
« instruments, l'éclat des armes, l'ordre des troupes,
« le silence des soldats, l'ardeur de la mêlée, le com-
« mencement, le progrès et la consommation de la
« victoire, les cris différents des vaincus et des vain-
« queurs, attaquent l'âme par tant d'endroits, qu'en-
« levée à tout ce qu'elle a de sagesse et de modération,
« elle ne connaît ni Dieu, ni elle-même. C'est alors
« que les impies Salmonées osent imiter le tonnerre
« de Dieu, et répondre par les foudres de la terre aux
« foudres du ciel ; c'est alors que les sacriléges An-
« tiochus n'adorent que leurs bras et leur cœur, et que
« les insolents Pharaons, enflés de leur puissance,
« s'écrient : C'est moi qui me suis fait moi-même. »

(*Oraison funèbre de Turenne.*)

L'effet de l'énumération des parties se fait vivement sentir dans ce passage éloquent.

* 3. « L'*Allusion*, dit le Dictionnaire de l'Académie, fait sentir la convenance, le rapport, que des choses ou des personnes ont l'une avec l'autre. » Le morceau que nous venons de citer de l'orateur Mascaron est terminé par trois allusions pleines de noblesse et d'une grande élévation. Celle qu'on va lire ne paraîtra pas moins belle sous la plume de Bossuet. La veille du jour où fut livrée la bataille de Rocroy, le jeune prince de Condé fit toutes ses dispositions en capitaine consommé. Il se reposa le dernier, et l'on fut obligé de le réveiller pour aller au combat. Bossuet relève cette circonstance par une allusion tout à fait digne de son héros. « Alors que ne vit-on pas? le jeune prince parut « un autre homme..... Sa grande âme se déclara tout « entière; son courage croissait avec les périls, et ses « lumières avec son ardeur. A la nuit qu'il fallut « passer en présence des ennemis, comme un vigilant « capitaine, il reposa le dernier; mais jamais il ne « reposa plus paisiblement. A la veille d'un si grand « jour, et dès la première bataille, il est tranquille; « tant il se trouve dans son naturel! et on sait que le « lendemain, à l'heure marquée, il fallut réveiller « d'un profond sommeil cet autre Alexandre. Le « voyez-vous comme il vole ou à la victoire ou à la « mort? etc. »

Qui ignore que le jour de la bataille d'Arbelles il fallut aussi réveiller Alexandre presque au moment de marcher à l'ennemi?

* 4. L'*Induction* amène l'auditeur de la conviction d'une ou de plusieurs vérités à la conviction d'une

autre, et cela par l'analogie et la ressemblance qu'on établit entre elles, en sorte qu'après avoir cédé d'une part, il ne puisse plus raisonnablement résister de l'autre. Bourdaloue en fournit un bel exemple dans le morceau suivant : « Si je me trouvais seul et sans guide
« dans une solitude affreuse, exposé à tous les risques
« d'un égarement sans retour, je serais dans des
« frayeurs mortelles ; si, dans une pressante maladie,
« je me voyais abandonné, n'ayant que moi-même
« pour veiller sur moi, je n'oserais plus compter sur
« ma guérison ; si, dans une affaire capitale, où il
« s'agirait pour moi, non-seulement de ma fortune,
« mais de ma vie, tout autre conseil que le mien me
« manquait, je me croirais perdu et sans espérance :
« comment donc, au milieu du monde, de tant d'é-
« cueils et de piéges qui m'environnent, de tant de
« périls qui me menacent, de tant d'ennemis qui me
« poursuivent, de tant d'occasions où je puis périr,
« sans autre secours que moi-même, pourrais-je
« vivre en paix et n'être pas dans de continuelles
« alarmes ! » Serait-il possible de mieux prouver qu'*il est terrible pour l'homme d'être réduit à n'avoir dans le monde d'autre ressource que lui-même ?*

5. La *Description* est un discours par lequel on dépeint un objet quelconque, en détaillant les traits qui le caractérisent. Il n'est rien dans la nature qui ne puisse fournir matière à une description. Les êtres animés ou inanimés offrent sans cesse au pinceau des écrivains l'occasion de déployer toutes les couleurs capables de plaire à l'imagination et de séduire les sens. Le ciel, la terre et l'enfer sont, pour ainsi dire, sous leurs yeux et dans leurs mains. Le génie et le goût peu-

vent y trouver à tous les instants des richesses aussi variées qu'inépuisables.

Nous disons le génie et le goût : en effet le génie seul peut saisir la nature et en pénétrer les véritables beautés, comme le goût seul peut en faire un choix harmonieux et capable d'intéresser. Car tout n'est pas à décrire et à peindre dans tous les objets. L'éloquence, comme les autres beaux-arts, est l'imitation de la nature sans doute, mais de la belle nature, de la nature choisie. Toutes les fleurs ont une beauté qui leur est propre ; toutes cependant n'entreraient pas dans la composition d'une guirlande ou d'un bouquet fait avec goût : l'art doit unir ses prestiges aux grâces de la nature.

* Boileau a dit en peu de vers comment il faut décrire.

Soyez riche et pompeux dans vos descriptions;
C'est là qu'il faut des vers étaler l'élégance :
N'y présentez jamais de basses circonstances.

Sans entrer ici dans le détail inutile des différents genres de descriptions, nous en donnerons deux ou trois exemples, choisis parmi ceux qui paraissent devoir plaire davantage à la vive imagination de nos jeunes lecteurs.

* Un des plus beaux modèles qu'offre notre langue, c'est la description des armes de Télémaque par Fénelon. On peut la lire tout entière dans les Aventures de ce jeune héros ; nous n'en citerons que le morceau suivant :

« Enfin on voyait sur *ces armes* un peuple nom-
« breux, des vieillards qui allaient porter dans les
« temples les prémices de leurs fruits ; de jeunes
« hommes qui revenaient vers leurs épouses, lassés du

« travail de la journée ; les femmes allaient au-devant
« d'eux menant par la main leurs petits enfants qu'elles
« caressaient. On voyait aussi des bergers qui parais-
« saient chanter, et quelques-uns dansaient au son du
« chalumeau. Tout représentait la paix, l'abondance
« et les délices ; tout paraissait riant et heureux. On
« voyait même dans les pâturages les loups se jouer
« au milieu des moutons. Le lion et le tigre ayant
« quitté leur férocité, paissaient avec les tendres
« agneaux. Un petit berger les menait ensemble sous
« sa houlette, et cette aimable peinture rappelait tous
« les charmes de l'âge d'or. »

La description du vol de l'hirondelle, dans les
Oiseaux de Buffon, offre de grandes difficultés vain-
cues, et donnerait seule une haute idée des talents de
son auteur (1).

« Le vol est l'état naturel, je dirais presque l'état
« nécessaire de l'hirondelle : elle mange en volant,
« elle boit en volant, se baigne en volant, et quelque-
« fois donne à manger à ses petits en volant.... Elle
« sent que l'air est son domaine, elle en parcourt
« toutes les dimensions et dans tous les sens, comme
« pour en jouir dans tous les détails ; et le plaisir de
« cette jouissance se marque par de petits cris de
« gaieté : tantôt elle donne la chasse aux insectes vol-
« tigeants, et suit avec une agilité souple leur trace
« oblique et tortueuse ;... tantôt elle rase légèrement la
« surface de la terre et des eaux pour saisir ceux que la
« pluie ou la fraîcheur y rassemble ; tantôt elle échappe
« elle-même à l'impétuosité de l'oiseau de proie par la

(1) Ce n'est pas Buffon, c'est Guénaud de Montbéliard, qui est l'auteur de cette brillante description.

« flexibilité preste de ses mouvements : toujours maî-
« tresse de son vol dans sa plus grande vitesse, elle
« en change à tout instant la direction ; elle semble
« décrire au milieu des airs un dédale mobile et fugitif
« dont les routes se croisent, s'entrelacent, se fuient,
« se rapprochent, se heurtent, se roulent, montent,
« descendent, se perdent, et reparaissent pour se croi-
« ser, se rebrouiller encore en mille manières, et
« dont le plan, trop compliqué pour être représenté
« aux yeux par l'art du dessin, peut à peine être indi-
« qué à l'imagination par le pinceau de la parole. »

* Une description d'un genre bien différent est celle
de Jérusalem désolée, de Jérusalem dans le désert,
telle que l'a vue, au commencement de ce siècle, un
célèbre voyageur.

* « Au centre *d'une chaîne de montagnes* se trouve
« un bassin aride fermé de toutes parts par des som-
« mets jaunes et rocailleux ; ces sommets ne s'en-
« tr'ouvrent qu'au levant, pour laisser voir le gouffre de
« la mer Morte et les montagnes lointaines de l'Arabie.
« Au milieu de ce paysage de pierres, sur un terrain
« inégal et penchant, dans l'enceinte d'un mur jadis
« ébranlé par les coups du bélier, et fortifié par des
« tours qui tombent, on aperçoit de vastes débris ; des
« cyprès épars, des buissons d'aloès et de nopals,
« quelques masures arabes, pareilles à des sépulcres
« blanchis, recouvrent cet amas de ruines : c'est la
« triste Jérusalem. »

« Au premier aspect de cette région désolée, un
« grand ennui saisit le cœur ; mais lorsque, passant de
« solitude en solitude, l'espace s'étend sans bornes
« devant vous, peu à peu l'ennui se dissipe ; le voya-

« geur éprouve une terreur secrète qui, loin d'abaisser
« l'âme, donne du courage et élève le génie. Des
« aspects extraordinaires décèlent de toutes parts une
« terre travaillée par des miracles : le soleil brûlant,
« l'aigle impétueux, l'humble hysope, le cèdre su-
« perbe, le figuier stérile, toute la poésie, tous les
« tableaux de l'Écriture sont là; chaque nom renferme
« un mystère, chaque grotte déclare l'avenir, chaque
« sommet retentit des accents d'un prophète. Dieu
« même a parlé sur ces bords : les torrents desséchés,
« les rochers fendus, les tombeaux entr'ouverts attes-
« tent le prodige; le désert paraît encore muet de
« terreur, et l'on dirait qu'il n'a osé rompre le silence
« depuis qu'il a entendu la voix de l'Éternel. » (Cha-
teaubriant.)

Les beautés de cette description sont trop saillantes pour que nous nous arrêtions à les remarquer.

* 6. Celles qu'on fait des êtres animés s'appellent communément *Portraits*. En effet, ce mot, pris dans son sens, est, suivant le Dictionnaire de l'Académie, *La description qu'on fait d'une personne, tant pour le corps que pour l'esprit.*

Nous étendons cette définition aux animaux, parce qu'on les décrit, aussi bien que les hommes, sous les rapports physiques et moraux. Voyez le portrait du cheval par Buffon.

« La plus noble conquête que l'homme ait jamais
« faite est celle de ce fier et fougueux animal, qui
« partage avec lui les fatigues de la guerre et la gloire
« des combats. Aussi intrépide que son maître, le
« cheval voit le péril et l'affronte; il se fait au bruit des
« armes, il l'aime, il le cherche, et s'anime de la

« même ardeur (1); il partage aussi ses plaisirs : à la
« chasse, aux tournois, à la course, il brille, il étin-
« celle; mais docile autant que courageux, il ne se
« laisse point emporter à son feu, il sait réprimer ses
« mouvements; non-seulement il fléchit sous la main
« de celui qui le guide, mais il semble consulter ses
« désirs; et obéissant toujours aux impressions qu'il en
« reçoit, il se précipite, se modère ou s'arrête, et
« n'agit que pour y satisfaire. C'est une créature qui
« renonce à son être, pour n'exister que par la volonté
« d'un autre; qui sait même la prévenir, qui, par la
« promptitude et la précision de ses mouvements,
« l'exprime et l'exécute; qui sent autant qu'on le
« désire, et ne rend qu'autant qu'on veut; qui, se li-
« vrant sans réserve, ne se refuse à rien, sert de
« toutes ses forces, s'excède, et même meurt pour
« mieux obéir. »

Ce portrait est de main de maître; celui qu'on lit du même animal dans le fameux livre de Job renferme des beautés d'un ordre supérieur, et brille surtout par sa sublimité.

« Le souffle de ses narines répand la terreur. Il
« frappe du pied la terre; il bondit, il s'élance avec
« audace, il court au-devant des hommes armés; il
« méprise la peur, il brave les épées. Les flèches
« sifflent autour de lui, le fer des lances et des dards le
« frappe de ses éclairs; il écume, il frémit, il dévore
« la terre; il n'est point effrayé du bruit des trom-
« pettes. Lorsqu'on sonne la charge, il dit : Allons !

---

(1) Incorrection : le terme de la comparaison est trop loin. Il faudrait : « Aussi intrépide que son maître, il s'anime de la même ardeur. »

« De loin il flaire l'approche des guerriers, il entend la
« voix des chefs et les cris confus des armées (1). »

* Quant aux portraits des êtres raisonnables, ils peignent leur esprit, leur cœur, leur caractère, leur figure, leur port, leur maintien, tout ce qui peut les rendre intéressants, sous quelque rapport qu'on les envisage. Les uns sont purement fictifs ou d'imagination, les autres réels et copiés d'après nature. Nos orateurs, nos poëtes et nos historiens, en fournissent des exemples nombreux, où la vérité se montre unie à la grâce, à la noblesse et à la force.

* Nous citerons deux portraits de caractères tracés par le cardinal Maury. Il est curieux de voir comment il a peint les deux orateurs les plus étonnants de leur siècle, Démosthène et Bossuet.

« Démosthène parle, non comme un écrivain élé-
« gant qui veut être admiré; mais comme un homme
« passionné que la vérité tourmente ; comme un
« citoyen menacé des plus grands malheurs, et qui
« ne peut contenir les transports de son indignation
« contre les ennemis de la patrie. C'est l'athlète de la
« raison ; il la défend de toutes les forces de son génie,
« et la tribune où il parle devient une arène : il sub-
« jugue à la fois ses auditeurs, ses adversaires, ses
« juges; il ne paraît point chercher à vous attendrir :
« écoutez-le cependant, et il vous fera pleurer par
« réflexion. Il accable ses concitoyens de reproches;

(1) *Gloria narium ejus terror. Terram ungula fodit, exsultat audacter, in occursum pergit armatis. Contemnit pavorem, nec cedit gladio. Super ipsum sonabit pharetra, vibrabit hasta et clypeus. Fervens et fremens sorbet terram, nec reputat tubæ sonare clangorem. Ubi audierit buccinam dicit : Vah! Procul odoratur bellum, exhortationem ducum et ululatum exercitus.* (Job, xxxix.)

« mais alors il n'est que l'interprète de leurs propres
« remords. Réfute-t-il un argument? il ne discute
« point; il propose une simple question pour toute
« réponse, et l'objection ne reparaîtra jamais. Veut-il
« soulever les Athéniens contre Philippe? ce n'est plus
« un orateur qui parle, c'est un général, c'est un roi,
« c'est un prophète, c'est l'ange tutélaire de la patrie;
« et quand il menace ses concitoyens de l'esclavage,
« on croit entendre dans le lointain, de distance en
« distance, le bruit des chaînes que leur apporte le
« tyran. »

Ce portrait est vigoureux, et il a de la grandeur,
celui de Bossuet nous paraît encore au-dessus.

« Au nom de Démosthène, mon admiration me
« rappelle l'homme le plus éloquent de ma nation.
« Que l'on se représente un de ces orateurs que Cicé-
« ron appelle véhéments, et en quelque sorte tragi-
« ques, qui, emportés par une éloquence passionnée,
« s'élèvent au-dessus des règles et des modèles, et
« portent l'art à toute la hauteur de leur propre génie;
« un orateur qui monte au haut des cieux, d'où il des-
« cend avec ses vastes pensées pour s'asseoir sur les
« bords d'un tombeau, et abattre l'orgueil des princes
« et des rois devant le Dieu qui, après les avoir dis-
« tingués un moment sur la terre, les confond à
« jamais dans la poussière commune; un écrivain qui
« se crée une langue aussi nouvelle que ses idées, qui
« donne à ses expressions un tel caractère d'énergie,
« qu'on croit l'entendre quand on le lit, et à son style
« une telle majesté d'élocution, que l'idiome dont il se
« sert semble se transformer et s'agrandir sous sa
« plume; un apôtre qui instruit l'univers en célébrant

« les plus illustres de ses contemporains, qu'il rend
« eux-mêmes, du fond de leur cercueil, les prédi-
« cateurs de tous les siècles; qui répand la conster-
« nation, en rendant, pour ainsi dire, présents les
« malheurs qu'il raconte, et qui, en déplorant la mort
« d'un seul homme, montre à découvert le néant de
« la grandeur humaine; enfin un orateur dont les dis-
« cours animés par le génie le plus ardent et le plus
« original, sont, en éloquence, des ouvrages classi-
« ques qu'il faut étudier sans cesse, comme dans les
« arts on va former son goût à Rome sur les chefs-
« d'œuvres de Raphaël et de Michel-Ange. Voilà le
« Démosthène français, voilà Bossuet. »

Les portraits ont, pour ainsi dire, été de mode pendant quelque temps dans notre littérature; on en mettait partout; on les multipliait jusqu'à la satiété. Aujourd'hui un goût plus sévère, quoique le goût se soit bien corrompu d'ailleurs, ne les admet que quand ils sont nécessaires et amenés naturellement par le sujet qu'ils sont destinés à embellir. Leur mérite essentiel est de joindre la ressemblance à la beauté des couleurs et à la délicatesse ou à la force des traits; c'est assez dire que ce genre est difficile, et qu'en vain se flatterait-on d'y réussir, si l'on n'a de l'étendue dans l'esprit, de la sûreté dans le coup d'œil, de la précision dans les idées, et une connaissance approfondie de l'objet qu'on veut peindre.

* 7. Les mêmes difficultés, et de plus grandes peut-être encore, se rencontrent dans le *Parallèle*, puisqu'il se compose de deux peintures ou de deux portraits, qui sont, pour ainsi dire, constamment en regard. En effet, dans l'art oratoire, le *parallèle* est la comparaison de deux objets ou de deux personnes, par laquelle on examine leurs rapports et leurs différences; exercice, dit un auteur, agréable à l'esprit, qui va et revient d'un objet à l'autre, qui compare les traits, qui les compte, et qui juge continuellement de la différence.

Deux illustres rivaux dans la grande affaire du *Quiétisme* sont présentés avec éclat dans le parallèle suivant, par d'Aguesseau :

« On vit entrer en lice deux adversaires illustres,
« plutôt égaux que semblables. L'un consommé de-
« puis longtemps dans la science de l'Église, cou-
« vert de lauriers qu'il avait remportés en combat-
« tant pour elle contre les hérétiques; athlète infati-
« gable, que son âge et ses victoires auraient pu dis-
« penser de s'engager dans un nouveau combat; mais
« dont l'esprit encore vigoureux et supérieur au poids
« des années, conservait dans sa vieillesse une grande
« partie de ce feu qu'il avait dans sa jeunesse. L'autre
« plus jeune et dans la force de l'âge, moins connu
« par ses écrits, néanmoins célèbre par la réputation
« de son éloquence et la hauteur de son génie, nourri
« et exercé depuis longtemps dans la matière qui fai-
« sait le sujet du combat, possédant parfaitement la
« langue des mystiques, capable de tout entendre,
« de tout expliquer, et de rendre plausible tout ce
« qu'il expliquait. Tous deux longtemps amis avant
« que d'être devenus rivaux; tous deux recomman-
« dables par l'innocence de leurs mœurs, également
« aimables par la douceur de leur commerce; orne-
« ments de l'Église, de la cour, de l'humanité même;
« mais l'un respecté comme un soleil couchant, dont

« les rayons allaient s'éteindre avec majesté ; l'autre
« regardé comme un soleil levant, qui remplirait un
« jour toute la terre de ses lumières, s'il pouvait sortir
« de cette espèce d'éclipse dans laquelle il s'était
« malheureusement engagé. »

* Dans un genre différent, la Bruyère a peint avec sa précision ordinaire deux concurrents dont le génie a porté au plus haut degré la gloire de la poésie française. Voici, pour nous servir de ses expressions, comme il marque Corneille et Racine, par ce qu'ils ont de plus propre et par ce qui éclate ordinairement dans leurs ouvrages :

« Corneille nous assujettit à ses caractères et à ses
« idées ; Racine se conforme aux nôtres. Celui-là peint
« les hommes comme ils devraient être ; celui-ci les
« peint tels qu'ils sont. Il y a plus dans le premier de ce
« qu'on admire et de ce qu'on doit même imiter ; il y
« a plus dans le second de ce qu'on reconnaît dans les
« autres, et de ce qu'on éprouve en soi-même. L'un
« élève, étonne, maîtrise, instruit ; l'autre plaît, re-
« mue, touche, pénètre. Ce qu'il y a de plus grand,
« de plus impérieux dans la raison, est manié par ce-
« lui-là ; par celui-ci, ce qu'il y a de plus tendre et de
« plus flatteur dans la passion. Dans l'un ce sont des
« règles, des préceptes, des maximes ; dans l'autre,
« du goût et des sentiments. On est plus occupé aux
« pièces de Corneille ; l'on est plus ébranlé et plus at-
« tendri à celles de Racine. Corneille est plus moral,
« Racine plus naturel. Il semble que l'un imite So-
« phocle, et que l'autre doit plus à Euripide. »

Le *parallèle* ne fait plaisir que quand il est juste et vrai : on doit donc en bannir sévèrement les rapprochements peu naturels ou qui viennent de trop loin, ainsi que les rapports faibles, vagues et peu prononcés: c'est l'écueil des orateurs médiocres. Les bons parallèles sont peut-être encore plus rares que les bons portraits. Voyez dans Cicéron (*pro Murena*, c. IX, n. 22) le curieux parallèle d'un général et d'un jurisconsulte.

8. Le *Contraste* se forme des oppositions. La nature en est remplie, et c'est une des sources des sentiments agréables qu'elle ne cesse de nous inspirer. Une forêt majestueuse plaît à côté d'une vaste prairie, un fleuve intéresse au milieu de celle-ci, et le vallon s'embellit du roc escarpé d'où tombe en cascades le ruisseau qui l'arrose. L'éloquence et la poésie ordonnent leurs compositions sur ce modèle : une variété toujours renaissante en fait le charme; elle est d'autant plus grande et cause un plaisir d'autant plus vif, que les oppositions ou les contrastes sont plus multipliés, mais aussi plus naturels, mieux préparés, et, si nous pouvons le dire, plus harmonieux. Ils donnent lieu à des beautés du premier ordre, et qui laissent dans l'esprit des impressions aussi délicieuses que profondes.

* En effet, le propre du contraste est de faire ressortir les objets, en leur donnant plus d'éclat. Peignez le nain à côté du géant, le chêne près du roseau; rapprochez la force de la faiblesse, la laideur de la beauté; mettez en regard le riche et le pauvre, celui que la fortune comble de ses dons et celui qu'elle perce et accable de ses traits; tous ces objets deviendront plus frappants, et paraîtront bien mieux ce qu'ils sont, que s'ils étaient isolés et présentés séparément. Leur présence respective, si cette expression est permise, les relève ou les rabaisse, et ils se renvoient comme un jour et une lumière mutuelle et réciproque, qui éclaire jusqu'au moindre des traits qui les caractérisent.

« La vérité, dans les ouvrages de raisonnement, « est un roi à la tête de son armée un jour de combat : « dans les ouvrages d'imagination, elle est comme une « reine au jour de son couronnement. (DE BONALD, « *Législ. prim.*) » Ces idées sont nobles, et forment un brillant contraste.

* La Fontaine fait sentir le malheur du surintendant Fouquet en l'opposant à son bonheur passé; il s'adresse aux nymphes de l'Anqueil :

Vous l'avez vu naguère aux bords de vos fontaines,
Qui, sans craindre du sort les faveurs incertaines,
Plein d'éclat, plein de gloire, adoré des mortels,
Recevait des honneurs qu'on ne doit qu'aux autels.
Hélas! qu'il est déchu de ce bonheur suprême!
Que vous le trouveriez différent de lui-même!
Pour lui les plus beaux jours sont de secondes nuits,
Les soucis dévorants, les regrets, les ennuis,
Hôtes infortunés de sa triste demeure,
En des gouffres de maux le plongent à toute heure.
Voilà le précipice où l'ont enfin jeté
Les attraits enchanteurs de la prospérité.

Adherbal implorant contre Jugurtha la protection et les secours du sénat de Rome, tire d'un contraste du même genre un argument très-fort et bien capable de lui concilier les esprits : « Quand je n'aurais d'autre « titre à votre protection que le revers affreux et si « digne de pitié qui, d'un roi puissant par sa nais- « sance, par sa renommée et par ses forces, a fait de « moi un malheureux dépouillé de tout, abîmé dans « l'infortune, et réduit à implorer des secours étran- « gers, il serait néanmoins de la dignité du peuple

« romain de réprimer l'injustice, et de ne pas souffrir
« qu'un tyran accrût son royaume par le crime (1). »

* Dans le contraste suivant, chacun des deux tableaux, considéré à part, semble parfait; mais rapprochés et mis en regard, ils acquièrent une nouvelle beauté. Le cardinal de Bausset, après avoir jugé en homme supérieur les deux ouvrages où Bossuet et Fénelon ont particulièrement imprimé le sceau de leur génie, le *Discours sur l'Histoire universelle* et le *Télémaque*, rend compte des impressions diverses que les circonstances de la vie contribuent quelquefois à donner à l'âme lorsqu'on lit ces deux chefs-d'œuvre. On dirait qu'une moitié de ce beau contraste a été dictée par Fénelon lui-même, et l'autre par Bossuet :

* « Dans le premier âge de la vie, dans un cours de
« choses paisible et régulier, dans ce temps heureux
« où l'estimable inexpérience de la perversité des
« hommes ouvre le cœur et l'imagination à toutes les
« douces illusions de la vertu et de la félicité publique,
« on aime à s'égarer avec Fénelon dans ces lieux en-
« chantés où la sagesse et la bienfaisance, assises sur

---

(1) *Si ad impetrandum nihil causæ haberem præter miserandam fortunam, quod paulo ante rex genere, fama atque copiis potens, nunc deformatus ærumnis, inops, alienas opes expecto; tamen erat majestatis populi Romani prohibere injuriam, neque pati cujusquam regnum per scelus crescere.* (SALL., *de Bello Jug.*) — Q. Curce oppose, par un contraste éloquent, la puissance de Darius avant la bataille d'Issus, et la fuite du même monarque après le combat. *Darius tanti modo exercitus rex, qui triumphantis magis quam dimicantis more, curru sublimis inierat prælium, per eadem loca quæ prope immensis agminibus compleverat, jam inania et ingenti solitudine vasta, fugiebat.* Ce mot *fugiebat*, sur lequel cette magnifique période vient se briser avec toute la puissance de Darius, frappe le lecteur et le jette dans une longue réflexion sur la fragilité des choses humaines.

« le trône, ne donnent à des peuples soumis et tran-
« quilles que des lois paternelles, et où des sujets,
« heureux des vertus du prince, se jouent avec les
« chaînes de fleurs qui les attachent à son autorité
« tutélaire.

« Mais lorsque les années commencent à refroidir
« l'imagination et à attrister les pensées ; lorsque, dés-
« abusés de tous les prestiges qui avaient ébloui notre
« âme encore jeune et sans expérience, nous voyons
« les hommes tels qu'ils sont ; lorsque les espérances
« qui avaient rempli notre vie se sont évanouies avec
« tous les objets de notre ambition ; lorsque, par une
« déplorable fatalité, nous sommes appelés à assister à
« ces grandes catastrophes qui changent la face des
« empires et le sort des nations, alors nous avons
« besoin de la main ferme et inflexible de Bossuet,
« pour nous soutenir au milieu des débris et des
« ruines que laissent ces terribles tempêtes des passions
« humaines. C'est alors qu'à la clarté sombre et majes-
« tueuse du flambeau qu'il offre à notre esprit, on ose
« marcher à sa suite, avec un effroi religieux, dans les
« profondeurs de cette Providence dont les coups de
« tonnerre *font mourir les royaumes mêmes et tomber*
« *les trônes les uns sur les autres avec un fracas effroya-*
« *ble, pour nous faire sentir qu'il n'y a rien de solide*
« *parmi les hommes*, et que l'inconstance et *l'agitation*
« *est le propre partage des choses humaines.* »

* 9. L'*Hypothèse* ou la *Supposition* est familière aux grands orateurs. Quand elle est raisonnable et placée à propos, elle devient un moyen puissant de persuasion. Elle consiste à supposer une chose possible, ou même impossible, de laquelle on tire des conséquences.

* Démosthène s'en sert avec un grand avantage pour justifier sa conduite dans les affaires publiques. « Si, par une lumière prophétique, tous les Athéniens « lisant dans l'avenir eussent prévu les événements « futurs, et que vous, Eschine, vous les eussiez « prédits et annoncés avec votre voix de tonnerre, « Athènes, même dans ce cas, aurait encore dû faire « ce qu'elle a fait, pour peu qu'elle eût respecté sa « gloire, ses ancêtres et les jugements de la posté- « rité (1). »

Mais la plus éloquente supposition qu'ait peut-être jamais employée un orateur est celle de Massillon dans son sermon sur le *Petit nombre des Élus*.

* « Je m'arrête à vous, mes frères, qui êtes ici « assemblés. Je ne parle plus du reste des hommes ; « je vous regarde comme si vous étiez seuls sur la « terre ; et voici la pensée qui m'occupe et qui m'é- « pouvante. Je suppose que c'est ici votre dernière « heure et la fin de l'univers, que les cieux vont s'ou- « vrir sur vos têtes, Jésus paraître dans sa gloire au « milieu de ce temple, et que vous n'y êtes assemblés « que pour l'attendre, et comme des criminels trem- « blants à qui l'on va prononcer ou une sentence de « grâce ou un arrêt de mort éternelle. Car vous avez « beau vous flatter, vous mourrez tels que vous êtes « aujourd'hui : tous ces désirs de changement qui

(1) Εἰ γὰρ ἦν ἅπασι πρόδηλα τὰ μέλλοντα γενήσεσθαι, καὶ προῄδεσαν πάντες, καὶ σὺ προὔλεγες, Αἰσχίνη, καὶ διεμαρτύρου βοῶν καὶ κεκραγὼς, ὃς οὐδ' ἐφθέγξω, οὐδ' οὕτως ἀποστατέον τῇ πόλει τούτων ἦν, εἴπερ ἢ δόξης, ἢ προγόνων, ἢ τοῦ μέλλοντος αἰῶνος εἶχε λόγον. (*Pro Cor.*, 199.) Voyez deux belles suppositions dans Cicéron, *pro Milone*, n. 77 et 79.

« vous amusent, vous amuseront jusqu'au lit de la
« mort ; c'est l'expérience de tous les siècles ; tout ce
« que vous trouverez alors en vous de nouveau sera
« peut-être un compte un peu plus grand que celui
« que vous auriez aujourd'hui à rendre ; et sur ce que
« vous seriez si l'on venait vous juger dans le moment,
« vous pouvez presque décider de ce qui vous arrivera
« au sortir de la vie.

« Or je vous demande, et je vous le demande frappé
« de terreur, ne séparant pas en ce point mon sort du
« vôtre, et me mettant dans la même disposition où je
« souhaite que vous entriez; je vous demande donc :
« Si Jésus-Christ paraissait dans ce temple, au milieu
« de cette assemblée, la plus auguste de l'univers,
« pour nous juger, pour faire le terrible discernement
« des boucs et des brebis, croyez-vous que le plus
« grand nombre de tout ce que nous sommes ici fût
« placé à la droite? Croyez-vous que les choses du
« moins fussent égales? Croyez-vous qu'il s'y trouvât
« seulement dix justes, que le Seigneur ne put trouver
« autrefois en cinq villes tout entières ? Je vous le
« demande, vous l'ignorez, et je l'ignore moi-même;
« vous seul, ô mon Dieu, connaissez ceux qui vous
« appartiennent. Mais si nous ne connaissons pas ceux
« qui lui appartiennent, nous savons du moins que les
« pécheurs ne lui appartiennent pas. Or, qui sont les
« fidèles ici assemblés ? les titres et les dignités ne
« doivent être comptés pour rien, vous en serez
« dépouillés devant Jésus-Christ : qui sont-ils? beau-
« coup de pécheurs qui ne veulent pas se convertir;
« encore plus qui le voudraient, mais qui diffèrent
« leur conversion ; plusieurs autres qui ne se conver-

« tissent jamais que pour retomber; enfin un grand
« nombre qui croient n'avoir pas besoin de conver-
« sion : voilà le parti des réprouvés. Retranchez ces
« quatre sortes de pécheurs de cette assemblée sainte ;
« car ils en seront retranchés au grand jour. Paraissez
« maintenant, justes; où êtes-vous? restes d'Israël,
« passez à la droite; froment de Jésus-Christ, dé-
« mêlez-vous de cette paille destinée au feu. Ô Dieu!
« où sont vos élus? et que reste-t-il pour votre par-
« tage? »

Quand Massillon prêcha pour la première fois ce sermon, dans l'église Saint-Eustache, tout l'auditoire, saisi de frayeur en cet endroit, se leva par un mouvement soudain. Massillon le prêcha de nouveau à Versailles devant la cour; et Louis XIV lui-même se tourna épouvanté, comme s'il eût entendu sa propre sentence. « C'est, dit Voltaire, la figure la plus hardie et l'un des plus beaux traits d'éloquence qu'on puisse lire chez les anciens et les modernes. »

L'hypothèse réussit presque toujours, surtout quand elle est neuve pour les auditeurs. C'est une fiction qui équivaut souvent à la réalité, et qui donne le plus grand ressort à l'éloquence. »

Réflexions sur l'usage des figures.

Il nous eût été facile, en multipliant nos explications et les exemples, de faire sentir dans un plus grand détail tous les avantages qu'un orateur habile peut tirer des figures ou des tours marqués par les rhéteurs comme servant à l'ornement du discours; mais il fallait nous borner. Nous laissons au talent et à l'expérience des maîtres le soin de suppléer aux développements qui paraîtraient nous manquer. Il n'est aucun de ces tours, aucune de ces figures à laquelle l'éloquence ne doive des traits frappants et des beautés du premier ordre. C'est ce qu'on démontrera sans peine aux jeunes gens, en leur lisant ou en leur rappelant les endroits remarquables où les anciens et les modernes en ont usé avec tant de succès.

Il est donc vrai que cette partie de la Rhétorique est digne de toute l'attention de ceux qui l'étudient, pourvu, comme nous l'avons déjà insinué, qu'ils y cherchent autre chose qu'une suite de définitions et une stérile nomenclature de noms scientifiques. C'est aux beaux exemples de ces figures que les jeunes gens doivent surtout appliquer leur attention. Qu'ils étudient les modèles que nous leur avons donnés, qu'ils en ornent leur mémoire et qu'ils en recueillent de nouveaux, afin de les imiter dans l'occasion. On n'est pas orateur parce qu'on sait les noms des figures, mais par l'usage qu'on sait en faire.

* D'abord, elles doivent être employées avec mesure et discrétion. Elles sont comme les yeux du discours, dit Quintilien (lib. VIII, c. 5;) mais les yeux ne doivent pas être répandus par tout le corps (1). Les figures trop multipliées sont d'un mauvais goût (2). Elles masquent les pensées, au lieu de les embellir, et *font du discours une énigme*, dit Aristote. La satiété naît presque toujours de l'abondance, et les plus belles choses doivent

---

(1) Cicéron les appelle de même *orationis lumina*.
(2) *Adjiciam breviter, sicut ornant orationem opportune positæ, ita ineptissimas esse (figuras), quum immodice petuntur.* (QUINT., lib. IX, c. 3, fin.)

se montrer rarement, pour ne point cesser de paraître belles.

* Secondement, les figures doivent être soutenues par le fond des choses. L'architecte habile ne met point d'ornement là où il n'y a pas d'édifice qui mérite d'en recevoir. C'est ce qui a fait dire à Longin qu'un discours où les figures n'ont pas leur motif et leur cause dans le fond même des choses, est plus capable d'indigner contre l'orateur que d'inspirer de l'admiration pour lui. La plus excellente figure, ajoute-t-il, est celle qui ne semble point une figure (1). Or, il n'y a rien qui la puisse mieux voiler que la beauté des pensées : ces deux choses doivent s'aider mutuellement; la figure doit relever la pensée, et la pensée ôter à la figure ce qu'elle paraît avoir naturellement d'artificieux et de trompeur. Cicéron et Quintilien ont parlé dans le même sens. Qu'y a-t-il de plus insensé, dit le premier, qu'un vain bruit de mots éclatants et pompeux, qui ne porte sur rien, et qui n'apprend rien (2)? Employer ainsi les figures, dit le second, c'est dépraver ou corrompre la langue (3).

* Aussi Fénelon (*Lettre à l'Académie*) traite-t-il de vain déclamateur et de charlatan celui qui ne cherche que des phrases brillantes et des tours ingénieux. Selon

(1) Τότε ἄριστον δοκεῖ τὸ σχῆμα, ὅταν αὐτὸ τοῦτο διαλανθάνῃ ὅτι σχῆμά ἐστι. (C. 17.)

(2) *Quid est enim tam furiosum, quam verborum vel optimorum atque ornatissimorum sonitus inanis, nulla subjecta sententia nec scientia.* (De Orat., lib I, c. 12, n. 51.) — « Les figures placées à dessein comme des ornements, dit Blair, font un effet misérable. » (T. II, p. 155.)

(3) *Verba depravare.* (Lib. IX, c. 3.) Et il ajoute : *figuras sine sententia sectari tam est ridiculum, quam quærere habitum gestumque sine corpore.*

lui, « le seul homme digne d'être écouté est celui qui
« ne se sert de la parole que pour la pensée, et de la
« pensée que pour la vérité et la vertu. » On doit donc
le mépris le plus profond à ces parleurs de métier,
comme les appelle encore l'archevêque de Cambrai,
qui ne pensent qu'à éblouir les yeux par des figures
brillantes, et nullement à contenter l'esprit par des
pensées solides (1).

Troisièmement, il faut placer les figures à propos :
les unes sont destinées à instruire, les autres à plaire,
un grand nombre à toucher. Règle générale, n'employez jamais les figures de pensées que lorsque les
mouvements qu'elles doivent exprimer naissent du fond
même du sujet. Il y en a qui pensent avoir fait merveille et mériter les plus grands éloges, quand ils ont
éclaté par une apostrophe, une exclamation, une prosopopée. Ils se trompent grossièrement, et font preuve
du plus mauvais goût. Les cris perçants de la douleur
siéent mal à celui qui ne souffre pas, et l'on y est
insensible. Mais quand ils sont naturels, et qu'ils
partent d'un cœur vraiment pénétré, on n'y résiste pas;
ils touchent, ils ébranlent, ils déchirent. Ainsi les plus
belles figures sont froides et languissantes, si elles ne
peignent des sentiments inspirés par la chose même
dont il s'agit.

Les figures sont comme le vêtement des pensées.
Or, dans l'homme, la vraie dignité vient du caractère,
et non de l'habit. Il en est de même dans le discours :
c'est la pensée avant tout qui produit la vraie noblesse ;
les ornements du langage ne viennent qu'après. De

(1) M. de Bonald a dit que la déclamation est l'éloquence de l'erreur.
N'est-elle pas aussi celle de la vanité et du petit esprit ?

même encore qu'il y a une sorte de convenance entre le vêtement et le rang de celui qui le porte, de même aussi, entre les figures et les pensées il doit régner un parfait accord. Alors la composition est si naturelle, que les figures deviennent presque insensibles, c'est-à-dire qu'on n'y songe pas. C'est le comble de l'art, suivant Longin, et la preuve du plus grand talent.

* Quatrièmement, il faut préparer les figures et les amener avec art, surtout celles qui sont destinées à produire des effets piquants ou de grands mouvements. La nature prépare toujours de loin ce qui doit nous plaire ou nous frapper le plus. Les fleurs ne naissent pas subitement et toutes formées; leur tige, faible d'abord, se développe par des accroissements insensibles. Le crépuscule précède l'aurore, l'aurore le soleil, et c'est encore par degrés que celui-ci arrive à son midi. La foudre n'éclate point au milieu d'un ciel pur et serein. Le vent se lève, les nuages s'amoncellent, les éclairs brillent, le tonnerre gronde, éclate et tombe. Préparez donc, et amenez vos figures ; mais principalement celles dont vous attendez de grands effets. (Voyez ce que nous avons dit sur l'*art de remuer les passions.*)

Les belles compositions sont toujours simples. Cette qualité, qui est le cachet du talent et du génie, disparaît quand les figures sont répandues avec profusion, quand elles ne s'accordent point avec les choses que l'on traite, quand elles ne sont point placées à propos, quand enfin elles sont jetées dans le discours comme au hasard et sans intelligence. Alors, loin d'embellir le style, elles le corrompent et y introduisent la recherche, l'affectation, l'enflure, c'est-à-dire la puérilité et le mauvais goût.

Nous aurions encore d'autres choses à dire sur l'usage des ornements dans le discours; mais elles trouveront leur place dans le chapitre *de la Convenance du Style*, le dernier qui nous reste à traiter.

CHAPITRE VIII

DE LA CONVENANCE DU STYLE.

ARTICLE I.

Dans toutes sortes d'ouvrages, le style doit convenir au sujet que l'on traite. « Que sert, en effet, dit Quintilien (Lib. xi, c. 1), que les mots soient purs, élégants, propres, nombreux même et figurés, s'ils ne répondent ni aux choses que nous voulons persuader à nos auditeurs, ni aux sentiments que nous avons dessein de leur inspirer? Nous ne savons pas écrire, si notre style est magnifique et pompeux dans les petits sujets, fleuri dans les grands, enjoué dans ceux qui demandent un ton grave et sérieux, menaçant et fier dans les supplications, humble et soumis quand il faut de la véhémence, violent et emporté où il est besoin d'agrément ou de douceur. »

« Celui-là seul est donc véritablement éloquent, qui sait s'exprimer en style simple dans les sujets ordinaires, traiter avec dignité les grands sujets, et ne s'élever qu'à la hauteur convenable dans les sujets moyens (1). »

C'est ce qu'on appelle assortir les pensées au sujet et le style aux pensées : *apte dicere* (QUINT.)

---

(1) *Is est eloquens, qui et humilia subtiliter, et magna graviter, et mediocria temperate potest dicere.* (CIC. *Orator*, c. XXIX, n. 100.)

§ I.

* Faut-il exprimer une *Passion*, rappelez-vous que chaque passion donne à l'âme des secousses différentes, qui se marquent au dehors par des figures propres, ou, ce qui est le même, par des traits particuliers.

> *Tristia mœstum*
> *Vultum verba decent, iratum plena minarum,*
> *Ludentem lasciva, severum seria dictu.*
> (HORACE.)

> Chaque passion parle un différent langage :
> La colère est superbe et veut des mots altiers;
> L'abattement s'exprime en des termes moins fiers.
> (BOILEAU.)

Réfléchissez donc sur la nature des passions dont vous voudrez peindre les effets en vous-même ou dans les autres. Sachez ensuite vous en pénétrer vivement, et aucun des traits qui leur conviennent ne vous échappera. C'est en quoi Racine a excellé.

* Une jeune Israélite dans la douleur attendrit jusqu'aux larmes par ce tableau du carnage des Juifs ordonné par Aman :

> Quel carnage de toutes parts !
> On égorge à la fois les enfants, les vieillards,
>   Et la sœur et le frère,
>   Et la fille et la mère,
>   Le fils dans les bras de son père !
> Que de corps entassés, que de membres épars,
>   Privés de sépulture !
>   Grand Dieu ! tes saints sont la pâture
>   Des tigres et des léopards !
>   Hélas ! si jeune encore,
> Par quel crime ai-je pu mériter mon malheur ?
>   Ma vie à peine a commencé d'éclore :
>   Je tomberai comme une fleur

Qui n'a vu qu'une aurore.
Hélas ! si jeune encore,
Par quel crime ai-je pu mériter mon malheur ?

On trouvera difficilement, soit dans nos orateurs, soit dans nos poëtes, un endroit où la douleur parle mieux le langage qui lui convient, que dans ce morceau des *Confessions de saint Augustin ;* c'est le fils le plus tendre qui peint lui-même l'état où l'a jeté la perte de la plus tendre des mères : « Mon cœur est « obscurci par la douleur; tout ce que je vois me re-« trace l'image de la mort. La maison paternelle me « rappelle sans cesse ma douleur et mon malheur. « Tout ce qui m'était doux quand je pouvais le par-« tager avec celle que j'aimais, me devient un sup-« plice depuis que je l'ai perdue. Mes yeux la cher-« chent partout, et ne la trouvent nulle part. Tout « ce que je vois m'est en horreur, parce que je ne la « vois point. Quand elle vivait, quelque part que je « fusse sans elle, tout me disait : Vous l'allez voir; « rien ne me le dit plus. Je ne trouve de douceur que « dans mes larmes, elles me tiennent lieu de ce qu'elle « m'était lorsqu'elle vivait. Je suis malheureux, et on « l'est dès qu'on livre son cœur à l'amour des choses « qui passent; on est déchiré quand on vient à les « perdre : c'est alors qu'on sent tout son malheur. J'é-« tais loin de m'en former une idée avant de l'avoir « éprouvé. Je ne puis soutenir le poids de mon cœur « déchiré et ensanglanté, et je ne sais où le repo-« ser (1). »

(1) S. Aug. *Confess.*, lib. IV, c. 4 *et seq.* Cette traduction est de Fénelon, et a été insérée par lui dans une de ses lettres à M. de Chevreuse sur la mort de la duchesse de Bourgogne.

3. Aurez-vous une *Action* à décrire, souvenez-vous que toute action a un mouvement qui lui est propre. Mais il n'y a point de mouvement dans la nature qui ne trouve, dans le choix des mots et dans leur succession, des sons qui lui répondent. A un mouvement lourd et tardif répondent des sons graves et traînants; à un mouvement brusque et précipité, des sons vifs et rapides; à un mouvement bruyant et cadencé, des sons éclatants et nombreux; à un mouvement léger et facile, des sons doux et coulants; à un mouvement pénible et profond, des sons rudes et sourds; à un mouvement vaste et prolongé, des sons majestueux et soutenus. (Céruty.) Cet accord des sons avec chaque mouvement qu'on décrit produit l'harmonie imitative, qui forme une partie essentielle de la propriété du style. Voyez ce que nous en avons dit plus haut.

* On peut citer comme un très-beau morceau dans ce genre l'exorde de l'oraison funèbre de Turenne par Fléchier. L'orateur avait à décrire un événement triste et lugubre, dont les grands mouvements demandaient une harmonie majestueuse et sombre; c'est la mort de Machabée, image touchante de celle du héros dont il va célébrer la mémoire : « Ce vaillant homme, pous-
« sant enfin avec un courage invincible les ennemis
« qu'il avait réduits à une fuite honteuse, reçut le
« coup mortel, et demeura comme enseveli dans son
« triomphe. Au premier bruit de ce funeste accident,
« toutes les villes de Judée furent émues; des ruisseaux
« de larmes coulèrent des yeux de tous les habitants;
« ils furent quelque temps saisis, muets, immobiles.
« Un effort de douleur rompant enfin ce long et morne
« silence, d'une voix entrecoupée de sanglots, que

« formaient dans leur cœur la tristesse, la pitié, la
« crainte, ils s'écrièrent : *Comment est mort cet homme*
« *puissant qui sauvait le peuple d'Israël ?* » Avec quel
soin l'orateur a coupé, comme par des soupirs, ces
mots *saisis, muets, immobiles !* Comme les sons lents
et prolongés rendent bien l'image de ce *long et morne
silence !* Mais combien l'harmonie est plus imitative encore dans ce qui suit : « A ces cris, Jérusalem redoubla
« ses pleurs, les voûtes du temple s'ébranlèrent ; le
« Jourdain se troubla, et tous ses rivages retentirent
« du son de ces lugubres paroles : *Comment est mort*
« *cet homme puissant qui sauvait le peuple d'Israël ?* »

4. Si vous voulez peindre un objet *gracieux*, employez des couleurs moelleuses, tendres, fraîches,
bien fondues. Tel est ce début de *la Bergerie* de
l'abbé de Rayrac. « Paissez, jeunes agneaux, paissez le
« long de ces rives fortunées ; et au milieu de cette
« plaine émaillée de fleurs, désaltérez-vous dans le
« courant du ruisseau qui l'arrose ; dormez au doux
« murmure de son onde, dormez en paix à l'ombre
« des peupliers. Le nouveau pasteur qui veille à votre
« garde est aimé du ciel ; innocents agneaux, vous ne
« serez plus exposés désormais à la fureur des loups
« dévorants. »

* 5. Si vous avez à peindre quelque chose de *fort*,
que vos couleurs soient pleines, tranchantes, hardies.
Ce sont celles dont M. de Bonald a fait usage dans le
morceau suivant, où il peint si bien et en si peu de
mots la révolution française. « La révolution française
« a passé, et de bien loin, toutes les craintes et toutes
« les espérances. Assemblage inouï de faiblesse et de
« force, d'opprobre et de grandeur, de délire et de rai-

« son, de crimes et même de vertu, la tête dans les
« cieux et les pieds dans les enfers, elle a atteint les
« deux points extrêmes de la ligne qu'il a été donné à
« l'homme de parcourir, et elle a offert à l'Europe,
« dans tous les genres, des scandales et des modèles
« qui ne seront jamais surpassés. » (*Législ. primit.*)

Un morceau de Massillon très-remarquable par sa force et son énergie ne paraîtra point déplacé à la suite du précédent. L'illustre orateur veut faire sentir *combien les grands talents sont funestes dans les princes sans religion et sans crainte de Dieu.*

« Qu'est-ce qu'un souverain né avec une valeur
« bouillante,.... si la crainte de Dieu ne le conduit et ne
« le modère ? un astre nouveau et malfaisant qui n'an-
« nonce que des calamités à la terre. Plus il croîtra
« dans cette science funeste, plus les misères publiques
« croîtront avec lui : ses entreprises les plus témé-
« raires n'offriront qu'une faible digue à l'impétuosité
« de sa course; il croira effacer par l'éclat de ses vic-
« toires leur témérité ou leur injustice; l'espérance
« du succès sera le seul titre qui justifiera l'équité de
« ses armes; tout ce qui lui paraîtra glorieux de-
« viendra légitime; il regardera les moments d'un
« repos sage et majestueux comme une oisiveté hon-
« teuse et des moments qu'on dérobe à sa gloire; ses
« voisins deviendront ses ennemis dès qu'ils pourront
« devenir sa conquête; ses peuples eux-mêmes four-
« niront de leurs larmes et de leur sang la triste ma-
« tière de ses triomphes; il épuisera et renversera ses
« propres États pour en conquérir de nouveaux; il
« armera contre lui les peuples et les nations; il trou-
« blera la paix de l'univers; il se rendra célèbre en

« faisant des millions de malheureux. Quel fléau pour
« le genre humain ! Et s'il y a sur la terre un peuple
« capable de lui donner des éloges, il n'y a qu'à lui
« souhaiter un tel maître. »

* 6. Sont-ce des objets *terribles* que vous avez à peindre? rembrunissez vos couleurs, donnez-leur une teinte ferme, sombre, hardie, un peu poétique, comme dans cette peinture de Télémaque abordant l'inexorable dieu des enfers:

« Télémaque s'avance à grands pas : il voit de tous
« côtés voltiger des ombres plus nombreuses que les
« grains de sable qui couvrent les rivages de la mer;
« et, dans l'agitation de cette multitude infinie, il est
« saisi d'une horreur divine, observant le profond
« silence de ces vastes lieux. Ses cheveux se dressent
« sur sa tête, quand il aborde le noir séjour de l'im-
« pitoyable Pluton ; il sent ses genoux chancelants; la
« voix lui manque, et c'est avec peine qu'il peut pro-
« noncer au dieu ces paroles : Vous voyez, ô terrible
« divinité, le fils du malheureux Ulysse; je viens vous
« demander si mon père est descendu dans votre em-
« pire, ou s'il est encore errant sur la terre.

« Pluton était sur un trône d'ébène; son visage était
« pâle et sévère, ses yeux creux et étincelants, son
« front ridé et menaçant... Il répondit à Télémaque
« d'une voix basse, qui fit mugir le fond de l'Érèbe. »

§ II.

* Tout ce que nous venons de dire prouve que la *Variété* est une des principales qualités du style. Elle résulte nécessairement de la Convenance. Il faut varier le style suivant les choses dont on parle. Le meilleur style ne ressemble point à une liqueur brillante qui colore en pourpre tout ce qu'on y plonge : c'est un ruisseau parfaitement clair, qui laisse voir, avec toutes leurs nuances, les objets sur lesquels coulent ses eaux limpides.

* Cicéron a dit : *Variare orationem magnopere oportebit;* et la raison qu'il en donne, c'est qu'en toutes choses l'uniformité est la mère de la satiété : *Nam omnibus in rebus similitudo satietatis est mater* (1).

* Si vous voulez être perpétuellement intéressant, soyez perpétuellement divers, dit Cormenin.

Boileau a reproduit le même précepte avec élégance dans ces beaux vers :

Voulez-vous du public mériter les amours ?
Sans cesse, en écrivant, variez vos discours :
Un style trop égal et toujours uniforme
En vain brille à nos yeux, il faut qu'il nous endorme.
On lit peu ces auteurs nés pour nous ennuyer,
Qui toujours sur un ton semblent psalmodier.

* Mais pour mieux comprendre ce sujet, l'un des plus importants de la rhétorique, il est nécessaire de connaître ce qu'on appelle les trois genres de style : le genre simple, le genre sublime, et le genre tempéré.

ARTICLE II.

DU GENRE SIMPLE.

* 1. « Le caractère principal du style *simple* consiste dans la pureté, la clarté et la précision. » Il n'est pas

---

(1) Un poëte a rendu cette pensée dans un vers original :

L'ennui naquit un jour de l'uniformité.

ennemi des ornements, mais il n'en peut souffrir que de simples, et rejette tous ceux qui sentent l'affectation. Ce n'est pas une beauté vive et éclatante, mais douce et modeste, accompagnée quelquefois d'une certaine négligence qui en relève encore le prix. La naïveté et la justesse des pensées, la propriété des termes, et je ne sais quelle élégance qui se fait plus sentir qu'elle ne paraît, en font tout l'ornement. On n'y voit point de ces figures étudiées qui montrent l'art à découvert, et qui semblent annoncer que l'orateur cherche à plaire. (ROLLIN.) En un mot, dans le genre simple, l'orateur se fait oublier lui-même pour attacher son auditeur tout entier aux choses dont il lui parle.

* 2. C'est le genre simple qui est le plus nécessaire: on en fait un usage continuel. C'est ce genre qu'il faut choisir toutes les fois qu'on veut enseigner quelque chose. On l'adopte en général dans la proposition, dans la division, dans la narration judiciaire, dans les discussions de droit, de philosophie, de théologie. En un mot, quand il s'agit d'exposer ou de prouver un fait, d'enseigner ou d'établir une doctrine, le genre simple est celui qui convient.

* 3. On cite comme modèles du genre simple, en grec, tout Lysias; en latin, le discours si adroit d'Alorcus aux Sagontins (T. Liv., xxi); en français, Bourdaloue, et particulièrement son sermon sur la Religion, dont voici un beau fragment.

« Jonas fugitif, mais malgré sa fuite ne pouvant
« se dérober au pouvoir du Dieu qui l'envoie, confus
« et touché de repentir, reçoit de la part du Seigneur
« un nouvel ordre d'aller à Ninive. Il y va: quoique
« étranger, quoique inconnu, il y prêche, et il se dit

« envoyé de Dieu. Il menace cette grande ville et tous
« ses habitants d'une destruction entière et prochaine.
« Point d'autre terme que quarante jours, point d'au-
« tre preuve de sa prédiction que la prédiction même
« qu'il fait : et sur sa parole, ce peuple abandonné à
« tous les vices, ce peuple pour qui, ce semble, il n'y
« avait plus ni Dieu, ni loi, ce peuple indocile aux
« remontrances et aux leçons de tous les autres pro-
« phètes, par un changement de la main du Très-
« Haut, écoute celui-ci et l'écoute avec respect, re-
« vient à lui-même, et se met en devoir d'apaiser la
« colère de Dieu, fait la plus austère et la plus exem-
« plaire pénitence : ni état, ni âge, ni sexe n'en est
« exclu. Le roi même, dit l'Écriture, pour pleurer et
« pour s'humilier, descend de son trône; les enfants
« sont compris dans la loi du jeûne ordonné par le
« prince; chacun, revêtu du cilice et couvert de cen-
« dres, donne toutes les marques d'une douleur efficace
« et prompte. Enfin la réformation des mœurs est si
« générale, que la prophétie s'accomplit à la lettre,
« *Et Ninive subvertetur*, puisque, selon la belle ré-
« flexion de saint Chrysostome, ce n'est plus cette Ni-
« nive débordée que Dieu avait en abomination, mais
« une Ninive toute nouvelle et toute sainte, édifiée sur
« les ruines de la première : et par qui? par le minis-
« tère d'un seul homme qui a parlé, et qui, plein de
« l'esprit de Dieu, a sanctifié des milliers d'hommes
« dont il a brisé les cœurs. Voilà, disait le fils de Dieu
« aux Juifs incrédules, le miracle qui vous condam-
« nera et qui confondra votre impénitence. »

Tout cela est clair, simple, naturel, sans aucune
prétention au beau style. Mais comme tout est juste et

précis! pas un mot qui ne mène à la conclusion finale: *Viri Ninivitæ surgent adversus generationem istam.*

*4. Le genre simple est un genre excellent. Un orateur parfaitement clair et qui raisonne juste impose ses idées à son auditoire. Car la vérité ingénument exprimée s'établit dans les esprits par sa propre force, comme l'erreur clairement rendue périt d'elle-même.

S'il suffisait d'éclairer les hommes pour les rendre sages et vertueux, toute l'éloquence pourrait se borner au genre simple. Mais comme ils ne suivent pas toujours les lumières de leur esprit, comme beaucoup hésitent à pratiquer le bien qu'ils connaissent, on tâche de les y déterminer par le genre sublime.

ARTICLE III.

DU GENRE SUBLIME.

§ I. — Du sublime proprement dit.

1. Il ne faut pas confondre le *sublime* proprement dit avec le style sublime.

« Le sublime consiste en une grande pensée, une grande image, un grand sentiment. »

Une grande pensée : Le législateur des Hébreux, qui n'était pas un homme ordinaire, dit Longin, ayant fort bien conçu la puissance et la grandeur de Dieu, l'a exprimée dans toute sa dignité au commencement de ses lois, par ces paroles: « Dieu dit : Que la lumière soit, et la lumière fut. »

Une grande image : « Quand Israël sortit de l'Égypte, la mer le vit, et s'enfuit. »

Voulez-vous un exemple d'un grand sentiment?

Alexandre demande à Porus, vaincu et prisonnier, comment il veut qu'on le traite: *En roi!* répond le monarque indien. On dit au vieil Horace, indigné que son fils ait pris la fuite : Que vouliez-vous qu'il fit contre trois? — Qu'il mourut! réplique le généreux vieillard.

2. Dans tous ces exemples, on peut remarquer que la pensée est sublime, mais que le style est simple. Vouloir embellir l'expression serait diminuer la grandeur de l'idée. Ainsi Commire a traduit le *Mare vidit, et fugit*, par un vers élégant :

Vidit, et acta retro scissi maris unda cucurrit.

mais il n'a pas atteint la majesté de la Bible.

3. Cependant le sublime de pensée, d'image, de sentiment, admet fort bien l'éclat du style. Ainsi, le style et la pensée sont tout à la fois sublimes dans ces beaux vers de Virgile :

*Per pice torrentes atraque voragine ripas
Annuit, et totum nutu tremefecit Olympum* (1).
(ÆN., IX, 105.)

*Excudent alii spirantia mollius æra,
Credo equidem; vivos ducent de marmore vultus;
Orabunt causas melius, cœlique meatus
Describent radio et surgentia sidera dicent :
Tu regere imperio populos, Romane, memento.
Hæ tibi erunt artes, pacisque imponere morem,
Parcere subjectis et debellare superbos.*

(1) Homère avait dit avec autant de magnificence :

Ἦ, καὶ κυανέῃσιν ἐπ' ὀφρύσι νεῦσε Κρονίων·
Ἀμβρόσιαι δ'ἄρα χαῖται ἐπερρώσαντο ἄνακτος
Κρατὸς ἀπ' ἀθανάτοιο· μέγαν δ'ἐλέλιξεν Ὄλυμπον.
(*Il. A*, 328.)

4. Au reste, que l'expression soit simple ou majestueuse, le sublime est toujours facile à reconnaître. « Quand il vient à éclater où il faut, dit Longin, il étonne, il renverse tout, comme une foudre; il élève l'âme, il lui fait concevoir une plus haute opinion d'elle-même; il la remplit de joie et de je ne sais quel noble orgueil, comme si c'était elle qui eût produit les choses qu'elle vient simplement d'entendre. » Tels sont les exemples suivants :

Au xxe livre de l'*Iliade*, tous les dieux de l'Olympe se déclarèrent les uns pour les Troyens, les autres pour les Grecs. La scène n'est plus seulement héroïque, elle devient divine. Le génie du poëte s'échauffe, s'élève, et il enfante cette description sublime :

« Mais lorsque l'Olympe entier fond dans la plaine, la discorde ardente réveille la fureur des combattants. Minerve pousse des cris belliqueux; d'un autre côté, Mars, tel qu'une noire tempête, fait entendre sa voix épouvantable. Les immortels, descendus de leurs demeures fortunées, enflamment ainsi les deux armées au combat, et versent parmi elles une rage dévorante. En même temps le maître des Dieux et des hommes fait rouler son tonnerre du haut des cieux, tandis que Neptune ébranle la terre immense jusqu'aux sommets des montagnes les plus élevées. Le mont entier de l'Ida avec ses sources nombreuses, les tours de Troie et les vaisseaux des Grecs s'agitent et tremblent.

L'enfer s'émeut au bruit de Neptune en furie.
Pluton sort de son trône, il pâlit, il s'écrie.
Il a peur que ce dieu, dans cet affreux séjour,
D'un coup de son trident ne fasse entrer le jour;

Et par le centre ouvert de la terre ébranlée,
Ne fasse voir du Styx la rive désolée ;
Ne découvre aux vivants cet empire odieux
Abhorré des mortels et craint même des dieux. »

On est saisi d'étonnement à la grandeur de cette scène. Quand on a lu une fois ce magnifique passage, on ne l'oublie jamais.

* Racine n'est pas moins sublime pour le style et pour la pensée dans ces vers, qui sont dans la mémoire de tout le monde :

J'ai vu l'impie adoré sur la terre ;
Pareil au cèdre, il cachait dans les cieux
Son front audacieux ;
Il semblait à son gré gouverner le tonnerre,
Foulait aux pieds ses ennemis vaincus :
Je n'ai fait que passer, il n'était déjà plus (1).

Personne n'ignore que c'est dans l'Écriture sainte que Racine et nos autres écrivains les plus sublimes, comme Rousseau et Bossuet, ont puisé ces grandes et magnifiques images qui nous étonnent. « En effet, de tous les écrits anciens ou modernes, dit le professeur Blair, il n'en est point qui offrent, dans le genre sublime, de plus beaux modèles que les livres saints. » La Harpe invite ceux qui ont vu dans Homère, Neptune frappant la terre de son trident, le Scamandre desséché, les murailles de Troie déracinées par la main des immortels, à comparer toutes ces peintures avec celle-ci, où le Roi-Prophète représente les effets de la toute-puissance de Dieu :

« Sa colère a monté comme un tourbillon de fumée ;

---

(1) *Vidi impium superexaltatum et elevatum sicut cedros Libani ; et transivi, et ecce non erat ; et quæsivi eum, et non est inventus locus ejus.* (Ps. XXXVI.)

« son visage a paru comme la flamme, et son cour-
« roux comme un feu ardent. Il a abaissé les cieux, il
« est descendu (1); et les nuages étaient sous ses
« pieds. Il a pris son vol sur les ailes des Chérubins;
« il s'est élancé sur les vents. Les nuées amoncelées
« formaient autour de lui un pavillon de ténèbres;
« l'éclat de son visage les a dissipées, et une pluie de
« feu est tombée de leur sein. Le Seigneur a tonné du
« haut des cieux, et le Très-Haut a fait entendre sa
« voix : sa voix a éclaté comme un orage brûlant. Il a
« lancé ses flèches et dissipé mes ennemis ; il a redou-
« blé ses foudres, qui les ont renversés. Alors les eaux
« ont été dévoilées dans leurs sources; les fondements
« de la terre ont paru découverts, parce que vous les
« avez menacés, Seigneur, et qu'ils ont senti le souffle
« de votre colère. »

Il est impossible de porter plus haut le sublime des idées et la force de l'expression. Homère et Virgile n'ont rien qui approche de ce tableau tout divin.

§ II. — Caractère du style sublime.

1. Quant au style sublime, dont on vient déjà de voir de beaux exemples, « il est noble, grand, abon-

---

(1) Racine a dit dans ses chœurs :

« Abaisse la hauteur des cieux. »

Et Voltaire dans la *Henriade* :

« Viens, des cieux enflammés abaisse la hauteur. »

Mais celui qui a dit le premier, *inclinavit cœlos, et descendit*, IL A ABAISSÉ LES CIEUX ET IL EST DESCENDU, n'en demeure pas moins le poëte qui a tracé en trois mots la plus imposante image que jamais l'imagination ait conçue. (LA HARPE.)

dant, magnifique. » Il met en usage tout ce que l'éloquence a de plus relevé, de plus fort, de plus capable de frapper les esprits : la richesse des expressions, la hardiesse des figures, la vivacité des mouvements. C'est cette éloquence qui ravit l'admiration, qui tonne, qui foudroie, qui, semblable à un fleuve impétueux, entraîne et renverse tout ce qui lui resiste.

* 2. On emploie le style sublime quand on veut agir sur la volonté. Après avoir montré à l'homme son devoir et exposé la vérité à ses yeux, s'il hésite à suivre la lumière qu'il voit, s'il refuse d'accomplir son devoir qu'il connaît, on le presse vivement et on le décide en employant le style sublime. Car ce style est une arme victorieuse; il donne au discours une force pénétrante, irrésistible; il enlève l'âme de quiconque nous écoute. Mais avant d'y recourir, il faut commencer par éclairer l'intelligence. On prouve d'abord une vérité importante par des raisonnements solides, ou l'on réfute une erreur par une démonstration lumineuse. Puis on s'abandonne à l'éloquence la plus animée, la plus passionnée, la plus véhémente. On supplie ou l'on confond, on entraîne ou l'on écrase.

* 3. Cicéron veut prouver que la mort de Clodius doit être attribuée à la juste colère des dieux, qui ont vengé leurs temples et leurs autels profanés par cet impie. Après en avoir donné plusieurs raisons, il achève de persuader ses juges par cette apostrophe sublime :

Vos enim jam Albani tumuli atque luci, vos, inquam, imploro atque testor; vosque Albanorum obrutæ aræ, sacrorum populi Romani sociæ et æquales, quas ille præceps amentia, cæsis prostratisque sanctissimis lucis, substructionum insanis molibus oppresserat : vestræ tum aræ, vestræ religiones viguerunt, vestra vis valuit, quam ille omni scelere polluerat. Tuque ex tuo edito monte, Latialis sancte Jupiter, cujus ille lacus, nemora finesque sæpe omni nefario stupro et scelere macularat, aliquando ad eum puniendum oculos aperuisti. Vobis ille, vobis vestro in conspectu seræ, sed justæ tamen et debitæ pœnæ solutæ sunt (1). (Mil., c. 31, n. 85.)

Après la bataille de Chéronée, Démosthène fut accusé d'avoir causé le malheur de sa patrie, en faisant entreprendre la guerre contre Philippe. Il montre que la résolution qu'Athènes a prise en suivant ses conseils était la seule que lui dictait la gloire; et il termine la preuve par ce serment sublime :

« Non, Athéniens, s'écrie-t-il, non vous n'avez
« point failli en bravant les hasards pour la liberté et
« le salut de la Grèce ! J'en jure par nos ancêtres qui
« ont affronté les périls à Marathon, par les héros que
« Platée a vus rangés en bataille, par ceux qui com-
« battirent à Salamine, à Arthémise, et par tous ces
« vaillants hommes qui reposent dans les monuments
« publics (2). »

(1) Je vous atteste ici, collines sacrées des Albains, autels associés au même culte que les nôtres, et non moins anciens que les autels du peuple romain; vous qu'il avait renversés, vous dont sa fureur impie avait abattu et détruit les bois sacrés, afin de vous écraser sous le poids de ses folles constructions ; alors vos divinités ont signalé leur pouvoir, alors votre majesté outragée par tous les crimes s'est manifestée avec éclat. Et toi, Dieu tutélaire du Latium, grand Jupiter, toi dont il avait profané les lacs, les bois et le territoire par des abominations et des attentats de toute espèce, ta patience enfin s'est lassée. Vous êtes tous vengés : il a subi en votre présence, quoique trop tard, la peine due à tant de forfaits.

(2) Ἀλλ' οὐκ ἔστιν, οὐκ ἔστιν ὅπως ἡμάρτετε, ἄνδρες Ἀθηναῖοι, τὸν ὑπὲρ τῆς ἐλευθερίας καὶ σωτηρίας κίνδυνον ἀράμενοι· μὰ τοὺς

Ce serment plein d'enthousiasme, non-seulement justifie l'orateur, mais il ennoblit les malheurs des Athéniens, et il rend les vaincus fiers de leur défaite, qu'il égale aux plus glorieux exploits de leurs ancêtres.

* Enfin citons un dernier exemple, qui n'est pas moins sublime que les précédents. Esther craint de s'exposer à la mort en allant trouver Assuérus pour implorer le salut des Juifs. Écoutez comment Mardochée la décide à surmonter ce péril.

> Quoi! lorsque vous voyez périr votre patrie,
> Pour quelque chose, Esther, vous comptez votre vie!
> Dieu parle; et d'un mortel vous craignez le courroux!
> Que dis-je? votre vie, Esther, est-elle à vous?
> N'est-elle pas au sang dont vous êtes issue?
> N'est-elle pas à Dieu, dont vous l'avez reçue?
> Et qui sait, lorsqu'au trône il conduisait vos pas,
> Si pour sauver son peuple il ne vous gardait pas?
> Songez-y bien, ce Dieu ne vous a pas choisie
> Pour être un vain spectacle aux peuples de l'Asie,
> Ni pour charmer les yeux des profanes humains :
> Pour un plus noble usage il réserve ses saints.
> S'immoler pour son nom et pour son héritage,
> D'un enfant d'Israël voilà le vrai partage.
> Trop heureuse pour lui de hasarder vos jours!
> Et quel besoin son bras a-t-il de nos secours?
> Que peuvent contre lui tous les rois de la terre?
> En vain ils s'uniraient pour lui faire la guerre :
> Pour dissiper leur ligue, il n'a qu'à se montrer;
> Il parle, et dans la poudre il les fait tous rentrer.

ἐν Μαραθῶνι προκινδυνεύσαντας, καὶ τοὺς ἐν Πλαταιαῖς παραταξαμένους, καὶ τοὺς ἐν Σαλαμῖνι ναυμαχήσαντας, καὶ τοὺς ἐπ' Ἀρτεμισίῳ, καὶ πολλοὺς ἑτέρους τοὺς ἐν δημοσίοις μνήμασι κειμένους ἀγαθοὺς ἄνδρας, οὓς ἅπαντας ὁμοίως ἡ πόλις τῆς αὐτῆς ἀξιώσασα τιμῆς ἔθαψεν, Αἰσχίνη, οὐχὶ τοὺς κατορθώσαντας αὐτῶν οὐδὲ κρατήσαντας μόνους. (*Pro Ctésiph.*, 208.)

> Au seul son de sa voix la mer fuit, le ciel tremble;
> Il voit comme un néant tout l'univers ensemble;
> Et les faibles mortels, vains jouets du trépas,
> Sont tous devant ses yeux comme s'ils n'étaient pas.

Tout est sublime dans ce discours, le style aussi bien que les pensées, et la fin dépasse ce qu'on voit de plus magnifique dans aucune langue.

§ III. — D'où naît le sublime.

« La première qualité qu'il faut supposer dans un grand orateur, c'est qu'il n'ait point l'esprit rampant, » dit Longin. En effet, il n'est pas possible qu'un homme qui n'a toute sa vie que des sentiments et des inclinations basses et serviles puisse jamais rien produire qui soit merveilleux, ni digne de la postérité. Il n'y a que ceux qui ont de hautes et solides pensées qui puissent faire des discours élevés, et c'est particulièrement aux grands hommes qu'il échappe de dire des choses extraordinaires.

La source du sublime est donc en vous-mêmes, jeunes élèves. C'est à vous de l'alimenter et de la rendre féconde. Nourrissez votre intelligence de hautes vérités, n'offrez à votre imagination que de nobles objets, remplissez votre cœur de sentiments généreux, et le sublime coulera spontanément de votre âme. Pensez et sentez noblement, vous écrirez de même, sans affectation comme sans effort. Les auteurs les plus sublimes n'eurent jamais d'autre secret. *Pectus est quod disertos facit.*

ARTICLE IV.

DU GENRE TEMPÉRÉ.

1. Entre les deux genres de style dont nous avons parlé jusqu'ici, savoir le simple et le sublime, il y en a un troisième, qu'on appelle le genre *Tempéré*, parce qu'il tient le milieu entre les deux autres. On l'appelle aussi le genre fleuri, parce que c'est celui où l'éloquence étale ce qu'elle a de plus gracieux et de plus brillant.

« Par ornement, en matière d'éloquence, on entend certaines figures élégantes qui embellissent le discours et le rendent plus agréable, plus insinuant, plus persuasif. » Ce sont des tours ingénieux, des expressions choisies, des antithèses spirituelles. Joignons-y des tableaux gracieux avec des pensées fines et délicates.

2. Le style tempéré a son mérite; car l'orateur a besoin d'aller à l'esprit et au cœur; mais souvent il ne le peut faire qu'en passant par l'imagination. Or, le langage qu'il faut parler à l'imagination est celui des images, des figures, des tableaux, parce qu'elle n'est frappée et remuée que par les choses sensibles. C'est ce qui fait dire à Quintilien que le plaisir aide à la persuasion, et que l'auditeur est tout disposé à croire vrai ce qu'il a trouvé agréable (1).

Il ne suffit donc pas toujours que le discours soit

---

(1) *Multum ad fidem juvat audientis voluptas.* (QUINT., lib. V, c. 14.) *Nescio quomodo etiam judex credit facilius quæ audienti jucunda sunt, et voluptate ad fidem ducitur.* (QUINT., lib. IV, c. 2, n. 119.)

clair et intelligible, ni qu'il soit plein de solides raisons et de saines pensées. Sans déployer toutes les richesses du sublime, l'éloquence peut ajouter à la solidité du fonds une décoration brillante. L'orateur satisfait par ce moyen l'esprit et l'imagination. Il donne à l'esprit la vérité et la force des pensées et des preuves, qui est comme sa nourriture naturelle; et il accorde à l'imagination la beauté des tableaux et l'agrément des expressions, qui la charment et la ravissent.

3. Cicéron nous offre un beau modèle du style tempéré dans l'éloge des belles-lettres que nous avons rapporté plus haut : *Si ex his studiis delectatio sola peteretur*, etc. Voyez p. 172.

On peut citer en notre langue, comme modèle du style tempéré, les Vacances de Lamoignon à la campagne, par Fléchier.

« Que ne puis-je vous le représenter tel qu'il était,
« lorsqu'après un long et pénible travail, loin du bruit
« de la ville et du tumulte des affaires, il allait se dé-
« charger du poids de sa dignité et jouir d'un noble
« repos dans sa retraite de Basville! Vous le verriez
« s'adonnant aux plaisirs innocents de l'agriculture,
« élevant son esprit aux choses invisibles de Dieu par
« les merveilles visibles de la nature : tantôt méditant
« ces éloquents et graves discours qui enseignaient et
« inspiraient tous les ans la justice, et dans lesquels
« formant l'idée d'un homme de bien, il se décrivait
« lui-même sans y penser; tantôt accommodant les
« différends que la discorde, la jalousie ou le mauvais
« conseil font naître parmi les habitants de la cam-
« pagne; plus content en lui-même, et peut-être plus
« grand aux yeux de Dieu, lorsque dans le fond d'une

« sombre allée et sur un tribunal de gazon, il avait as-
« suré le repos d'une pauvre famille, que lorsqu'il dé-
« cidait des fortunes les plus éclatantes sur le premier
« trône de la justice? »

Il y a dans la douceur et dans les ornements de ce style une grâce qui ne montre pas seulement l'esprit de l'orateur, mais qui fait encore aimer celui dont il parle. Ce style charmant l'aide donc à atteindre le but qu'il se propose.

* 4. Mais il est facile de tomber dans l'excès, et la tentation est délicate. Souvent des orateurs médiocres qui ont plus d'esprit que de vertu, ne pouvant atteindre au sublime, s'efforcent de gagner les suffrages de la multitude en prodiguant un vain luxe d'ornements et de figures pompeuses. Ils corrompent l'éloquence.

* « Je demande une parure mâle, noble et chaste, dit Quintilien. Je veux une éloquence ennemie du fard et de toute afféterie, qui brille pourtant, mais de santé, et, s'il faut ainsi dire, qui ne doive sa beauté qu'à ses forces et à son embonpoint. Que ces orateurs dont le style est corrompu ne s'avisent donc pas de dire que je suis ennemi du beau langage. Le beau langage est une perfection que je ne leur accorde point. Un champ où l'on me montrera partout des lis, des violettes, des anémones et des eaux jaillissantes, le croirai-je donc plus beau que si j'y voyais une abondante moisson, ou des vignes chargées de raisin (1)?

---

(1) *Nemo ex corruptis dicat me inimicum esse culte dicentibus. An ego fundum cultiorem putem, in quo mihi quis ostenderit lilia et violas et anemonas, fontes surgentes, quam ubi plena messis aut graves fructu vites erunt? Sterilem platanum tonsasque myrtos, quam maritam ulmum et uberes oleas præoptaverim?* (QUINT., lib. VIII, c. 3.)

Veut-on que je préfère un platane stérile et des myrtes bien tondus à un grand orme qui soutient une belle vigne, ou à des oliviers qui portent plus de fruits que de feuilles? »

* 5. « Le beau, le vrai beau, n'est jamais séparé de l'utile (1). » Ce principe, dit Rollin, peut servir de règle pour distinguer les ornements vrais et naturels de ceux qui sont faux et étrangers: il n'y a qu'à examiner s'ils sont nécessaires ou du moins utiles au sujet que l'on traite. Je dirai donc à l'orateur qui aime la belle et saine éloquence: Suivez le conseil qu'Horace donne au poëte, retranchez de vos compositions tout ornement qui ne servirait qu'à montrer votre esprit: *Ambitiosa recidet ornamenta.*

* 6. Comme modèles du genre tempéré, on peut citer en grec à peu près tout Isocrate; en latin, le discours de Cicéron *Pro Lege Manilia;* en français, les Oraisons funèbres de Fléchier, et souvent le Petit Carême de Massillon.

* 7. Au reste, le même discours peut réunir les trois genres d'éloquence. Souvent l'orateur prouve d'abord une vérité; pour cela il cherche la clarté, la précision et les solides pensées du style simple. Plus tard il sent le besoin de soutenir l'attention de ses auditeurs, et de les attacher par le plaisir au sujet qu'il traite: alors il a recours aux grâces du style tempéré. Enfin, après les avoir instruits et charmés, il les exhorte à suivre la lumière qu'il leur a montrée, et il les y décide par les mouvements animés, par les tours hardis et par les figures énergiques du style sublime.

(1) *Nunquam vera species ab utilitate dividitur.* (QUINT., lib. VIII, c. 3.)

Ainsi, quel que soit le style qu'il emploie, le véritable orateur a toujours pour guide cette maxime de saint Augustin : *Veritas pateat, veritas placeat, veritas moveat.*

Les principes que nous venons d'exposer jusqu'ici trouvent leur application dans les différents genres d'éloquence dont nous devons maintenant nous occuper.

LIVRE IV

DES DIFFÉRENTS GENRES D'ÉLOQUENCE

CHAPITRE I

DIVISION DES ANCIENS

ou

LES TROIS GENRES DE CAUSES.

§ I. — Définition des genres démonstratif, délibératif, judiciaire. — Leur objet.

1. Tous les sujets que peut traiter l'orateur, quelle qu'en soit la variété, ont été réduits par les anciens à trois classes, qu'ils ont appelées Genres de causes : le *Démonstratif*, le *Délibératif*, et le *Judiciaire*. Car tous les discours oratoires ont pour but de louer ou de blâmer, c'est le genre *démonstratif*; de conseiller ou de dissuader, c'est le genre *délibératif*; d'accuser ou de défendre, c'est le genre *judiciaire*.

2. Ainsi, le *genre démonstratif* est consacré au blâme ou à la louange. De ce genre sont les invectives contre les vices en général, et même contre les personnes en particulier, les panégyriques des saints, les oraisons funèbres, les éloges, les compliments, etc.

Le *genre délibératif* s'occupe de ce qui est utile ou

nuisible. L'orateur s'y propose de détourner son auditeur d'un mal, ou de le porter à un bien. On assigne à ce genre la plupart des sermons des prédicateurs, beaucoup de harangues ou de discours sur les affaires publiques, sur la paix, sur la guerre, sur les intérêts politiques des gouvernements ou des corps qui les composent, sur les points généraux de législation, etc.

* Le *genre judiciaire* appartient au barreau. Il s'occupe du juste et de l'injuste, et a pour objet toutes les questions portées devant les tribunaux. Les mémoires ou plaidoyers des avocats sont dans le genre judiciaire, ainsi que tous les discours par lesquels on accuse ou l'on défend, dans la vue d'obtenir un jugement qui absolve ou qui condamne.

* 3. Les trois genres de causes ne sont pas tellement séparés, qu'ils ne se réunissent jamais. Il est même difficile de trouver un discours qui soit uniquement dans un genre. Dans toutes sortes de matières, on a fréquemment l'occasion de louer ou de blâmer, de conseiller ou de dissuader, etc. Cicéron prétend qu'il faut choisir un général contre Mithridate, et que ce choix doit tomber sur Pompée, à cause de ses talents militaires : c'est le démonstratif uni au délibératif. Il soutient que le poëte Archias doit être mis au nombre des citoyens romains, parce qu'il a un génie qui fera honneur à l'empire : c'est le démonstratif uni au judiciaire. Enfin il défend Milon, et exhorte ses juges à le conserver à cause de son courage et de l'utilité qui en reviendra à la patrie : c'est tout à la fois le délibératif et le démonstratif unis au judiciaire. On donne au discours le nom du genre qui y domine et qui en fait le principal objet.

Dès que vous aurez choisi un sujet, voyez d'abord à quel genre de causes il appartient.

§ II. — Règles du genre démonstratif.

* Votre sujet appartient-il au genre démonstratif : on y blâme le vice, on y loue la vertu. Faites de l'un et de l'autre des tableaux frappants, capables d'enflammer les cœurs ou de haine ou d'amour. Ici le style simple ne suffit pas : vous emploierez donc le tempéré, ou même le sublime. Il vous est permis, et c'est même pour vous un devoir, de donner à vos discours tout l'éclat dont ils peuvent briller. Aussi Quintilien et Cicéron établissent-ils que le genre démonstratif est celui où l'éloquence doit étaler le plus de richesse, de pompe et de magnificence, soit qu'il faille louer, soit qu'il faille blâmer. De là l'exécration et l'horreur qui poursuit Catilina sous le pinceau de Cicéron, et l'admiration et l'amour qui s'attachent à Turenne sous celui de Fléchier. Quelle force, et en même temps quel éclat, dans cette sortie de l'orateur Romain contre le brigand conspirateur !

« Poursuis, Catilina (1), poursuis tes résolutions ;

---

(1) *Quæ quum ita sint, Catilina, perge quo cœpisti : egredere aliquando ex urbe; patent portæ, proficiscere.... Quid?.... Num dubitas id, me imperante, facere quod jam tua sponte faciebas? Exire ex urbe Consul hostem jubet.... Quid est quod te jam in hac urbe delectare possit, in qua nemo est, extra istam conjurationem perditorum hominum, qui te non metuat, nemo qui non oderit? Quæ nota domesticæ turpitudinis non inusta vitæ tuæ est? quod privatarum rerum dedecus non hæret infamiæ? quæ libido ab oculis, quod facinus a manibus unquam tuis, quod flagitium a toto corpore abfuit?.... Proficiscere.... Egredere cum importuna sceleratorum manu. Confer te ad Mallium, infer patriæ bellum; exsulta impio latrocinio.... Ibis tandem aliquando quo te jampri-*

« sors enfin de Rome, les portes sont ouvertes; pars...
« Quoi donc! balances-tu à faire par mon ordre ce que
« déjà tu faisais de toi-même? Consul, j'ordonne à
« notre ennemi de sortir de Rome.... Eh! qui pourrait
« t'y arrêter encore? Quels charmes aurait désormais
« pour toi un séjour où il n'y a pas un seul homme,
« excepté tes misérables complices, pour qui tu ne sois
« un objet d'horreur et d'effroi? Quelle est l'infamie
« domestique dont ta vie n'ait pas été flétrie? quel est
« l'opprobre, le crime, l'attentat, dont tes yeux, tes
« mains, ton corps tout entier n'ait pas été souillé?...
« Pars donc, sors avec la lie des citoyens, avec cette
« troupe affreuse de scélérats qui t'est dévouée; va
« dans le camp de Mallius; déclare la guerre à ta
« patrie; applaudis-toi d'un brigandage impie. Tu iras
« donc enfin dans ce repaire où t'appelle depuis long-
« temps ton insensée, ton aveugle fureur. Là, com-
« bien tu seras satisfait! Quels plaisirs tu vas goûter!
« de quelle joie tu seras enivré, lorsqu'en regardant
« autour de toi tu ne pourras plus, au milieu de
« tant de complices, ni voir, ni entendre un seul
« homme de bien! »

On aime à voir des couleurs plus douces, mais moins vives, quoique aussi brillantes, dans ces traits enchanteurs qui nous représentent le vainqueur des Dunes s'exerçant tranquillement aux vertus civiles :
« C'est alors (au retour de ses glorieuses campagnes)
« que, dans le doux repos d'une condition privée, ce

---

dem tua ista cupiditas effrenata ac furiosa rapiebat.... Hic tu qua lætitia perfruere! quibus gaudiis exsultabis! quanta in voluptate bacchabere, cum in tanto numero tuorum neque audies virum bonum quemquam, neque videbis! (In Catil. Orat. I.)

« prince, se dépouillant de toute la gloire qu'il avait
« acquise pendant la guerre, et se renfermant dans
« une société peu nombreuse de quelques amis choisis,
« *il* s'exerçait sans bruit aux vertus civiles : sincère
« dans ses discours, simple dans ses actions, fidèle
« dans ses amitiés, exact dans ses devoirs, réglé dans
« ses désirs, grand même dans les moindres choses.
« Il se cache, mais sa réputation le découvre ; il
« marche sans suite et sans équipage, mais chacun
« dans son esprit le met sur un char de triomphe. On
« compte, en le voyant, les ennemis qu'il a vaincus,
« non pas les serviteurs qui le suivent ; tout seul qu'il
« est, on se figure autour de lui ses vertus et ses vic-
« toires, qui l'accompagnent. Il y a je ne sais quoi de
« noble dans cette honnête simplicité ; et moins il est
« superbe, plus il devient vénérable. »

§ III. — Règles du genre délibératif.

Votre sujet appartient-il au genre délibératif : on y traite de choses utiles ou nuisibles, justes ou injustes, honorables ou honteuses. L'intérêt de vos auditeurs et l'importance de votre sujet doivent régler votre style. Plus la question qui vous occupe est sérieuse et touche de près ceux qui vous écoutent, moins vous devez courir après les grâces du style, et plus votre éloquence doit être mâle et nerveuse. Rejetez alors les ornements brillants, les figures recherchées et tout ce qui annonce trop l'esprit. Employez le style simple dans vos raisonnements, et le style sublime dans vos mouvements. Soyez nerveux, et comptez pour rien de paraître un orateur disert (1); c'est la faiblesse d'un esprit vain ou d'une âme étroite. Quand Démosthène engageait les Athéniens à défendre leur liberté contre Philippe, roi de Macédoine, il s'oubliait entièrement lui-même, et ne pensait qu'à son sujet. Son éloquence ressemblait à la foudre ou à un torrent; il entraînait tous les esprits et les enflammait d'une ardeur guerrière; aussi Philippe disait-il : *Je ne crains point les Athéniens, je ne crains que Démosthène.*

Écoutons ce roi des orateurs (2) parler à ses concitoyens: « O Athéniens, ne croyez pas que Philippe
« soit comme une divinité, à laquelle la fortune soit
« attachée. Parmi les hommes qui paraissent dévoués à
« ses intérêts, il y en a qui le haïssent, qui le craignent,
« qui en sont envieux..... Mais toutes ces choses de-
« meurent comme ensevelies par votre lenteur et votre
« négligence..... Voyez, ô Athéniens, en quel état
« vous êtes réduits! Ce méchant homme est parvenu
« jusqu'au point de ne plus vous laisser le choix entre
« la vigilance et l'inaction. Il vous menace, il parle,
« dit-on, avec arrogance; il ne peut plus se contenter
« de ce qu'il a conquis sur vous. Il étend de plus en
« plus chaque jour ses projets pour vous subjuguer; il
« vous tend des piéges de tous les côtés, pendant que
« vous êtes sans cesse en arrière et sans mouvement.
« Quand est-ce donc, ô Athéniens, que vous ferez ce
« qu'il faut faire? Est-ce une occasion que vous atten-
« dez? Est-ce la nécessité? Mais quel autre nom donner

(1) Le genre délibératif, dit Cicéron, doit être plus orné par les pensées que par les paroles : *Sententiis debet esse ornatius quam verbis.* Quintilien dit qu'il doit être moins orné, et plus sévère.

(2) *Oratorum longe princeps Demosthenes, ac pene lex orandi fuit.* (QUINT., lib. X, c. 1.)

« à ce que nous voyons ? Pour moi, je pense qu'il
« n'y a point de nécessité plus pressante pour des
« hommes libres qu'une situation d'affaires pleine de
« honte et d'ignominie. Voulez-vous achever de perdre
« votre temps ? chacun ira-t-il encore çà et là, dans la
« place publique, faisant cette question : *N'y a-t-il
« aucune nouvelle ?* Eh ! que peut-il y avoir de plus nou-
« veau, que de voir un homme de Macédoine qui
« dompte les Athéniens et qui gouverne toute la
« Grèce ? *Philippe est-il mort*, demande l'un ; *Non, il
« n'est que malade*, répond l'autre. Eh ! que vous im-
« porte, puisque, s'il n'était plus, vous vous feriez
« bientôt un autre Philippe ? (1) »

Voilà le bon sens, dit Fénelon, qui parle sans autre ornement que sa force. Il rend la vérité sensible à tout le peuple ; il le réveille, il le pique, il lui montre l'abîme ouvert. Tout est dit pour le salut commun ; aucun mot n'est pour l'orateur. Tout instruit et touche, rien ne brille. (Lettre à l'Ac.)

Nous ne disons rien ici du genre *judiciaire*. C'est la même chose que l'éloquence du barreau, dont nous parlerons au chapitre suivant.

(1) Πότ' οὖν, ὦ ἄνδρες Ἀθηναῖοι, πόθ' ἃ χρὴ πράξετε ; ἐπειδὰν τί γένηται ; Ἐπειδὰν νὴ Δί' ἀνάγκη τις ᾖ. Νῦν δὲ τί χρὴ τὰ γιγνόμεν' ἡγεῖσθαι ; Ἐγὼ μὲν γὰρ οἴομαι τοῖς ἐλευθέροις μεγίστην ἀνάγκην τὴν ὑπὲρ τῶν πραγμάτων αἰσχύνην εἶναι. Ἢ βούλεσθε, εἰπέ μοι, περιιόντες αὐτῶν πυνθάνεσθαι· « Λέγεταί τι καινόν ; » Γένοιτο γὰρ ἄν τι καινότερον ἢ Μακεδὼν ἀνὴρ Ἀθηναίους καταπολεμῶν καὶ τὰ τῶν Ἑλλήνων διοικῶν ; « Τέθνηκε Φίλιππος ; — Οὐ μὰ Δί', ἀλλ' ἀσθενεῖ. » Τί δ' ὑμῖν διαφέρει ; καὶ γὰρ ἂν οὗτός τι πάθῃ, ταχέως ὑμεῖς ἕτερον Φίλιππον ποιήσετε, ἄνπερ οὕτως προσέχητε τοῖς πράγμασι. (*Philipp.*, I, 10.)

CHAPITRE II.

DIVISION DES MODERNES,

ou

LES CINQ ESPÈCES D'ÉLOQUENCE.

Après avoir distingué trois genres de causes avec les anciens rhéteurs, nous devons maintenant considérer l'Éloquence sous un autre point de vue, qui n'est pas moins intéressant. En effet, les modernes ont distingué avec raison cinq *espèces* d'éloquence, dont chacune a des règles qui lui sont propres : l'éloquence de la Tribune, l'éloquence du Barreau, l'éloquence de la Chaire, l'éloquence Académique et l'éloquence Militaire. Il faudrait un volume entier pour bien exposer ce qui convient à chacune d'elles. Nous nous bornerons à ce qu'il y a de nécessaire, et nous renverrons pour le reste aux auteurs qui ont traité de chacune de ces espèces en particulier (1).

ARTICLE I.

DE L'ÉLOQUENCE DE LA TRIBUNE.

Caractère de cette éloquence. — Modèle. — Conseils.

1. L'éloquence de la *Tribune* ou l'éloquence *Politique* délibère essentiellement : si votre sujet s'y rap-

---

(1) Toute cette partie de la Rhétorique est fort bien traitée dans le Cours élémentaire d'Éloquence de M. l'abbé Verniolles, ouvrage substantiel, judicieux et bien écrit.

porte, appliquez à l'espèce ce que nous avons dit du genre délibératif. Souvenez-vous qu'elle traite les matières les plus sérieuses, les plus graves, les plus importantes, puisqu'elles ont pour objet nécessaire et immédiat tout ce qui a rapport au gouvernement et à l'administration des États et des empires, c'est-à-dire aux plus grands intérêts temporels de l'humanité. Elle exige donc un style ferme et sévère, quelquefois vif, animé, ardent, toujours plein de noblesse et de dignité. C'est la raison calme et invincible du style simple, ou la véhémence et la majesté du style sublime. Plus rarement les grâces du style tempéré y trouvent place.

2. On rencontre de grands traits de cette espèce d'éloquence dans les Philippiques de Démosthène. Dans celle qui a pour titre *de la Chersonèse*, après avoir prouvé que la guerre est nécessaire contre Philippe, il presse ainsi les Athéniens de prendre les armes :

« Mais si mes sentiments sont les vôtres; si vous
« voyez, comme je le vois, que plus vous laissez faire
« de progrès à Philippe, plus vous fortifiez l'ennemi
« que tôt ou tard il vous faudra combattre, qui peut
« donc vous faire balancer? qu'attendez-vous encore?
« pourquoi des délais, des lenteurs? Quand voulez-
« vous enfin agir? Est-ce quand la nécessité vous y
« contraindra? Et quelle nécessité voulez-vous dire?
« En est-il une autre, grands dieux! pour des hommes
« libres, que la crainte du déshonneur? Est-ce
« celle-là que vous attendez? elle vous assiége, elle
« vous presse, et depuis longtemps. Il en est une autre,
« il est vrai, pour des esclaves (Dieux protecteurs!
« éloignez-la des Athéniens) : la contrainte, la vio-

« lence, la vue des châtiments... Athéniens, je rou-
« girais de vous en parler (1). »

Lisez dans le *Conciones*, comme modèles de ce genre, les deux discours de Fabius et de Scipion sur le projet de porter la guerre en Afrique. (Tite-Live, liv. XXVIII.)

* 3. Cormenin donne à l'orateur de la tribune trois conseils, dont tous les autres feront bien de se souvenir.

* Ne parlez que pour dire quelque chose, et non pas seulement pour qu'on dise que vous avez parlé.

* Si vous voyez que de légers bâillements effleurent les lèvres de vos auditeurs et que déjà leurs paupières s'assoupissent, craignez qu'à la fin de votre oraison, l'assemblée ne s'abandonne tout à fait au sommeil, et rompez court.

* Ne délayez pas une seule idée dans un océan de paroles; et surtout n'oubliez pas, quand vous aurez commencé, de finir.

ARTICLE II.

DE L'ÉLOQUENCE DU BARREAU.

1. Nature de cette éloquence. — 2. Son objet. Question de fait, question de droit. — 3. Style qui convient au barreau. — 4. Modèle. — 5. Qualités de l'avocat.

* 1. L'éloquence du Barreau accuse ou défend dans la vue d'obtenir un jugement qui condamne ou qui absolve.

---

(1) Nos assemblées législatives nous ont souvent offert des modèles achevés de l'éloquence politique. Mirabeau, Maury, Cazalès, Berryer, Montalembert ont plus d'une fois égalé Cicéron et Démosthène.

*2. Elle s'occupe du juste et de l'injuste; elle a pour objet toutes les questions de fait et de droit portées devant les tribunaux. *Milon a-t-il tué Clodius?* Voilà une question de fait. *A-t-il eu raison de le tuer?* Voilà une question de droit.

Si le défenseur avoue que Milon a tué Clodius, une nouvelle question de fait se présente: L'a-t-il tué *involontairement*, ou *volontairement*, ou avec *préméditation?*

C'est là ce qu'on appelle préciser la question, *constituere causam*. Ce point est d'une grande importance dans tout plaidoyer. Souvent le succès d'une cause dépend de la manière dont le défenseur a su l'établir.

La question de droit se décide par l'examen de la loi. Car toutes les affaires discutées au barreau ont pour objet l'application d'une loi de l'État. Le devoir de l'orateur est donc de rappeler ces lois aux juges, d'en faire valoir l'autorité, de les interpréter, afin d'éclairer par là leurs décisions et leurs arrêts.

*3. Un style simple, clair et précis, doit être en général celui de l'avocat, puisqu'il se propose principalement d'instruire les juges du droit de ses parties et des lois sur lesquelles il est fondé. Comme son grand objet, c'est la conviction, il faut avant tout qu'il présente des preuves solides et des raisonnements justes, qui, pesés avec calme par de graves magistrats, leur dictent le jugement que doit prononcer leur conscience. L'avocat peut néanmoins s'élever quelquefois, et employer comme les autres orateurs toutes les richesses de la plus haute éloquence. N'a-t-il pas à combattre l'erreur, souvent l'injustice, quelquefois la méchanceté? et n'a-t-il pas à défendre l'innocence méconnue, avilie ou persécutée? Dans ces occasions, la haine des méchants, l'amour des gens de bien doit enflammer son cœur; et il manquerait à son ministère, si son style ne s'élevait pas alors avec ses pensées, s'il ne devenait grand, noble, véhément, pathétique.

4. Cicéron, plaidant contre Verrès, raconte à ses juges les horribles cruautés que ce préteur impitoyable exerçait contre les Siciliens et les citoyens romains. L'orateur, indigné, saisi d'horreur, donne souvent l'essor à son éloquence, et se livre aux mouvements les plus pathétiques. Entendons-le dans la description touchante qu'il fait du supplice de Gavius :

« Dans la place publique de Messine (1) on battait
« de verges un citoyen romain, et au milieu des dou-
« leurs, au milieu des coups qui l'accablaient, on
« n'entendait d'autre cri, d'autre gémissement, que

---

(1) *Cædebatur virgis in medio foro Messanæ civis Romanus; quum interea nullus gemitus, nulla vox alia miseri inter dolorem crepitumque plagarum audiebatur, nisi hæc*: Civis Romanus sum. *Hac se commemoratione civitatis omnia verbera depulsurum cruciatumque a corpore rejecturum arbitrabatur: is non modo hoc perfecit ut virgarum vim deprecaretur, sed quum imploraret sæpius usurparetque nomen civitatis, crux, crux, inquam, infelici et ærumnoso, qui nunquam istam potestatem viderat, comparabatur.*

O nomen dulce libertatis ! o jus eximium nostræ civitatis ! o lex Porcia legesque Semproniæ ! o graviter desiderata et aliquando reddita plebi Romanæ tribunitia potestas ! Huccine tandem omnia reciderunt, ut civis Romanus, in provincia populi Romani, in oppido fœderatorum, ab eo qui, beneficio populi Romani, fasces et secures haberet, deligatus in foro virgis cæderetur ? Quid ? quum ignes ardentesque laminæ, cæterique cruciatus admovebantur, si te illius acerba imploratio, et vox miserabilis non inhibebat, ne civium quidem Romanorum qui tum aderant, fletu et gemitu maximo commovebare ? In crucem tu agere ausus es quemquam qui se civem Romanum *esse diceret ?* (In Verrem, de Supp., c. 62.)

« cette parole : *Je suis citoyen romain*. Il croyait par
« ce seul mot écarter tous les tourments et désarmer
« les bourreaux ; mais, loin d'obtenir sa délivrance et
« de s'affranchir du supplice, lors même qu'il répétait
« sans cesse et faisait tristement retentir le nom de
« *citoyen romain*, une croix, oui une croix était dres-
« sée pour ce malheureux, qui n'avait jamais vu une
« puissance aussi tyrannique.

« O doux nom de liberté! ô droits augustes atta-
« chés au titre de citoyen! loi Porcia! loi Sempronia!
« puissance tribunitienne si amèrement regrettée, et
« enfin rendue aux vœux du peuple! est-ce là votre
« pouvoir? et a-t-il été rétabli pour qu'un citoyen
« romain, dans une province de l'empire, dans une
« ville alliée, fût attaché à un poteau, dans une
« place publique, et indignement battu de verges, par
« le magistrat même qui tenait du peuple romain
« les haches et les faisceaux? Quoi donc, Verrès!
« si lorsqu'on appliquait sur ses membres des feux,
« des lames ardentes et les autres instruments de sup-
« plice, tu n'étais point touché de ses plaintes et de
« ses cris lamentables, comment pouvais-tu être
« insensible aux pleurs et aux gémissements des ci-
« toyens romains présents à cet affreux spectacle? Tu
« as osé, Verrès, tu as osé mettre en croix un homme
« qui se disait citoyen romain! »

L'avocat français trouve souvent l'occasion de développer cette magnifique éloquence devant les cours
d'assises.

* 5. Deux qualités principales sont exigées de l'avocat : la science et la probité. Sa science embrasse les
lois civiles et toutes les décisions qui en fixent le sens.

Il doit connaître aussi les lois divines ; car Dieu est la source unique de tout droit, et les hommes ne sauraient faire aucune loi, si Dieu ne la sanctionne. Enfin il ne peut ignorer les lois de l'Église, qui, souveraine dans sa sphère, pose des limites que l'État ne saurait franchir.

L'avocat doit en outre avoir une réputation de probité si bien établie, que tout le monde le juge incapable de défendre une cause qu'il croirait mauvaise. Dans l'antiquité, l'art suprême était de gagner une cause quelle qu'elle fût. Chez les peuples chrétiens, tout orateur qui trompe les juges et leur fait prononcer une sentence injuste, commet un crime qu'il est tenu de réparer. L'habileté avilit, si elle est séparée de la probité. L'avocat ne doit jamais oublier qu'il parle devant le crucifix, comme le prêtre.

ARTICLE III.

DE L'ÉLOQUENCE DE LA CHAIRE.

§ I. — Principes généraux.

1. Caractère de l'éloquence de la chaire. — 2. Elle ne doit être ni trop parée, — 3. ni trop négligée, — 4. mais proportionnée aux auditeurs, — 5. et pleine d'onction. — 6. Modèle.

1. L'éloquence de la Chaire ou l'éloquence sacrée enseigne la religion et exhorte à la pratiquer. Elle admet les ornements ; mais une modestie pleine de sagesse doit toujours en tempérer l'éclat. Un style simple et grave est, en général, celui qui convient le mieux à la chaire. Lors même que l'orateur sacré se livre aux mouvements de la plus brillante éloquence, il faut que sa parole soit toujours sérieuse comme la religion dont

il parle, sainte comme la croix d'où il tire sa force, digne du Dieu qu'il annonce et qu'il représente. O prédicateur, voulez-vous savoir quel ton et quel style vous devez choisir? méditez cette parole : *Pro Christo legatione fungimur, tanquam Deo exhortante per nos*. (II Cor., v, 20.)

* 2. En vain les prédicateurs affectés ou trop parés dans leur style veulent-ils trouver une excuse dans la délicatesse de leurs auditeurs; il existe toujours une extrême différence dans la manière de traiter un sujet sacré et un sujet profane. On ne saurait parler en présence des autels comme au Forum, et devant la chaire de vérité comme sur la tribune aux harangues. Dans les temples saints, on doit discuter un point de doctrine ou de morale d'un autre ton que les principes des beaux-arts et des sciences dans une académie. L'éloquence sacrée a des expressions, des tours, des figures qui lui sont propres et qu'il serait ridicule de porter dans l'éloquence profane; mais celle-ci, à son tour, se pare de certains ornements qu'il serait indécent de vouloir prêter à celle-là. L'orateur sacré ne tient-il pas dans ses mains les plus grands intérêts de ses auditeurs? Quoi de plus révoltant que de lui voir affecter les prétentions du bel esprit et les formes agréables d'un élégant discoureur? « Faut-il, s'écrie à ce sujet Féne-
« lon; faut-il que les hommes chargés d'annoncer la
« parole de Dieu même recueillent avec tant d'affecta-
« tion les fleurs que Démosthène foulait aux pieds? ou
« bien doit-on croire que les ministres évangéliques
« sont moins sérieusement touchés du salut éternel
« des peuples que Démosthène ne l'était du salut de sa
« patrie? » (*Dialogues sur l'Éloquence.*)

* 3. Mais si la recherche des vains ornements et l'affectation du style doivent être sévèrement bannis de l'éloquence sacrée, pourra-t-elle jamais permettre qu'on soit négligent au point de s'abandonner aux formes triviales d'une diction sans goût, ignoble ou barbare? Il est difficile de dire lequel de ces deux excès est le plus blâmable, tant ils déshonorent l'un et l'autre la parole de Dieu et le ministre qui l'annonce! Quoique moins ordinaire que le premier, le dernier cependant n'est pas sans exemple. On voit des prédicateurs qui se ravalent par système : ils s'abaissent, ils rampent pour être plus apostoliques, disent-ils, et pour se mettre plus à la portée de leurs auditeurs. Certes, l'éloquence des apôtres fut toujours très-noble dans sa simplicité; et si leur style n'offre aucun exemple de ces beautés fardées dont les orateurs profanes sont quelquefois si jaloux, on n'y voit non plus aucune trace de cette familiarité basse et de cette trivialité grossière qui, sous le vain prétexte de se faire mieux comprendre, couvre, pour ainsi dire, de haillons la parole de Dieu, et la traîne dans la boue (1).

Tenez donc constamment un juste milieu, c'est-à-dire, soyez simple sans bassesse, et orné sans jamais cesser d'être grave.

* 4. Ce n'est pas tout, le style de l'orateur sacré,

(1) « La religion a élevé à l'éloquence, non pas une tribune, mais un trône, et ce trône est la chaire, » dit Marmontel. Lamartine a dit de même : « La place la plus haute où puisse monter un homme de génie, c'est la chaire. » Mais il faut savoir parler avec noblesse du haut de ce trône et enseigner avec dignité dans cette chaire. Heureusement un cours d'Éloquence sacrée est maintenant établi dans tous les grands séminaires de France. C'est assurément une des institutions les plus utiles à l'Église, puisque le salut des peuples dépend de la prédication.

plus que celui d'aucun autre, doit s'identifier en quelque sorte avec ses auditeurs; car, selon l'observation très-juste de saint Augustin, « celui qui enseigne n'a pas dit ce qu'il veut enseigner, tant que celui auquel il parle ne l'a pas compris. » (*Doctr. Christ.*, lib. IV, c. 27).

Le prédicateur, en se mettant à la portée de ceux qui l'entendent, doit parler aux oreilles et aux yeux, à l'esprit et au cœur; car tout est en action dans un auditeur attentif, et cette action languit dès qu'on cesse de le fixer par quelque endroit. Intéressez donc ses oreilles par la douceur et l'harmonie du style (1), ses yeux par des gestes naturels et expressifs, son esprit par la clarté, la justesse et la grandeur des idées, son cœur enfin par la véhémence, par la chaleur insinuante des émotions vives, tendres et affectueuses; cherchez les moyens d'éveiller, de soutenir, de ranimer l'attention de vos auditeurs pendant que vous les instruisez; efforcez-vous d'entraîner leurs volontés pendant que vous les exhortez. N'oubliez rien pour les renvoyer convaincus, touchés, décidés à faire ce que vous leur conseillez : tant les intérêts que vous agitez sont grands! tant il vous importe de n'atténuer l'influence de votre parole par aucun oubli, par aucune faiblesse, par aucune négligence!

5. Voilà les ressources de l'art, l'esprit de Dieu vous enseignera le reste. Car c'est au prédicateur bien plus qu'au poëte qu'il appartient de dire :

Est Deus in nobis, agitante calescimus illo.
(OVIDE.)

(1) Saint Augustin était très-jaloux de l'harmonie du style. *In meo eloquio*, dit-il, *quantum modeste fieri arbitror, non prætermitto istos numeros clausularum.* (Doctr. Christ., lib. IV, c. 41.) Il en donne ailleurs la raison : *Salubri suavitate, vel suavi salubritate quid melius?* (Doctr. Christ., lib. IV, c. 5.)

Croyons bien que nous ne pouvons annoncer utilement la parole de Dieu, s'il ne nous inspire ce que nous devons dire et la manière dont nous devons le dire. L'art et le génie suffisent pour faire de beaux discours : ils ne suffisent pas pour faire un bon sermon; car l'œuvre du prédicateur n'est pas une œuvre purement humaine. On doit sentir dans ses paroles une onction pénétrante, qui est le caractère d'une âme sainte et pleine de Dieu. Le prêtre qui part de l'autel pour monter en chaire, c'est Moïse sortant du tabernacle pour annoncer au peuple les grandes choses que Dieu lui a révélées. Choisissez donc et méditez votre sujet sous les yeux de Dieu, et demandez-lui qu'il donne la vertu à vos paroles. C'est dans la prière qu'on prépare le mieux ses sermons, comme faisaient les apôtres : *Nos vero orationi et ministerio verbi instantes erimus.* (Act. Ap., vi, 4.)

* 6. L'éloquence sacrée est l'éloquence par excellence. Telle est sa supériorité sur les autres, qu'elle admet tout ce que celles-ci ont de grand pour l'agrandir encore, et dédaigne tout ce qu'elles ont de frivole. Qui pourrait maintenant ne pas voir le style qui lui convient ?

Le morceau suivant de Massillon justifie tout ce que nous venons de dire, et en rend la vérité sensible.

* « Une fatale révolution, une rapidité que rien
« n'arrête, entraîne tout dans les abîmes de l'éternité :
« les siècles, les générations, les empires, tout va se
« perdre dans ce gouffre; tout y entre, et rien n'en
« sort : nos ancêtres nous en ont frayé le chemin, et
« nous allons le frayer dans un moment à ceux qui
« viennent après nous. Ainsi les âges se renouvellent;

« ainsi la figure du monde change sans cesse ; ainsi
« les morts et les vivants se succèdent et se rem-
« placent continuellement : rien ne demeure, tout
« s'use, tout s'éteint. Dieu seul est toujours le même,
« et ses années ne finissent point. Le torrent des
« âges et des siècles coule devant ses yeux ; et il
« voit avec un air de vengeance et de fureur de
« faibles mortels, dans le temps même qu'ils sont en-
« traînés par le cours fatal, l'insulter en passant, pro-
« fiter de ce seul moment pour déshonorer son nom,
« et tomber au sortir de là entre les mains éternelles
« de sa justice et de sa colère (1). »

* L'éloquence de la chaire comprend l'Homélie, le Sermon, le Prône, le Panégyrique des saints, l'Oraison funèbre et la Conférence. Nous parlerons successivement de chacun de ces genres.

§ II. — DE L'HOMÉLIE.

1. En quoi elle consiste. — 2. C'est un genre facile, — 3. intéressant, — 4. utile. — 5. Moyen d'y réussir.

* L'Homélie (ὁμιλία, *conversatio*) consiste à expliquer la sainte Écriture en faisant ressortir les instructions dogmatiques et les leçons de morale qui y sont contenues. Là, point de divisions savantes. L'orateur ne s'astreint pas rigoureusement à un seul sujet : il se

---

(1) Les jeunes prédicateurs peuvent tirer un grand profit de la lecture des ouvrages suivants : *Essai sur l'Éloquence de la chaire*, du cardinal Maury ; *Essai sur le même sujet*, de M. l'abbé de Besplas ; *L'Éloquence chrétienne dans l'idée et dans la pratique*, par Gisbert ; *Dialogues sur l'Éloquence*, par Fénelon ; *Traité de la Prédication*, par Hamon ; et surtout *S. Augustini, de Doctrina Christiana liber IV*, dont nous avons une traduction fidèle par Bouilly.

laisse guider par le texte même des livres saints, qu'il interprète, commente, développe, et dont il se sert pour instruire, exhorter, reprendre, encourager, consoler ses auditeurs.

* 2. L'homélie est le genre de prédication le plus ancien, le plus simple et aussi le plus commode. Quel est en effet le prêtre qui, après avoir médité l'Évangile, ne puisse facilement l'expliquer au peuple?

3. En général, les auditeurs goûtent plus une bonne homélie qu'un sermon; ils suivent avec intérêt celui qui leur explique bien l'Évangile, qui leur en fait remarquer les endroits saillants, et qui en tire des applications morales.

4. Ces enseignements, appuyés immédiatement sur la parole de Dieu, qu'on suit pas à pas, ont bien plus d'autorité que les raisonnements du prédicateur, qui dominent dans les autres genres d'instruction. Ajoutez que le peuple, en relisant chaque dimanche l'Épître et l'Évangile, se rappelle les explications qu'il en a entendu faire et les sages réflexions que le prédicateur y a jointes. Les divines Écritures, ainsi commentées, se gravent dans son esprit, affermissent sa foi, lui montrent ses devoirs, et parlent à son cœur mieux que ne peut le faire toute l'éloquence humaine.

5. Voulez-vous réussir dans l'homélie : étudiez la sainte Écriture dans un bon commentaire; rapprochez les divers textes qui s'éclairent mutuellement; ayez soin surtout de mettre en rapport et de fondre ensemble les quatre évangiles, afin de mieux reproduire les actions et les discours de notre Seigneur; enfin ornez votre récit de quelques-unes des belles et pieuses pensées que vous trouverez dans les homélies des saints

Pères sur le même sujet, et vous serez un excellent prédicateur.

§ III. — DU SERMON.

1. Qu'est-ce que le sermon? — 2. Choix du sujet. — 3. S'attacher à un but unique. — 4. *Docete.* — 5. Modèles.

* 1. Le Sermon est un discours régulier sur un sujet de dogme ou de morale. C'est dans le sermon que l'éloquence sacrée atteint sa plus haute élévation.

* 2. Pour réussir dans le sermon, il faut d'abord choisir un sujet très-important, une des grandes vérités de la religion, comme la divinité de Jésus-Christ, le jugement dernier, la pénitence. Ne cherchez point des sujets nouveaux ; mais traitez d'une manière neuve les anciens. Ce sont les plus utiles au peuple et ceux qui soutiennent le mieux le talent de l'orateur.

* 3. Il faut en second lieu marquer nettement dans son esprit le but qu'on se propose, et diriger vers ce but unique tout son discours. Voulez-vous instruire et prouver un dogme : exposez clairement ce dogme, donnez-en des preuves solides, disposez, liez, développez vos raisons, puis concluez en montrant la certitude de ce que vous avez enseigné, en peignant l'aveuglement de ceux qui nient cette vérité, en exhortant le peuple à demeurer ferme dans la foi.

* Traitez-vous au contraire un sujet de morale, et pressez-vous les fidèles de remplir une obligation : montrez la certitude de cette obligation, la peine de ceux qui l'enfreignent, le bonheur de ceux qui l'observent ; faites des tableaux vrais et animés du vice et de la vertu ; terminez en déployant toutes les ressources de

la raison, du pathétique, de la foi, pour arracher les pécheurs à leurs passions et les décider à accomplir leur devoir.

* On voit des prédicateurs qui, dans un sermon dogmatique, cousent bon gré mal gré une considération morale à chacune de leurs preuves. C'est un défaut de raisonnement. Cette morale inattendue ne produit d'autre effet que de jeter l'auditeur dans l'embarras, et de le distraire du sujet principal. C'est trop entreprendre que de vouloir tout à la fois convaincre d'un dogme et réformer les mœurs. Massillon, qui d'ailleurs a de si éminentes qualités, mérite quelquefois ce reproche. Il vaut mieux traiter ces deux choses en deux discours, ou du moins en deux points différents.

* Ce n'est pas qu'une réflexion morale soit déplacée dans un sujet dogmatique; mais elle ne doit jamais rompre le fil du raisonnement.

* 4. C'est une pieuse erreur de vouloir toujours, dans tout sermon, convertir ses auditeurs. Sans doute l'orateur sacré manquerait à son devoir s'il négligeait d'exhorter les fidèles. Mais le premier besoin du peuple est de connaître la vérité; et le premier devoir du prédicateur est de dissiper l'ignorance. Un certain nombre de sermons dogmatiques sont donc fort utiles dans toutes les chaires, aussi bien dans les villes que dans les campagnes. Instruisez, *docete*; plantez la foi, et la foi produira les œuvres. Pour que le peuple de Dieu pleure ses péchés, il faut auparavant que le prophète lui donne la science du salut (1).

5. Pour la sublimité des pensées et le pathétique

---

(1) *Ad dandam scientiam salutis plebi ejus in remissionem peccatorum eorum.* (Luc., II.)

des mouvements, lisez les Sermons de Bossuet. Pour la solidité de la doctrine, la force et l'enchaînement des preuves, la beauté des plans, lisez et relisez Bourdaloue. Pour se former le style, que le jeune rhétoricien lise, apprenne par cœur et déclame les plus beaux endroits de Massillon.

§ IV. — Du prône.

1. Qu'est-ce que le Prône? — 2. En quoi il diffère du Sermon et de l'Homélie? — 3. Son utilité. — 4. Règles du Prône.

* 1. Le mot Prône vient du grec πρόναος (qui est en avant du temple). On nommait ainsi l'instruction que l'on donnait aux catéchumènes et aux chrétiens réunis dans la nef ou à la porte de l'église. Aujourd'hui le prône est une instruction courte et simple qui se fait, pendant la messe de paroisse, sur un sujet de dogme ou de morale.

* 2. Le prône diffère de l'homélie en ce qu'il n'est point une paraphrase de l'Écriture, et qu'il se renferme dans un sujet particulier. Il se distingue du sermon en ce qu'il est plus simple, et s'affranchit des lois que donne la rhétorique pour un discours régulier. C'est le langage naturel d'un père à ses enfants, d'un maître à ses disciples.

* 3 Le prône est souvent plus utile que le sermon, parce qu'étant plus simple, il se trouve mieux à la portée des esprits peu cultivés.

* 4. Le prône ne requiert ni texte, ni exorde, ni préambule : on aborde tout simplement son sujet après la lecture de l'Évangile. Les divisions peuvent y être tolérées, mais ne sont point nécessaires. Les raisonnements élevés y seraient déplacés : il ne faut que des preuves simples, mais cependant toujours solides; beaucoup de comparaisons, des exemples intéressants. Les grands mouvements oratoires n'y sont pas de mise : il faut, en leur place, des explications claires, des détails de mœurs dans lesquels chacun se reconnaisse, et des exhortations pressantes à se corriger; il ne faut ni un style négligé et trivial, ni un style recherché et magnifique, mais un style coulant et naturel, qui rende la vérité si clairement, que les ignorants ne puissent pas ne point la comprendre; enfin une éloquence toute populaire, quoique toujours digne de la majesté de la chaire. (HAMON.)

5. C'est de prônes et d'homélies qu'un bon pasteur nourrit son peuple : il réserve les sermons pour les grandes solennités, les missions et les occasions où il s'agit de remuer fortement les cœurs.

§ V. — DU PANÉGYRIQUE DES SAINTS.

1. But du Panégyrique. — 2. Son utilité. — 3. Règle du Panégyrique. — 4. Il y en a deux sortes. — 5. Style qui lui convient.

* 1. Les Panégyriques des saints sont une excellente prédication. L'orateur sacré loue les saints dans un double but: le premier est d'engager les peuples à les honorer et à les invoquer; le second, de porter les auditeurs à la vertu, en leur offrant des modèles qui les instruisent et les encouragent tout à la fois.

* 2. De cette notion du panégyrique il est facile d'en inférer les grands avantages. Des exemples de piété et de vertu excitent plus l'intérêt, font plus d'impression sur les cœurs et se retiennent mieux que toutes les réflexions. Souvent des hommes que les exhortations les plus pressantes avaient trouvés insensibles, ont été gagnés et convertis par les grands exemples des saints : il semble qu'en montrant aux hommes la voie que les saints ont suivie, on en ôte les épines. Chacun entendant raconter les belles actions des saints, se dit à soi-même : *Quod isti, cur non ego?*

* 3. Un panégyrique bien fait doit présenter d'une manière frappante les principales actions du saint dont on fait l'éloge (1), et montrer les instructions morales qui en ressortent.

* 4. On peut donner au panégyrique la forme historique ou la forme morale. Dans la forme historique on suit l'ordre des faits. Ainsi, on pourra montrer saint Étienne d'abord simple fidèle, puis diacre, enfin martyr; et l'on fera connaître les vertus qu'il a pratiquées à chacune de ces époques. Au contraire, en suivant l'ordre moral, on rapportera toutes les actions du saint à deux ou trois vertus qui ont brillé dans sa vie et dans sa mort, comme fait Bourdaloue quand il ramène toute l'histoire de saint Étienne à ce témoignage que lui rend l'Écriture : *Plenus gratia et fortitudine.*

* 5. Le panégyrique admet le style élégant et fleuri, et même le style élevé et pompeux. L'orateur qui a médité son héros vient, plein d'enthousiasme, communiquer à ses auditeurs l'admiration dont il est pénétré. (HAMON.)

Lisez comme modèles le panégyrique de saint Louis par Bourdaloue, et celui de saint Paul par Bossuet.

---

(1) *Date ei de fructu manuum suarum, et laudent eam in portis opera ejus.* (Prov., XXXI, 31.)

§ VI. — DE L'ORAISON FUNÈBRE.

1. Qu'est-ce que l'Oraison funèbre ? — 2. Quelles louanges y sont permises? Comment l'orateur doit-il envisager son héros? — 3. Style de l'oraison funèbre.

1. L'Oraison funèbre est le panégyrique d'un mort distingué par ses vertus.

2. Dans la chaire de vérité on ne doit rien louer de ce qui n'est pas louable aux yeux de la religion chrétienne. Célébrer les richesses, les honneurs et la gloire mondaine, que l'Évangile place au nombre des vanités dangereuses, serait se mettre en contradiction avec Jésus-Christ.

Que fera donc l'orateur sacré lorsqu'il célèbrera un prince ou un grand du monde? Il montrera l'action de la Providence sur son héros, et il puisera dans sa vie et dans sa mort des leçons de vertus et de mépris des biens terrestres, en sorte que l'éloge du défunt apparaisse comme un moyen de glorifier Dieu et de sanctifier les fidèles (1).

3. L'oraison funèbre demande, comme le panégyrique, un style orné, qui, lorsque ce sujet le permet, s'élève jusqu'au sublime.

* Lisez comme modèles l'Oraison funèbre de saint Césaire, par saint Grégoire de Nazianze, celle de Turenne par Fléchier, et toutes celles de Bossuet, qui n'a point de rival en ce genre.

---

(1) L'Église défend de prononcer aucune oraison funèbre sans la permission de l'évêque, qui a seul le droit de juger si le défunt mérite cet honneur.

§ VII. — DE LA CONFÉRENCE.

1. But de la Conférence. — 2. Sa nature. — 3. Style qui lui convient. — 4. Modèles.

* 1. La Conférence est un genre nouveau créé dans ces derniers temps pour venger la religion des attaques de l'incrédulité.

* 2. La conférence est donc essentiellement dogmatique et polémique : elle établit la vérité et réfute l'erreur. L'orateur sacré discute comme théologien, s'il combat les hérétiques ; et comme philosophe, s'il réfute les rationalistes. Il appelle toutes les sciences à venir défendre la religion. Des raisons solides, une logique serrée, une démonstration victorieuse, font le principal mérite d'une bonne conférence.

* 3. Un style simple, lucide, nerveux, est celui qui convient le mieux à une discussion. Toutefois, comme il sert peu de réfuter des absents, il faut que l'orateur sache amener autour de la chaire ceux qu'il veut combattre. Il les y attirera par les charmes de son élocution et la grâce de ses manières. S'il joint à cela le talent de deviner les sentiments généreux qui peuvent se trouver dans les cœurs de ses adversaires, il les renverra bientôt respectueux envers la religion et convaincus de sa vérité.

* 4. On ne peut offrir de plus beaux modèles à étudier que les conférences de Frayssinous. Quant à celles du père Lacordaire, on les admire, mais il est difficile de les imiter.

§ VIII. — Devoirs et qualités de l'orateur chrétien.

1. Saint Paul assigne trois devoirs à l'orateur chrétien, enseigner la religion, exhorter à la pratiquer, et réfuter ceux qui l'attaquent : *Ut potens sit exhortari in doctrina sana, et eos qui contradicunt arguere.* (Tit., 1.)

2. Pour bien remplir ces trois devoirs il faut quatre qualités marquées par saint Luc dans l'éloge qu'il fait d'un des premiers prédicateurs du christianisme. Apollo, dit-il, réunissait à une élocution facile et abondante un zèle fervent, la science de la religion, et une profonde connaissance de la sainte Écriture (1).

Le jeune homme qui se destine au sublime exercice de la chaire doit acquérir ces quatre qualités. S'il lui en manque une seule, il ne sera jamais un bon orateur. En effet, comment enseignera-t-il ce qu'il ne sait pas lui-même? Sans l'éloquence comment le profond théologien fera-t-il participer les autres à ses trésors de science? Celui qui sait, dit Thucydide, mais ne sait pas dire ce qu'il sait, est pour le peuple comme s'il ne savait pas (2). Enfin eussiez-vous avec la science la plus brillante élocution, si la piété vous manque, vous ne serez qu'un airain sonore, ou tout au plus un élégant académicien.

(1) *Judæus autem quidam Apollo nomine, Alexandrinus genere, vir eloquens, devenit Ephesum, potens in Scripturis. Hic erat edoctus viam Domini; et fervens spiritu loquebatur.* (Act. Ap., XXIV.)

(2) Ὁ γνοὺς καὶ μὴ σαφῶς διδάξας ἐν ἴσῳ καὶ εἰ μὴ ἐνεθυμήθη. (*Thuc.*, II, 60.) — Ce n'est pas la science cachée, mais la science prêchée qui sauve le monde.

CHAPITRE III

DE L'ÉLOQUENCE ACADÉMIQUE.

1. L'éloquence que nous appelons *Académique*, répond assez au *genre tempéré* ou *fleuri* des anciens. Nous en avons fait une éloquence à part, depuis qu'il existe parmi nous des sociétés littéraires. Elle embrasse les harangues ou compliments de félicitation, de remercîment, de condoléance, les éloges historiques des gens de lettres et des savants, et particulièrement les discours qui sont d'usage dans les académies et dans les instituts littéraires. Comme ces ouvrages ont surtout pour but de plaire à l'esprit en l'amusant par des choses agréables, tout ce que le style a de plus orné et de plus fleuri, de plus élégant et de plus gracieux, de plus délicat et de plus fin, y trouve naturellement sa place (1). « Il est permis, dit Rollin, d'y déployer
« toutes les richesses de l'art et d'en étaler toute la
« pompe ; pensées ingénieuses, expressions frappantes,
« tours et figures agréables, métaphores hardies, ar-
« rangements nombreux et périodiques, en un mot,
« tout ce que l'art a de plus magnifique et de plus
« brillant, l'orateur peut non-seulement le montrer,
« mais même en quelque sorte en faire parade, pour

---

(1) C'est à peu près ce que dit Quintilien du genre tempéré : *Illud genus ostentationi compositum solam petit audientium voluptatem, ideoque omnes dicendi artes aperit, ornatumque orationis exponit.* (Lib. VIII, c. 3.)

« remplir l'attente d'un auditeur qui n'est venu que
« pour entendre un beau discours, et dont on ne
« peut enlever les suffrages qu'à force d'élégance et
« de beautés. »

 2. Il est facile d'échouer dans ce genre de composition, par l'abus même qu'on est exposé à faire des richesses qui y sont permises. Aussi le même Rollin demande-t-il, comme une chose nécessaire dans les ouvrages même purement académiques, que les ornements soient dispensés avec une sorte de sobriété et de sagesse; il doit surtout y régner une grande variété. Un discours où tout frappe, où tout brille, peut plaire d'abord; mais il manque d'un certain goût dans l'économie du style. « Il lasse et il fatigue par trop de beau-
« tés, et il déplaît à la longue à force de plaire. Il faut
« dans l'éloquence, comme dans la peinture, des
« ombres pour donner du relief, et tout ne doit pas
« être lumière (1). »

3. Formez donc, dans les sujets académiques, votre style sur ces idées. Un moyen de succès presque infaillible est de les ramener constamment à un but utile. Ainsi, vous corrigerez ce qu'ils ont souvent de frivole, de fade, de monotone, et vous leur imprimerez un air de décence, de noblesse, de grandeur même. Votre éclat sera plus solide, vos grâces plus naturelles, et vous pourrez, même en brillant, vous faire estimer des hommes graves.

 *4. Un modèle du style académique tel que nous venons de le faire concevoir, et tel qu'il devrait être

---

(1) *Habent itaque illa in dicendo admiratio ac summa laus umbram aliquam et recessum; quo magis id quod erit illuminatum, exstare atque eminere videatur.* (De Orat., lib. III, c. 26, n. 101.)

toujours, est cet endroit d'un discours de Racine (1) où il fait l'éloge de Corneille.

« Oui, Monsieur, que l'ignorance rabaisse tant
« qu'elle voudra l'éloquence et la poésie, et traite les
« habiles écrivains de gens inutiles dans les États :
« nous ne craindrons point de le dire à l'avantage des
« lettres, du moment que des esprits sublimes, pas-
« sant de bien loin les bornes communes, se distin-
« guent, s'immortalisent par des chefs-d'œuvre,
« quelque étrange inégalité que, durant leur vie, la
« fortune mette entre eux et les plus grands héros,
« après leur mort cette différence cesse. La postérité,
« qui se plaît, qui s'instruit dans les ouvrages qu'ils
« ont laissés, ne fait point de difficulté de les égaler à
« tout ce qu'il y a de plus considérable parmi les
« hommes, et fait marcher de pair l'excellent poëte et
« le grand capitaine. Le même siècle qui se glorifie
« aujourd'hui d'avoir produit Auguste, ne se glo-
« rifie guère moins d'avoir produit Horace et Virgile.
« Ainsi, lorsque dans les âges suivants on parlera
« avec étonnement des victoires prodigieuses et de
« toutes les grandes choses qui rendront notre siècle
« l'admiration de tous les siècles à venir, Corneille,
« n'en doutons point, Corneille tiendra sa place
« parmi toutes ces merveilles. La France se sou-
« viendra avec plaisir, que sous le règne du plus grand
« de ses rois a fleuri le plus grand de ses poëtes; on
« croira même ajouter quelque chose à la gloire de
« notre auguste monarque, lorsqu'on dira qu'il a

(1) Prononcé à l'Académie française, le 2 janvier 1685, à la réception de Thomas Corneille, qui succédait au célèbre Pierre Corneille, son frère.

« estimé, qu'il a honoré de ses bienfaits cet excellent
« génie. »

Nous citerons encore un beau modèle de l'éloquence académique, où se déploient avec une sage abondance toutes les grâces du style tempéré. L'orateur développe cette proposition : « Le philosophe a le droit d'examiner les preuves de la religion ; mais une fois qu'il en a reconnu la solidité, il doit croire les mystères révélés sans chercher à les comprendre. »

« Quelles sont donc, en matière de religion, les
« bornes où doit se renfermer l'esprit philosophique ?
« Il est aisé de le dire : la nature elle-même l'avertit à
« tout moment de sa faiblesse, et lui marque en ce
« genre les étroites limites de son intelligence. Ne
« sent-il pas à chaque instant, quand il veut avancer
« trop avant, ses yeux s'obscurcir et son flambeau s'é-
« teindre ? C'est là qu'il faut s'arrêter. La foi lui laisse
« tout ce qu'il peut comprendre ; elle ne lui ôte que
« les mystères et les objets impénétrables. Ce partage
« doit-il irriter sa raison ? Les chaînes qu'on lui donne
« ici sont aisées à porter, et ne doivent paraître trop
« pesantes qu'aux esprits vains et légers.

« Je dirai donc aux philosophes : Ne vous agitez point
« contre ces mystères que la raison ne saurait percer.
« Attachez-vous à l'examen de ces vérités qui se lais-
« sent approcher, qui se laissent en quelque sorte tou-
« cher et manier, et qui vous répondent de toutes les
« autres : ces vérités sont des faits éclatants et sen-
« sibles, dont la religion s'est comme enveloppée tout
« entière, afin de frapper également les esprits gros-
« siers et les esprits subtils. On livre ces faits à votre
« curiosité : voilà les fondements de la religion. Creu-

« sez donc autour de ces fondements; essayez de les
« ébranler; descendez avec le flambeau de la philoso-
« phie jusqu'à cette pierre antique, tant de fois rejetée
« par les incrédules, et qui les a tous écrasés ; mais,
« lorsque arrivés à une certaine profondeur, vous au-
« rez trouvé la main du Tout-Puissant qui soutient,
« depuis l'origine du monde, ce grand et majestueux
« édifice toujours affermi par les orages mêmes et 1
« torrent des années, arrêtez-vous enfin, et ne creusez
« pas jusqu'aux enfers. La philosophie ne saurait vous
« mener plus loin sans vous égarer : vous entrez dans
« les abîmes de l'infini; elle doit ici se voiler les yeux
« comme le peuple, adorer sans voir, et remettre
« l'homme avec confiance entre les mains de la foi.
« La religion ressemble à cette nuée miraculeuse qui
« servait de guide aux enfants d'Israël dans le désert :
« le jour est d'un côté, et la nuit de l'autre. Si tout
« était ténèbres, la raison qui ne verrait rien, s'enfui-
« rait avec horreur de cet affreux objet; mais on vous
« donne assez de lumière pour satisfaire un œil qui
« n'est pas curieux à l'excès. Laissez donc à Dieu cette
« nuit profonde où il lui plaît de se retirer avec sa
« foudre et ses mystères. » (Guénard).

On peut ainsi parler à des académiciens : ils aiment les périodes harmonieuses, les fines allusions et les métaphores habilement continuées. Mais l'avocat au barreau et le prédicateur en chaire se garderont bien d'employer un style aussi figuré : les juges s'en indigneraient, et le peuple n'y comprendrait rien.

CHAPITRE IV

DE L'ÉLOQUENCE MILITAIRE.

1. L'éloquence *Militaire* se réduit à parler aux troupes en certaines circonstances, pour les encourager au combat ou les féliciter de la victoire, etc. On sent assez de quels traits doit se former son caractère. La harangue si connue de Henri IV à la bataille d'Ivry, fut simple, courte, vive et prononcée avec feu : « Mes compa-
« gnons, dit-il aux seigneurs et aux soldats qui com-
« posaient son escadron, si vous courez aujourd'hui
« ma fortune, je cours aussi la vôtre. Je veux vaincre
« ou mourir avec vous. Gardez bien vos rangs, je vous
« prie; si la chaleur du combat vous les fait quitter,
« pensez aussitôt au ralliement, c'est le gain de la ba-
« taille..... Si vous perdez vos enseignes, ne perdez
« point de vue mon panache blanc : vous le trouverez
« toujours au chemin de l'honneur et de la vic-
« toire (1). »

On a loué avec raison la harangue militaire du prince de Condé. On sait que son armée était principalement composée de gentilshommes français. « Messieurs, des
« gentilshommes français n'ont pas besoin d'être
« exhortés quand il s'agit de combattre. Je me per-

---

(1) On attribue à Henri IV, s'adressant à ses soldats sur le point d'en venir aux mains, quelque chose non de plus noble, mais de plus laconique et de plus militaire : *Enfants, je suis votre roi, vous êtes Français, voilà l'ennemi, donnons !*

« mets seulement de vous rappeler que notre Dieu est
« mort sur la croix et notre roi sur un échafaud. Nous
« sommes armés pour les venger : marchons ! » Ces
lignes méritent d'être conservées (1).

*2. Les harangues de Napoléon à ses soldats sont des modèles achevés d'éloquence militaire. Voici la dernière, qui n'est pas la moins belle. Ce sont les *Adieux de Fontainebleau*.

« Soldats, je vous fais mes adieux. Depuis vingt ans
« que nous sommes ensemble, je suis content de vous.
« Je vous ai toujours trouvés au chemin de la gloire.
« Toutes les puissances de l'Europe se sont armées
« contre moi. Quelques-uns de mes généraux ont
« trahi leur devoir et la France. Elle-même a voulu
« d'autres destinées : avec vous et les braves qui me
« sont restés fidèles, j'aurais pu entretenir la guerre
« civile : mais la France eût été malheureuse. Soyez
« fidèles à votre nouveau roi ; soyez soumis à vos
« nouveaux chefs, et n'abandonnez pas notre chère
« patrie. Ne plaignez pas mon sort ; je serai heureux
« lorsque je saurai que vous l'êtes vous-mêmes. J'au-
« rais pu mourir (2) ; si j'ai consenti à survivre, c'est
« pour servir encore à votre gloire. J'écrirai les
« grandes choses que nous avons faites..... Je ne puis
« vous embrasser tous ; mais j'embrasse votre géné-

---

(1) Avant la fameuse bataille de *Lens*, le grand Condé dit à ses soldats : *Amis, souvenez-vous de Rocroi, de Fribourg et de Nordlingue !* Et cette harangue lui valut la victoire. Mais je ne connais rien de plus martial que ces paroles de la Rochejaquelein aux Vendéens la première fois qu'il les mena au combat : *Si j'avance, suivez-moi ; si je recule, tuez-moi ; si je meurs, vengez-moi.* Cette courte harangue électrisa ces paysans et en fit des héros.

(2) En allant chercher la mort au milieu des rangs ennemis.

« ral. Venez, général Petit, que je vous presse sur
« mon cœur! Qu'on m'apporte l'aigle, que je l'em-
« brasse aussi! Ah! chère aigle, puisse ce baiser que
« je te donne retentir dans la postérité! Adieu, mes
« enfants; mes vœux vous accompagneront toujours;
« gardez mon souvenir! »

3. L'éloquence militaire était beaucoup plus en usage chez les anciens que chez les modernes. On voit par l'histoire sacrée et profane que les généraux haranguaient souvent leurs troupes au moment de livrer bataille. De là tant de discours mis dans leur bouche par les historiens de l'antiquité. Au reste, il est facile de voir que presque toutes les beautés dont ils sont remplis sont dues aux historiens mêmes. On regretterait néanmoins beaucoup qu'ils n'eussent pas embelli leurs histoires de ces morceaux admirables.

CHAPITRE V

MOYENS DE SE FORMER A L'ART D'ÉCRIRE.

Les moyens que nous avons indiqués jusqu'ici pour donner au style les qualités qu'il doit avoir, c'est-à-dire, pour exceller dans l'élocution, tiennent à la nature même et à l'essence des choses. Les jeunes gens nés avec quelques dispositions sentiront la justesse de nos préceptes, et s'en rendront bientôt la pratique familière, s'ils s'appliquent avec soin à la lecture des bons modèles, à la composition et à l'imitation : trois moyens de se former un bon style, que les grands maîtres ont toujours conseillés, en recommandant toutefois les précautions qui peuvent en assurer le succès.

1° La *Lecture* des bons modèles a toujours été regardée comme singulièrement propre à développer le germe des talents. La voie des préceptes est longue, celle des exemples est beaucoup plus courte (1). Les maîtres peuvent nous donner les règles du style; c'est dans les auteurs qu'il faut en chercher la pratique. Mais quels auteurs doit-on lire, et comment doit-on les lire?

Le goût de la lecture est naturel aux jeunes gens, et souvent ils le portent jusqu'à la passion; de là vient

---

(1) *Longum iter per præcepta, breve et efficax per exempla*, dit Sénèque.

qu'il est si funeste à un grand nombre d'entre eux. Il a donc besoin d'être réglé. Nous écrivons ceci pour ceux qui ont le désir sincère de mettre leurs talents à profit, et de faire quelques progrès dans l'art d'écrire. Ils peuvent tenir pour sûrs et même pour infaillibles les conseils que nous leur donnerons.

Qu'ils choisissent, éclairés par un maître habile, parmi les écrivains anciens et modernes, ceux que le jugement des siècles et une opinion publique bien prononcée, certaine, invariable, a placés au premier rang (1). Nous ne disons pas jusqu'où ils pourront dans la suite étendre leurs lectures; mais en attendant qu'ils aient le goût assez sûr pour pouvoir braver les dangers imminents d'une corruption devenue aujourd'hui très-commune, ils doivent rigoureusement s'en tenir à un petit nombre d'excellents modèles (2).

Timeo hominem unius libri, disait un célèbre docteur (saint Thomas d'Aquin). En effet, il y a toujours plus de vraie science dans celui qui n'a lu qu'un

---

(1) Le jeune rhétoricien, dont les moments libres sont très-limités, fera bien de se renfermer dans les ouvrages dont voici la liste : 1. les Oraisons funèbres de Bossuet; 2. les sermons de Massillon sur la Mort, sur la Mort du Juste et du Pécheur, sur la Vérité d'un Avenir, sur la Vérité de la Religion, sur l'Impénitence finale et sur le Petit Nombre des Élus; 3. les sermons de Bourdaloue sur la Récompense des saints, sur la Religion chrétienne, et sur la Passion de Jésus-Christ (celui qui a pour texte : *Prædicamus Christum Dei virtutem*) ; 4. les discours de Cicéron *pro Lege Manilia*, *pro Milone* et *pro Marcello*; 5. le discours de Démosthène sur la Couronne, ou l'Oraison funèbre de saint Césaire, par saint Grégoire de Nazianze. Certes il y a d'autres chefs-d'œuvre d'éloquence qu'on peut lire avec beaucoup de fruit, mais il vaut mieux en posséder à fond quelques-uns des plus parfaits que d'en effleurer un grand nombre.

(2) *Diu non nisi optimus quisque, et qui credentem sibi minime fallat, legendus est.* (QUINT., lib. X, c. 1.) — « Ne lisez pas les bons livres, » disait un homme d'un grand jugement; « lisez les meilleurs. »

bon livre, mais qui l'a bien lu, que dans celui qui en a lu plusieurs, sans se donner le temps de les méditer et de les approfondir. Les grands lecteurs connaissent pour l'ordinaire la superficie de beaucoup de choses; mais rarement ils sont de vrais savants, et plus rarement encore de grands orateurs (1).

Il faut donc lire beaucoup peu de livres: *multum legendum, non multa.* (PLIN. JUN., lib. VII, ep. 9.) Il n'y a pas de moyen plus sûr de se former le goût et de perfectionner son talent. Aussi a-t-on eu raison d'assurer que de deux hommes également favorisés de la nature, celui qui réussira le mieux dans l'art d'écrire, et qui aura surtout la manière la plus originale, est celui qui aura le mieux lu un petit nombre d'excellents ouvrages, et moins d'ouvrages médiocres (2).

Il y a en effet bien du danger dans la lecture indiscrète d'un grand nombre de livres. La plupart, plus brillants que solides, n'apprennent point à devenir éloquent, ni à bien écrire. Plusieurs gâtent le goût, et ce sont quelquefois les plus attrayants. Beaucoup sont pleins d'idées fausses en politique, en philosophie, en histoire. Un grand nombre portent des atteintes plus ou moins funestes à la religion et aux bonnes œuvres: ces derniers sont toujours les plus nuisibles au développement des talents oratoires. On perd, en les lisant, ces sentiments nobles, généreux, élevés, sans lesquels il est impossible d'exceller dans les parties les plus sublimes de l'éloquence. Ces grandes idées d'honneur, de vertu, de magnanimité,

---

(1) Il y a sans doute des exceptions à cette règle; mais elles ne sont pas communes.

(2) Voyez de Bonald, *Observations sur les livres classiques.*

d'esprit public, les seules capables dans tous les temps d'exciter l'admiration et l'enthousiasme, s'altèrent ou ne naissent jamais dans l'esprit des jeunes gens dont le cœur est vicié de bonne heure par la lecture d'auteurs dangereux ou suspects : comme la santé et la vigueur, qui en est le fruit, ne se rencontrent jamais, ou sont bientôt ruinés sans ressource dans les tempéraments nourris avec des aliments qui ne sont pas sains ou qui manquent de solidité.

2. Mais comment doit-on lire les auteurs dont on a fait choix? Lisez peu à la fois; les objets se fixeront plus aisément dans votre esprit. Lire au delà de certaines bornes, c'est presque toujours se fatiguer sans fruit. L'esprit s'affaisse sous le poids dont on le charge : « Il est comme les fleurs et les plantes, a dit un de « nos meilleurs critiques, qui se nourrissent mieux « quand on les arrose modérément; mais quand on leur « donne trop d'eau, on les suffoque et on les noie. »

Appliquez-vous à saisir le plan, la conduite, l'ensemble de l'ouvrage que vous lirez; à découvrir l'enchaînement, la suite et la progression des pensées et des sentiments; à en démêler la vérité, la justesse, le naturel. Ainsi vous verrez l'accord des choses avec les mots, le rapport des idées avec les figures, avec les tours, avec tous les ornements du discours; ainsi vous appliquerez la théorie des principes à la pratique des grands maîtres, et vous surprendrez peut-être quelques-uns de leurs secrets sur l'art d'écrire.

On ne peut guère tirer un pareil fruit de ses lectures qu'en suivant le conseil de Quintilien. Il veut qu'on lise les bons auteurs avec autant de soin qu'on en mettrait à composer soi-même; qu'on approfondisse successivement chaque partie de leurs ouvrages dans plusieurs lectures consécutives, surtout si ce sont des pièces d'éloquence, dont les beautés, dit-il, sont quelquefois d'autant plus difficiles à découvrir, que l'orateur fait de plus grands efforts pour les cacher à son auditeur (1).

C'est ici le lieu d'examiner si la lecture des poëtes peut être utile à l'orateur pour apprendre à bien exprimer ses pensées. Il n'y a jamais eu qu'une voix là-dessus dans toutes les bonnes écoles.

Un ancien d'un très-grand poids, Pétrone, voulait que les jeunes gens qui se destinaient à la haute éloquence se nourrissent de bonne heure de la lecture des poëtes, et surtout de celle d'Homère.

Det primos versibus annos,
Mæoniumque bibat felici pectore fontem.

Bossuet conseille Virgile, Théophraste, Longin, Quintilien, Cicéron et Rollin ont pensé de même. Tous se réunissent à dire que c'est dans les poëtes qu'on doit chercher le feu des pensées, le sublime de l'expression, la force et la vérité des sentiments, la justesse et la bienséance des caractères, surtout l'élégance et l'harmonie du style (2).

---

(1) Gravez profondément dans votre esprit et pratiquez fidèlement les conseils suivants donnés par un grand maître : *Vide, cum eloquentem locum legis audisve, quid te moveat, quemadmodum moveat, cur moveat; ut se insinuet orator probitatis ac benevolentiæ commendatione; ut reluctantem animum nunc frangat vi, nunc astu capiat; ut spe, odio, timore accendat. Nota si quid ejusmodi occurrit; exscribe, si vacat, si tanti est, et in loco imitare.* (JUVENT., *Rat.*, disc., art. I, § 5.)

(2) *A poetis et in rebus spiritus, et in verbis sublimitas, et in affectibus motus omnis, et in personis decor petitur.* (QUINT., lib. X, c. 1.)

Mais n'est-il pas dangereux que la hardiesse et les licences du style poétique ne séduisent les jeunes gens, n'égarent leur goût et ne leur fassent confondre l'éloquence du poëte avec celle de l'orateur? Non, si les jeunes gens ne sont pas abandonnés à eux-mêmes. Un maître habile les préservera aisément de cet écueil, en leur faisant observer les tours, les figures, les images, le style en un mot qui ne convient qu'au poëte, et qui ne saurait convenir à l'orateur. Au reste, la distance de l'un à l'autre est moins grande qu'on ne pense, dit Cicéron. La mesure des vers et la licence de l'expression distinguent éminemment le poëte; mais il se rapproche de l'orateur, et il est comme son compagnon et presque son égal dans l'art de distribuer la plupart des ornements qui embellissent l'éloquence (1). Aussi la lecture des poëtes et l'étude de la poésie même ont-elles toujours fait partie de l'éducation oratoire, et les plus célèbres orateurs en ont tiré souvent les plus grandes beautés (2).

(1) *Est finitimus oratori poeta, numeris astrictior paulo, verborum autem licentia liberior, multis vero ornandi generibus socius ac pene par.* (De Orat., lib. I.)

(2) On étudie encore, mais on ne pratique pas assez, qu'on me passe cette expression, la poésie latine dans nos colléges. Il y a surtout des colléges communaux où elle est tout à fait négligée. Qui ne sait cependant que l'exercice de la poésie latine est un moyen puissant de féconder l'imagination et de développer les talents? Il fut familier à tous les écrivains célèbres de notre grand siècle. Il est conseillé et regardé en quelque sorte comme nécessaire par tous les auteurs de quelque nom qui ont traité de l'éloquence. Il élève l'âme, agrandit les idées, échauffe le sentiment. Il prépare immédiatement, essentiellement et très-efficacement aux grands succès, je dirai plus, aux prodiges de l'éloquence. Je ne crains pas d'être contredit par quiconque aura un goût éclairé et sûr: plus on encouragera cette partie importante de l'instruction publique, plus les études se fortifieront, plus nous aurons de bons écrivains dans tous les genres;

3. Il nous reste, au sujet de la lecture, à donner aux jeunes gens un avis essentiel qui n'a pu ailleurs trouver sa place. Ils savent que l'harmonie est une des qualités du style les plus brillantes et les plus nécessaires. Ils ont goûté plus d'une fois le charme qu'on trouve à entendre un orateur dont l'harmonie périodique est soutenue avec goût. L'expérience leur a fait voir qu'il y a aussi beaucoup de plaisir à lire, *surtout à haute voix*, les écrivains qui se distinguent par cet endroit. C'est ce dernier exercice que nous proposons aux jeunes gens comme singulièrement utile. Il n'en est pas de meilleur pour acquérir de l'oreille et pour se former soi-même, et presque sans maître, à l'harmonie du style. Faite avec intelligence et avec goût, cette lecture révèle les secrets de l'art, et vaut souvent les leçons des plus habiles maîtres (1).

§ II. — La Composition.

1. La *Composition* doit être comme le fruit de la lecture. Celle-ci enrichit l'esprit, celle-là lui apprend à faire usage de ses richesses. L'exercice dans l'art d'écrire, dit Cicéron, est le meilleur de tous les maî-

---

plus au contraire on la négligera, plus nos études s'affaibliront, plus notre littérature s'appauvrira. Et n'est-ce pas ce qu'une malheureuse expérience nous démontre tous les jours? Voyez Cicéron, Quintilien, Rollin, Blair, etc.

(1) *Profuerit interdum*, a dit un savant rhéteur, *si quid inter legendum arrideat, illud revolvere ac regustare; interdum recitare submissa, aut elata etiam voce; memoriæ fideli commendare.* (JUVENT., *Rat. disc. et doc.*) C'est en lisant les orateurs d'après ces conseils que les jeunes gens saisiront avec fruit tout le sens de ce beau passage de Cicéron parlant de l'harmonie du style: *Est hæc collocatio conservanda verborum, quæ junctam orationem efficit, quæ cohærentem, quæ lævem, quæ æquabiliter fluentem.* (De Orat., lib. III, c. 11.)

tres. Aussi est-ce une méthode sagement adoptée, de prescrire aux jeunes gens des compositions journalières, où ils puissent appliquer les préceptes qu'on leur a donnés; compositions importantes, nécessaires, auxquelles ils ne sauraient se livrer avec trop d'ardeur.

Ils pourront y préluder par des essais d'abord moins difficiles.

On a vu de très-grands écrivains, où des hommes d'un grand talent qui se préparaient à le devenir, choisir parmi les auteurs anciens ceux qui leur paraissent les meilleurs, et essayer d'en traduire les plus beaux morceaux, pour prendre la manière d'exprimer leurs pensées, et s'approprier ainsi en quelque sorte leurs couleurs et leurs pinceaux. Cette pratique a de grands avantages, et nous la conseillons aux jeunes gens comme une des plus capables de les former à l'éloquence.

Cicéron employa cette méthode avec le plus grand succès. « Dans mon adolescence, dit-il, je traduisis les harangues des grands orateurs de la Grèce. Ce travail me fut utile: en donnant une forme latine à ce que j'avais lu en grec, non-seulement je pouvais me servir des meilleures expressions en usage parmi nous, mais l'imitation me conduisait à en imaginer d'autres qui, pour être nouvelles dans notre langue, n'en étaient pas moins heureuses (1).

« En effet, dit d'Aguesseau, la traduction est comme

(1) *Mihi placuit*, dit-il, *eoque sum usus adolescens, ut summorum oratorum Græcas orationes explicarem; quibus lectis hoc assequebar, ut, cum ea, quæ legerem Græce, Latine redderem, non solum optimis verbis uterer, et tamen usitatis, sed etiam exprimerem quædam verba imitando, quæ nova nostris essent, dummodo essent idonea.* (De Orat.; lib. 1, c. 34, n. 155.)

l'école de ceux qui se destinent à peindre par la parole. » Outre qu'en essayant de traduire Cicéron, par exemple, on s'accoutume, presque sans s'en apercevoir, à sentir et à penser comme lui, la difficulté d'atteindre à la noblesse et à l'harmonie de ses périodes, à la variété de ses tours, à la liaison admirable de ses idées, à la justesse et à la délicatesse de ses expressions, enfin à la politesse, à l'urbanité, au ton général de son style, cette difficulté, disons-nous, qui est très-grande sans doute, fait faire d'incroyables efforts au traducteur; c'est, pour ainsi dire, une lutte établie corps à corps, où celui-ci est forcé, pour approcher de son modèle, d'avoir recours à toutes les ressources de sa propre langue. Heureux encore quand il s'en sert assez bien pour écrire quelques lignes qui soient dignes du prince des orateurs romains.

On sent quelle fécondité d'idées, de tours et d'expressions doit naître d'un pareil exercice, quand il est fait avec soin, et combien il est favorable au talent. Traduire ainsi les anciens, c'est recevoir d'eux immédiatement des leçons de goût. Ce genre de travail suppose une connaissance des langues anciennes déjà assez approfondie. C'est pour les jeunes gens un motif puissant de les étudier à fond. Car s'ils sont jaloux de bien écrire un jour, un moyen aussi efficace de se former un bon style ne doit point leur être étranger.

*2. Quand on est parvenu à polir sa phrase à force de traduire les anciens, une autre méthode nous apprend à développer ses idées et à colorer son style : c'est celle que Cicéron conseille par la bouche de Crassus, dans son dialogue de l'*Orateur*. Elle consiste à lire d'abord avec une grande attention des morceaux choisis dans les orateurs anciens, et à les reproduire ensuite soi-même dans sa langue, sans autre secours que cette première lecture. Ce travail fini, on le compare à celui de l'auteur original. Utile à la mémoire, cette manière d'imiter l'est plus encore à l'esprit, au goût, au talent. Elle laisse la liberté du style et l'invention même d'un grand nombre d'idées; et comme on veut néanmoins ressembler à son modèle ou en approcher de très-près, on fait en sorte de reproduire ses figures, ses mouvements, ses tours. On saisit ses formes, on prend son caractère, sa grâce, sa noblesse, sa précision, son énergie. Travailler ainsi, d'après de grands maîtres, sur des objets intéressants, c'est travailler à s'élever l'âme et le style, c'est jeter les fondements d'une haute et sublime éloquence.

* 3. Mais il faut enfin que les jeunes gens essaient leurs forces dans des compositions où ils tirent les choses de leur propre fonds. Qu'on leur donne les matières sur lesquelles ils doivent s'exercer, cela est dans l'ordre; l'usage est même qu'on leur en trace le plan ou le canevas. L'essentiel pour nous est de leur marquer ce qu'ils doivent faire pour traiter avec succès la matière qui leur est proposée.

Nous leur dirons donc : 1° de méditer leur sujet de manière à le connaître à fond. Qu'ils s'en fassent une idée nette, il leur inspirera de l'intérêt, et leur imagination s'échauffant leur fournira des pensées, des expressions, des tours et des figures convenables. Alors ils écriront bien; tout deviendra pour eux facile, aisé, naturel. Car, suivant la pensée de Quintilien, le meilleur style est attaché au sujet; c'est lui qui le donne; il ne faut pas l'emprunter ailleurs (1).

Nous leur dirons: 2° de mettre tout de suite par écrit ce que leur sensibilité et leur imagination leur suggèreront de meilleur; non que ce premier jet doive les assurer du succès et suffire à leurs vœux, mais c'est le moment des belles et des grandes pensées, des sentiments nobles, élevés ou pathétiques. Dans le premier élan de la composition, il y a un mouvement de cœur et d'esprit, de verve et d'enthousiasme, dont il est important de savoir profiter, parce que souvent il ne se retrouve pas, et qu'on le regretterait en vain, si on lui permettait de se ralentir. C'est un feu qui dure quelquefois d'autant moins qu'il est plus vif, si les ressources manquent pour l'alimenter et pour le soutenir. On sent ici mieux que jamais combien il est avantageux de méditer le sujet qu'on doit traiter. Mieux on en saisit les rapports et les circonstances, plus la composition devient facile et s'embellit comme d'elle-même de tous les ornements qui lui conviennent.

Mais ce n'est pas tout encore : le moment est venu de se livrer à une correction sévère : opération pénible, laborieuse, dont il est très-important de faire sentir la nécessité aux jeunes gens. Il n'y a en effet que des esprits légers, ou négligents, ou présomptueux, qui se contentent d'un premier travail, heureux quelquefois, mais presque toujours rempli d'imperfections. On ne saurait croire combien il est funeste, dans la jeunesse surtout, de se pardonner ses moindres vices et d'avoir pour soi-même trop d'indulgence. On ajoute chaque jour quelque chose à son mal, et il de-

---

(1) *Plerumque optima verba rebus cohærent.* (Lib. x.)

vient incurable. On se fait gloire à cet âge, qui malheusement ne doute de rien, d'écrire avec rapidité et d'enfanter des pages en quelques instants. Quel est le fruit de cette facilité précoce et de cette espèce d'étourderie littéraire? L'expérience prouve que ceux qui s'y abandonnent finissent presque toujours par être de mauvais écrivains, et du nombre de ceux à qui on peut appliquer ces vers :

> Bienheureux Scudéri, dont la fertile plume
> Peut tous les mois sans peine enfanter un volume !
> Tes écrits, il est vrai, sans force et languissants,
> Semblent être formés en dépit du bon sens ;
> Mais ils trouvent pourtant, quoi qu'on en puisse dire,
> Un marchand pour les vendre et des sots pour les lire.
> (BOILEAU, *Sat.* 2.)

Les jeunes gens auront donc soin de revenir sur leurs compositions pour en examiner et en corriger les constructions, les liaisons, les tours, les expressions même, et les mots qui présenteraient quelque chose d'impropre, d'incorrect, d'irrégulier. « Corrigez, leur « dirons-nous, avec le Quintilius d'Horace, corrigez « ceci, croyez-moi, et encore cela. — Vous avez es- « sayé ; vous ne pouvez faire mieux. — Ne vous dé- « couragez pas ; essayez encore, et remettez sur l'en- « clume ces endroits défectueux (1). »

Mais quelle lenteur, dira quelque jeune homme ardent et avide de succès prématurés, quelle lenteur n'exigera pas l'ouvrage le plus court, s'il faut mettre

---

(1) *Quintilio si quid recitares, corrige, sodes,*
 Hoc, aiebat, et hoc. Melius te posse negares
 Bis terque expertum frustra; delere jubebat,
 Et male tornatos incudi reddere versus.
(De Arte poet.)

tant de soin et de scrupule pour en perfectionner le style! C'est précisément cette lenteur qui garantit le succès, comme c'est elle aussi qui donne enfin l'aisance et la vitesse, par l'habitude même qu'on a contractée de bien écrire en écrivant avec soin. «Pour ceux qui commencent, dit Quintilien, je leur prescris la lenteur et une sorte de sollicitude en composant (1). L'essentiel est d'abord d'écrire aussi bien qu'il est possible. La vitesse naîtra de l'habitude. Tout se réduit à ces deux mots : en écrivant vite, on n'apprend jamais à bien écrire; mais en écrivant bien, on apprend enfin à écrire vite. »

Aussi avec quel empressement, quelle sollicitude, et, si on peut le dire, avec quelles instances, les maîtres dans l'art d'écrire n'ont-ils pas recommandé cette sage lenteur dans la composition!

« Illustres descendants de Pompilius, s'écrie Ho-
« race, blâmez hardiment un poëme qui n'aura pas
« été soumis longtemps à des corrections sévères et
« souvent répétées (2). »

C'est même du soin et de la patience dans le travail que ce grand homme faisait dépendre la gloire littéraire de son pays. «Peut-être, dit-il, l'Italie ne serait-
« elle pas moins célèbre par les ouvrages d'esprit
« que par sa valeur et par ses armes, si nos poëtes ne

---

(1) *Moram et sollicitudinem initiis impero; nam primum hoc constituendum ac obtinendum est, ut quam optime scribamus; celeritatem dabit consuetudo. Summa hæc rei : cito scribendo non fit ut bene scribatur; bene scribendo fit ut cito.* (Lib. x, c. 5.)

(2) *Pompilius sanguis, carmen reprehendite, quod non
  Multa dies et multa litura coercuit atque
  Præsectum decies non castigavit ad unguem.*
  (De Arte poet.)

« se laissaient rebuter par la peine et le temps qu'il
« faudrait pour limer leurs écrits (1). »

Fidèle à des conseils proclamés si longtemps avant lui, Boileau les répète avec une sorte de complaisance; et pour qu'on les retienne mieux, il les embellit de toute la précision et de tout le charme de ses vers:

> Travaillez à loisir, quelque ordre qui vous presse,
> Et ne vous piquez point d'une folle vitesse;
> Un style si rapide, et qui court en rimant,
> Marque moins trop d'esprit que peu de jugement:
> J'aime mieux un ruisseau qui, sur la molle arène,
> Dans un pré plein de fleurs lentement se promène,
> Qu'un torrent débordé qui, d'un cours orageux,
> Roule, plein de gravier, sur un terrain fangeux:
> Hâtez-vous lentement, et sans perdre courage,
> Vingt fois sur le métier remettez votre ouvrage;
> Polissez-le sans cesse et le repolissez,
> Ajoutez quelquefois, et souvent effacez.

4. Les écrivains d'un goût déjà formé peuvent, après ces précautions sévères, compter jusqu'à un certain point sur la bonté de leur style; mais les jeunes gens se flatteraient trop, si, lorsqu'ils reçoivent encore des leçons nécessaires, ils croyaient pouvoir voler de leurs propres ailes, et se passer, dans la correction de leurs premiers essais, de tout secours étranger. Nous leur dirons donc, et c'est notre dernier conseil

---

(1) *Nec virtute foret, clarisve potentius armis*
  Quam lingua, Latium, si non offenderet unum
  Quemque poetarum limæ labor, et mora.
                                (De Arte poet.)

Limæ labor et mora! N'oubliez jamais ces deux mots, si vous aspirez à l'éloquence. Ces deux mots renferment le secret de Démosthène et de Bossuet. Qu'est-ce que le génie? demandait Buffon; et il répondait lui-même: « C'est une longue patience. »

sur cette matière, de se faire corriger par leurs maîtres, après s'être corrigés eux-mêmes, et de se rendre extrêmement dociles à leur censure.

Un bon maître sera pour eux le *vir bonus et prudens*, l'Aristarque d'Horace, l'ami sage, mais rigoureux et inflexible, de Boileau. « Il condamnera les en-
« droits lâches ou durs *de leurs compositions*. Il bar-
« rera d'un revers de plume ceux qui seront négligés.
« Il retranchera les ornements affectés ; il ordonnera
« d'éclaircir ce qui est obscur, fera le procès à un mot
« équivoque, marquera ce qu'il faut changer. Il sera
« un Aristarque, et ne dira point : Pourquoi faire de
« la peine *à ce jeune homme* pour des bagatelles ? Ces
« bagatelles auront des suites *dans un âge plus mûr,*
« *si on les lui pardonne aujourd'hui*. Elles feront de
« lui *tôt* ou *tard* un objet de mépris et de risée. (1). »

Un sage ami, toujours rigoureux, inflexible,
Sur vos fautes jamais ne vous laisse paisible :
Il ne pardonne point les endroits négligés ;
Il renvoie en leur lieu les vers mal arrangés ;
Il réprime des mots l'ambitieuse emphase :
Ici le sens le choque, et plus loin c'est la phrase ;
Votre construction semble un peu s'obscurcir :
Ce terme est équivoque, il le faut éclaircir.
C'est ainsi que vous parle un ami véritable.
(BOILEAU. A. P.)

(1) *Vir bonus et prudens versus reprehendet inertes,*
Culpabit duros ; incomptis allinet atrum
Transverso calamo signum ; ambitiosa recidet
Ornamenta ; parum claris lucem dare coget ;
Arguet ambigue dictum ; mutanda notabit :
Fiet Aristarchus ; nec dicet : Cur ego amicum
Offendam in nugis ? Hæ nugæ seria ducent
In mala derisum semel exceptumque sinistre.
(De Arte poet.)

Jeunes amateurs des lettres, connaissez-les de bonne heure, ces amis véritables; vous les trouverez dans ceux qui vous avertiront de vos fautes.

Il nous reste à parler du troisième moyen de se former à l'art d'écrire, qui est l'*Imitation*.

§ III. — L'Imitation.

1. En effet, « l'*Imitation* des maîtres qui excellent en chaque genre forme mieux que tous les préceptes (1). » L'imitation consiste dans l'art de transporter dans ses propres écrits les images, les sentiments, les pensées d'un auteur, en les appropriant à son sujet, ou en les embellissant.

De tout temps, l'imitation telle que nous venons de la définir a été permise et conseillée. Virgile a marché sur les traces d'Homère, Cicéron sur celles de Démosthène, Horace sur celles de Pindare. Les meilleurs orateurs et les meilleurs poëtes modernes ont puisé sans scrupule dans les poëtes et dans les orateurs grecs et latins. Le plus éloquent de nos orateurs et le plus original de nos écrivains, Bossuet, doit une partie de ses beautés les plus sublimes, non-seulement aux divines Écritures, mais à saint Grégoire de Nazianze, à saint Basile (2), à Tertullien, à saint Augustin, qu'il lisait assidûment.

(1) Les grands modèles nous inspirent, dit Longin, comme Apollon inspirait sa prêtresse. — On a dit de Bossuet qu'il se couchait en lisant Homère, et qu'il se levait avec les pensées du génie. (BESPLAS, *Éloq. de la Chaire.*)

(2) Qu'y a-t-il de plus magnifique dans les sermons de Bossuet que le fameux passage qui commence par ces mots : « La vie humaine est semblable à un chemin ? » Bossuet a trouvé cet admirable morceau dans saint Ambroise, qui l'avait lui-même emprunté à saint Basile. (*Hom. in Ps.* 1.)

« C'est dans les bons orateurs, dit Quintilien, qu'il faut prendre l'abondance et la richesse des termes, la variété des figures et la manière de composer. On doit, continue-t-il, s'attacher fortement à imiter toutes les perfections que l'on voit en eux; car on ne peut douter qu'une bonne partie de l'art ne consiste dans l'imitation (1). »

Ici deux questions se présentent: Qui faut-il imiter? et comment doit-on imiter?

2. D'abord il est naturel de prendre pour modèles de ses compositions les auteurs qu'on a choisis pour ses lectures. Nous ne redirons point ici combien ce choix est important; mais nous observerons, avec le célèbre d'Aguesseau, qu'on ne saurait se proposer des modèles trop purs et trop parfaits, quand on veut arriver soi-même à la perfection. Or c'est une nécessité dans l'art de bien dire, comme dans celui de bien faire, d'y tendre sans cesse, quand on n'ambitionnerait même que des succès ordinaires. L'expérience prouve qu'on demeure presque toujours en deçà du but qu'on se propose, si on ne fait des efforts pour atteindre au delà. Telle est la faiblesse humaine. Nos plus belles théories sont presque toujours plus ou moins défectueuses dans la pratique, et nos résolutions les plus généreuses manquent rarement de tromper nos vœux, en nous laissant dans l'exécution fort au-dessous de nos espérances. Allez donc d'un pas ferme sur les traces des écrivains et des orateurs les plus parfaits, sans jamais permettre que vous soyez vaincu par

---

(1) *Neque enim dubitari potest quin artis pars magna contineatur imitatione.* (Lib. x, c. 1.)

le désespoir de les égaler (1). Car, dit Quintilien, *altius ibunt qui ad summa nitentur, quam qui præsumpta desperatione quo velint evadendi, protinus circa ima substiterint.*

3. En supposant qu'on se propose les modèles les plus parfaits, comment s'y prendra-t-on pour s'en approprier les beautés? Il faudra, suivant l'expression si connue d'un de nos écrivains (DACIER), *mettre son esprit à leur teinture*: c'est-à-dire, se remplir tellement de leurs sentiments et de leurs pensées, de leurs expressions et de leurs tours, qu'on puisse en disposer comme de son propre bien, sans gêne, sans contrainte, avec beaucoup de liberté et d'aisance. Ainsi imitait la Fontaine :

Mon imitation n'est point un esclavage.

Plein de ses modèles, s'identifiant avec eux, et se

(1) Longin veut qu'on lutte avec ses modèles jusqu'à leur disputer la victoire. « N'est-ce pas quelque chose de bien généreux, dit-il, « et de bien digne d'une âme noble, de combattre pour l'honneur et « le prix de la victoire avec ceux qui nous ont précédés, puisque « dans ces sortes de combats on peut même être vaincu sans honte ? » (*Du Sublime*, c. 11.) Souvent aussi, dans ces luttes glorieuses, la supériorité demeure indécise, ou même reste à l'imitateur. Ainsi Horace avait dit :

Pallida Mors æquo pulsat pede pauperum tabernas
Regumque turres.

Il semble qu'il était impossible de faire aussi bien. Cependant Malherbe ne lui est pas inférieur.

Le pauvre en sa cabane, où le chaume le couvre,
Est sujet à ses lois;
Et la garde qui veille aux barrières du Louvre
N'en défend pas nos rois.

S'il laisse au poëte latin la fierté de cet hémistiche : *Pallida mors æquo pulsat pede*, comme ses deux derniers vers surpassent le *Regumque turres* !

jouant, pour ainsi dire, avec leurs pensées, il les modifiait à son gré, ajoutant à leur naïveté, à leur grâce, et souvent à leur dignité et à leur force, de manière que ce qu'il produisait de la sorte était à lui sans cesser d'être à ses maîtres. Si, dit-il en parlant des anciens,

> Si... quelqu'endroit chez eux, plein d'excellence,
> Peut entrer dans mes vers sans nulle violence,
> Je l'y transporte, et veux qu'il n'ait rien d'affecté,
> Tâchant de rendre mien cet air d'antiquité.

On voit qu'il était bien éloigné de cette imitation servile qui consiste à se traîner sur les pas de son modèle, qui a fait tant de mauvaises copies des meilleurs originaux, qu'Horace voulait flétrir, quand il s'écriait :

> *O imitatores, servum pecus!*

et que la Fontaine lui-même livrait au ridicule dans ces vers de la fable du *Singe* :

> N'attendez rien de bon d'un peuple imitateur,
>   Qu'il soit singe, ou qu'il fasse un livre;
>   La pire espèce, c'est l'auteur.

En effet, l'imitation servile éteint le génie, ou plutôt annonce qu'il n'existe pas.

4. Tout n'est pas également bon dans les meilleurs auteurs. Quel que soit leur mérite, ils sont hommes, et ils paient toujours par quelque endroit leur tribut à l'humanité. Au jugement d'Horace, Homère même sommeille quelquefois, et Cicéron témoigne qu'il lui arrive de n'être pas toujours content de Démosthène. Le mélange des défauts d'un auteur, quelque légers qu'ils soient, rend souvent ses vertus dangereuses.

Le faux frappe quelquefois plus que le vrai. Il y a des irrégularités séduisantes, et elles sont plus faciles à saisir que les justes proportions. D'ailleurs, quand un modèle serait parfait, tout ce qui est bon ne convient pas à toutes sortes de sujets. La moindre circonstance peut changer notablement les choses; la justesse et la vérité disparaissent, et ce qu'il y a de meilleur devient froid, ridicule ou puéril. Le plus beau trait, s'il est déplacé, défigure le plus beau visage.

Ajoutez que l'imitation doit avoir ses bornes. Poussée trop loin, elle nuit nécessairement aux talents de l'imitateur. Son génie peut s'affaiblir, et même s'éteindre, à mesure qu'il s'obstine à prendre celui d'un autre. Il s'accoutume à ne rien produire de son fonds, il perd insensiblement sa tournure originale, il vit d'emprunt à côté de ses propres richesses, qui dépérissent, il en vient à ne plus pouvoir marcher sans guide, et il se trouve sans ressources quand les modèles lui manquent (1).

C'est un grand point d'étudier son talent, de le bien connaître, et de le suivre imperturbablement; et tout l'art de l'imitation consiste à faire plier le génie des bons auteurs au nôtre, sans que le nôtre plie jamais au leur.

Mais le plus grand danger de l'imitation, peut-être, est de se passionner pour un modèle défectueux. C'est un manque de jugement qui n'est pas rare, surtout dans les jeunes gens, sujets à se prévenir pour un auteur qui leur a plu quelquefois par ses défauts

---

(1) Tel fut le caractère de la littérature païenne au IIIe siècle. Elle ne fournissait plus que de pâles et froides imitations de l'antiquité, lorsque le souffle du christianisme vint lui rendre la vie.

mêmes. Cette prévention a toujours des suites fâcheuses,

Decipit exemplar vitiis imitabile (1),

dit Horace. (1 Ep. 19, 17.) On ferme les yeux sur les vices de ceux qu'on admire; on va même jusqu'à les prendre pour des vertus, et on les imite : imitation funeste, seule capable de corrompre le goût, et qui, au jugement de Quintilien, perdait la jeunesse de son temps, égarée sur les pas de Sénèque, dont elle avait eu le malheur de faire son idole.

La raison veut qu'on recherche les meilleurs modèles, et qu'on s'approprie avec intelligence et avec goût ce qu'ils ont de plus parfait (2). L'abeille ne s'attache pas à une seule fleur; mais elle compose son miel de toutes celles dont le parfum est le plus agréable et le plus exquis.

5. L'imitation mène quelquefois au *plagiat*. Le *plagiat* est l'action d'un écrivain qui pille ou dérobe le travail d'un autre auteur, et se l'attribue comme son travail propre. Rien n'est plus révoltant, ni plus digne de mépris. Aussi a-t-on comparé le plagiaire au frelon qui pille les ruches, au pirate qui désole les mers, au voleur qui détrousse sur les grands chemins.

Néanmoins l'on a distingué l'auteur qui s'enrichit aux dépens des anciens, de celui qui se revêt des dé-

---

(1) Un modèle imparfait égare,
   S'il a du brillant et du faux;
   Souvent un copiste bizarre
   N'en imite que les défauts.
                                    (DARU.)

(2) *Prudentis est, quod in quoque optimum est, si possit, suum facere.* (QUINT., lib. X, c. 2.)

pouilles des modernes. Prendre à ceux-ci, c'est larcin; prendre à ceux-là, c'est conquête (1).

Le mieux sans doute est de s'en tenir à ce que permet une imitation noble et généreuse, et de pouvoir toujours dire : Cet ouvrage est à moi. Mais non-seulement on excuse, on loue même celui qui prend chez les anciens, au lieu qu'on blâme toujours et qu'on couvre de ridicule, celui qui vole les modernes.

Tels sont les moyens les plus efficaces, ou, pour mieux dire, les moyens infaillibles de se former à l'art d'écrire. En les mettant en œuvre, les jeunes gens s'accoutumeront à ce qu'il y a de meilleur dans les meilleurs écrivains. Ils en seront remplis, ils les imiteront sans y penser, et leur style en prendra naturellement les tours, les expressions, les figures, les images, en un mot toutes les beautés qui les distinguent. *Sic assuescent optimis, semperque habebunt intra se quod imitentur; etiam non sentientes formam illam, quam mente penitus acceperint, exprimunt. Abundabunt autem copia verborum optimorum et compositione, ac figuris.* (QUINT., lib. II, c. 8.)

(1) Quelques principes éclairciront ce point important. 1. Toute vérité une fois énoncée appartient au public. Vous pouvez donc la répéter sans être plagiaire. 2. La manière dont un auteur a dit une vérité lui appartient : vous ne pouvez donc reproduire intégralement ses tours et ses expressions sans en avertir, si la chose en vaut la peine. 3. Mais si l'auteur auquel vous empruntez a écrit dans une langue étrangère, il vous est permis de faire passer dans la vôtre, non-seulement ses idées, mais encore les formes ingénieuses dont il les a revêtues. Ainsi vous ne pouvez copier ni Bourdaloue, ni Massillon, ni Lacordaire; mais vous pouvez traduire saint Chrysostome, saint Basile, saint Augustin.

LIVRE V

DE L'ACTION

---

* L'Action est l'*éloquence du corps* (1). Les anciens ne croyaient pas que sans elle on pût être éloquent (2).

* Démosthène, interrogé quelle était la partie la plus importante dans l'éloquence, répondit que c'était l'action (*De Orat.*, lib. III, c. 56, n. 213); et comme on lui demandait quelle était la seconde et la troisième, il répondit toujours, l'action, jusqu'à ce qu'on eût cessé de le questionner : donnant à entendre que, selon lui, ce n'était pas seulement la partie la plus considérable, mais que c'était tout. « Pour moi, dit Quintilien, en rapportant ce trait, je ne fais pas difficulté d'avancer qu'un discours médiocre qui sera soutenu de toutes les forces et de tous les agréments de l'action, fera plus d'effet que le plus beau discours qui en serait dénué (lib. II, c. 8); car, ajoute-t-il, supposé, comme on n'en peut douter, que les mots aient une force considérable par eux-mêmes, que la voix

---

(1) *Est Actio quasi corporis quædam eloquentia.* (CIC., *De Orat.*, c. 17, n. 55.) Ou *quasi sermo corporis.* (*De Orat.*, lib. III, c. 59, n. 222.)

(2) *Actio in dicendo una dominatur. Sine hac summus orator esse in numero nullo potest; mediocris, hac instructus, summos sæpe superare.* (CIC., *de Orat.*, l. III, c. 56, n. 213.)

ait aussi une vertu particulière qu'elle communique aux choses, et qu'il y ait pareillement dans le geste et dans les mouvements du corps une certaine expression, ne faut-il pas convenir que, quand tout cela conspire ensemble, il doit s'en former quelque chose d'admirable et de parfait? »

L'action a trois parties: la prononciation, le geste et la mémoire.

ARTICLE I.

DE LA PRONONCIATION.

Une belle *prononciation* est la première qualité que doit avoir quiconque se destine à parler en public.

1. Que votre prononciation soit donc nette et gracieuse, *dilucida et ornata*. (QUINT.) D'abord nette, c'est-à-dire claire et distincte. Il n'est rien de plus ordinaire que d'entendre, dans la société, des hommes qui prononcent mal; c'est un défaut choquant qui fait qu'on demande d'eux, comme le remarque Quintilien, *s'ils sont Grecs ou Barbares;* mais que dirait-on d'un orateur qui ne saurait pas l'éviter? Faire entendre distinctement toutes les syllabes des mots, les prononcer suivant leur véritable quantité, d'une manière nette, pleine, facile et coulante, appuyer sur les finales (1), et empêcher qu'elles ne soient perdues pour les au-

---

(1) Quand on parle au milieu d'une nombreuse assemblée, il est nécessaire de faire sentir l'*e* muet final. Sans cette précaution, il arrivera souvent que vous ne serez pas compris. Au lieu de *monde, troupe, peuple,* on n'entendra que *mon, trou, peu.* Mais tout en faisant assez sonner l'*e* muet pour qu'on distingue la consonne qui le précède, il faut prendre garde de le prononcer comme l'*e* fermé.

diteurs, c'est là, d'abord, ce qu'on exige de tout homme qui parle en public; car il doit être entendu pleinement et distinctement de tous ceux qui l'écoutent.

* 2. Ensuite gracieuse. Les accents que l'on contracte dans les provinces sont un grand obstacle à la bonne prononciation ; ils sont tous plus ou moins vicieux. Les jeunes gens doivent sans relâche travailler à s'en défaire. « *Pour bien parler, il ne faut point avoir d'ac-« cent*, c'est-à-dire qu'il ne faut point avoir d'accent « provincial, mais celui de la bonne compagnie de la « capitale. » Ainsi, à peu près, s'exprime le Dictionnaire de l'Académie au mot *accent*.

Mais qu'on ne s'y trompe pas, cet accent de la bonne compagnie est extrêmement naturel ; il bannit l'affectation que lui communiquent souvent des provinciaux sans goût, qui veulent se l'approprier. Rien n'est plus ridicule, rien n'inspire plus de dégoût, et quelquefois plus de mépris et même d'aversion (1).

* 3. La prononciation doit être encore bienséante et réglée, *emendata et apta*. (Quint.) D'abord *réglée*, c'est-à-dire, ni trop haute ni trop basse, ni trop rapide ni trop lente, etc. Trop haute, elle fatigue, déchire les oreilles, et dégénère presque toujours en enrouement. Trop basse, elle a un autre inconvénient : les paroles s'embarrassent, se confondent, et ne portent aux au-

---

(1) On peut dire des Parisiens qui prononcent bien leur langue, car tous n'ont pas cet avantage, ce qu'Horace a dit des Grecs :

Graiis dedit ore rotundo
   Musa loqui.

Qui pourra, s'il a été élevé dans une province, prétendre à tant de grâce ?

diteurs que des sons vagues et dénués de sens (1). Trop rapide, elle ne laisse point le temps de saisir ce que dit l'orateur, et d'en être touché. Trop lente, elle montre la peine que nous avons à trouver ce que nous voulons dire, et fait bâiller ceux qui nous entendent. En évitant ces excès, la prononciation sera, comme elle doit être, aisée, rapide sans précipitation, et modérée sans lenteur, suivant ce précepte de Quintilien : *Promptum sit os non præceps ; moderatum, non lentum.*

D'habiles maîtres ont pensé que quelques notions de musique pourraient être utiles pour régler la voix. L'un des Gracques avait toujours à ses côtés, quand il parlait en public, un joueur de flûte pour lui donner le ton, ou pour l'y ramener quand il l'avait perdu. S'il n'est pas nécessaire que l'orateur soit musicien, il l'est au moins qu'il ait le sentiment naturel des tons, pour prévenir les défauts nombreux dans lesquels peut tomber et tombe ordinairement une voix peu mesurée ou peu exercée. Le son de la voix ne saurait être arbitraire, parce qu'elle ne doit point cesser d'être naturelle. Elle a donc ses règles, à l'étude desquelles il serait très-utile de joindre les premières connaissances du chant musical.

* Songez cependant qu'un des plus grands défauts de la voix, c'est d'être chantante. Rien d'ennuyeux comme ces prédicateurs qui, au lieu de *parler*, chantent.

Quoi qu'il puisse en coûter de travaux et de peines, il faut que la prononciation soit agréable; car il sera

---

(1) L'étendue de l'auditoire est la mesure de la voix. (GAICHIEZ, *Max.*, XV.)

toujours vrai de dire que « l'âme se laisse prendre « par l'oreille, et que la fiction des chaînes d'or qui « la captivent, a sa réalité. » Toutefois, prenez garde de tomber dans l'affectation.

* 4. Enfin, la prononciation doit être *bienséante*, c'est-à-dire que les tons de la voix doivent s'accorder toujours avec les objets ou les pensées et les sentiments qui forment le corps ou le fonds du discours. Ainsi, dans la joie, dit Quintilien, elle est pleine, vive et légère ; dans le combat elle est fière et hardie, et ramasse, pour ainsi dire, toutes ses forces. Veut-on faire des reproches? elle est véhémente; veut-on prier, supplier? elle est douce et timide; veut-on consoler, conseiller, promettre? elle est grave et soutenue. Elle est faible dans la crainte, tendre dans la compassion et entrecoupée dans la plainte; libre et coulante dans la narration (1). Le moyen de donner à la prononciation cette bienséance ou cette conformité avec les choses, c'est d'être bien pénétré de son sujet. En effet, la voix est l'interprète fidèle de notre âme, et elle prend naturellement toutes les inflexions propres à peindre les objets dont le cœur est rempli. *Sentir ce que l'on dit,* c'est le grand principe de la déclamation oratoire. Sous tous les points de vue, le cœur est le siége de l'éloquence : *Pectus est quod disertos facit.*

(1) *Aliud vocis genus iracundia sibi sumat*, dit Cicéron, *aliud miseratio ac mœror, aliud metus, aliud vis, aliud voluptas, aliud modestia.* (De Orat., lib. III, 217.)

ARTICLE II.

DU GESTE.

* Le Geste est l'*expression des pensées par les mouvements du corps.* Les anciens l'avaient porté à une perfection incroyable. Chez eux, il exprimait presque autant que la parole. On voit le fameux Roscius défier Cicéron de rendre ses pensées dans le langage ordinaire avec plus de justesse et de rapidité que lui avec le seul secours du geste. Nous serions moins surpris de cette espèce de prodige, si nous examinions de près combien les mouvements du corps ont de rapport avec ceux de l'âme, et sont propres à les faire éclater au dehors.

* Le *Geste*, si on se borne à le considérer dans l'orateur, est l'accompagnement naturel de l'organe de la voix, et comprend toutes les attitudes et les mouvements du corps propres à faire mieux sentir la force d'une pensée. Néanmoins ses principaux instruments sont la *tête*, les *bras* et les *mains*.

* « Comme la *tête* occupe le premier rang entre les parties du corps, aussi l'occupe-t-elle dans le geste, dit Quintilien. On doit la tenir droite et dans une assiette naturelle. Baissée, elle donne un air bas; haute, un air d'orgueil et de suffisance; penchée, elle annonce l'indolence; roide et immobile, elle marque je ne sais quoi de féroce. » Les divers mouvements de la tête, pourvu qu'ils ne soient point trop multipliés, expriment merveilleusement les différentes passions. Élevée, elle admire; tournée vers la gauche ou vers la droite, elle craint, elle s'indigne, elle refuse, elle rejette, elle méprise; médiocrement inclinée, elle compatit, elle prie, elle conjure, elle sollicite; ferme et immobile, elle affirme, elle exhorte, elle confond.

* « Mais ce qui domine principalement dans cette partie, dit encore Quintilien, c'est le *visage*. Il n'y a sorte de mouvement et de passion qu'il n'exprime (1). Il menace, il caresse, il supplie, il est triste, il est gai, il est fier, il est humble, il témoigne aux uns de l'amitié, aux autres de l'aversion. Il fait entendre une infinité de choses, et souvent il en dit plus que n'en pourrait dire le discours le plus éloquent. »

* « Mais le visage, c'est toujours Quintilien qui parle, a lui-même une partie dominante : ce sont les *yeux* (2). C'est par eux surtout que notre âme se manifeste; sans même qu'on les remue, la joie les rend plus vifs, et la tristesse les couvre comme d'un nuage. Ajoutez que la nature leur a donné des larmes, ces fidèles interprètes de nos sentiments, qui s'ouvrent impétueusement un passage dans la douleur, et coulent doucement dans la joie. S'ils ont tant de pouvoir lorsqu'ils ne sont qu'immobiles, ils en ont bien davantage lorsqu'ils sont en mouvement. » C'est alors qu'ils peignent d'une manière admirable toutes les passions de l'âme. Vous les voyez ardents et enflammés dans la colère et terribles dans la menace, sévères dans les reproches, impétueux dans l'indignation, égarés dans la frayeur, élevés dans l'admiration, baissés et comme obscurcis dans la honte, etc. (3).

(1) *In ore sunt omnia*, dit Cicéron. (*De Orat.*, c. 59, n. 220.)
(2) *In ore autem ipso dominatus est omnis oculorum.* (Cic., *ibid.*, 221.)
(3) *Oculos natura nobis, ut equo et leoni setas, caudam, aures, ad motus animorum declarandos dedit.* (Cic., *ibid.*, 222.)

Les principaux défauts à éviter en ce point sont d'avoir les yeux effarés ou contraints, languissants ou endormis, fixés ou continuellement agités. « Les tenir fermés est une faute si grossière, dit Quintilien, qu'elle ne mérite pas d'être remarquée. »

Les gestes qui partent des mouvements des *bras* et des *mains* sont très-expressifs, et varient à l'infini. En général ils doivent être conformes aux tons de la voix, aux mouvements du visage et des yeux, mais surtout aux sentiments de l'âme.

* Il y a trois sortes de gestes faits avec les mains. Les uns sont *indicatifs*, et désignent le temps, le nombre, la quantité, les lieux, les personnes, etc. Les autres sont *imitatifs*, et font connaître par des signes pittoresques les personnes ou les choses. Les derniers sont *affectifs*, et expriment les passions et les mouvements de l'âme.

Dans l'expression de ces différents gestes, le goût et la décence doivent sans cesse guider l'orateur. Qu'il prenne garde à éviter les défauts nombreux dans lesquels l'abus du geste fait tomber si facilement.

* 1º Les mains ne doivent pas en général se porter plus haut que les épaules ou que les yeux, ni descendre plus bas que la ceinture, quand on parle debout;

* 2º Il est défendu de frapper des mains, soit l'une contre l'autre, soit sur la chaire (1), soit sur la cuisse; de compter sur ses doigts, et de les tenir ou crochus ou trop écartés;

* 3º Il est plus digne d'un athlète que d'un orateur

---

(1) Ne frappez pas à coups redoublés sur le marbre de la tribune, de peur qu'au lieu de partager votre émotion, on n'éprouve seulement la crainte que vous ne vous fouliez le poignet. (CORMENIN.)

de fermer les poings et de les présenter à son auditoire, et il n'est guère moins ridicule de montrer quelque personne ou quelque chose du doigt.

* 4° Il est très-indécent d'avoir des gestes étudiés, recherchés, affectés, qui conviennent bien plutôt à la légèreté d'un histrion ou d'un comédien, qu'à la gravité noble du véritable orateur. *Abesse plurimum a saltatore debet orator*, dit Quintilien.

* 5° Cependant variez votre geste, et ne répétez pas le même incessamment. Qu'il se conforme toujours à votre pensée.

* 6° En général, le geste commence, se soutient et finit avec la phrase. Il peut quelquefois précéder la voix; mais que jamais votre main ne commence à indiquer une chose après que votre parole l'a déjà exprimée.

* 7° Ne multipliez pas vos gestes, de peur qu'on ne fasse que vous regarder, au lieu de vous entendre.

(CORMENIN.)

Sentir ce que l'on dit, c'est encore le principe d'où il faut partir pour donner au geste une beauté naturelle. Pénétrez-vous de votre sujet, et livrez-vous ensuite à votre ardeur et à votre enthousiasme. Ne croyez pas cependant que la nature puisse tout faire chez vous. Un de nos poëtes, en parlant de l'art, a dit avec beaucoup de vérité :

Quiconque plaît sans lui, ne plaît que par hasard.

(SANLÈQUE.)

Le plus grand orateur qui ait jamais existé se formait au geste devant un miroir (1).

(1) Blair pense avec raison qu'il pourrait arriver qu'on se vît longtemps au miroir sans apercevoir ses vrais défauts. Le jugement d'un

ARTICLE III.

DE LA MÉMOIRE.

« Quelques-uns ont cru, dit Quintilien, que la *mémoire* était un pur don de la nature, et il n'est pas douteux que celle-ci n'y ait une très-grande part. Mais cela n'empêche pas qu'en la cultivant on ne puisse l'augmenter comme tous les autres avantages naturels. »

Rien de mieux, pour l'avoir excellente, que de l'exercer dès l'enfance, en apprenant tous les jours par cœur et mot à mot quelque morceau intéressant d'un bon auteur (1) : nous disons *tous les jours*, car cet exercice n'est profitable qu'autant qu'il est soutenu : nous disons *mot à mot*, car il n'est rien qui rende la mémoire plus paresseuse, plus chancelante et plus débile, que de lui confier les choses d'une manière vague, incertaine, sans précision et sans exactitude. La mémoire est un esclave qu'il faut soumettre par la force, si l'on veut en tirer quelque service; trop de liberté la rend infidèle et perfide.

Qui ne voit combien elle est nécessaire à l'orateur? Sans elle, l'action n'a plus rien qui intéresse. Il n'y a ni mouvement ni expression dans les mains, dans la tête, dans les yeux d'un homme qui lit ; sa prononciation même n'est plus si vive ni si animée. Lire un dis-

---

ami d'un goût éprouvé lui paraît bien plus utile. Il n'en est pas moins vrai que Démosthène, en s'exerçant comme il fit devant un miroir, a donné une grande idée de la nécessité de se former au geste.

(1) Choisissez, pour exercer votre mémoire, des morceaux d'une certaine étendue : apprenez-en un peu chaque jour; finissez par les réciter en entier avec toute l'intelligence dont vous serez capable. A coup sûr, vous vous ferez la mémoire bonne.

cours, c'est, suivant le célèbre d'Aguesseau, le priver de ce qui lui donne le plus de grâce et d'intérêt; c'est lui ôter la vie. Quelle peut être, en effet, dit ce savant magistrat, l'impression d'une éloquence froide, languissante, inanimée, qui, dans cet état de mort où on l'a réduite, ne conserve plus que l'ombre, ou, si on ose le dire, le squelette de la véritable éloquence.

On demandait à un grand prédicateur du siècle dernier quel était son meilleur sermon. *C'est celui que je sais le mieux*, répondit-il. Parole d'un grand sens, qui fait concevoir tout le prix de la mémoire. Un orateur dont la mémoire est embarrassée, quoique d'ailleurs il dise d'excellentes choses, devient le tourment de son auditoire. Un orateur, au contraire, qui joint une mémoire aisée aux autres parties de l'action, est sûr de plaire à tout le monde, en disant même des choses communes et ordinaires. Qu'il est agréable de l'entendre parler avec une facilité si grande, que ses paroles paraissent couler comme de source, sans avoir été préparées ! comme l'illusion est entière ! comme il charme tous ses auditeurs ! Faut-il s'étonner que tant de discours plaisent au débit, qui à la lecture sont trouvés médiocres (1) ?

Cultivez donc votre mémoire, apprenez beaucoup, méditez beaucoup. Rien n'augmente et ne se fortifie que par le soin, tout diminue et s'affaiblit par la négligence (2).

(1) *Quid dicam de thesauro rerum omnium memoria? quæ nisi custos inventis cogitatisque rebus et verbis adhibeatur, intelligimus omnia, etiamsi præclarissima fuerint in oratore, peritura.* (Cic., de Orat., lib. III, c. 5, n. 18.)

(2) *Nihil æque vel augetur cura, vel negligentia intercidit.* (Quint., lib. II, c. 2, *de Memoria*.)

ARTICLE IV.

OBSERVATIONS SUR L'ACTION.

Nous placerons ici, sur l'action en général, quelques observations dont l'utilité sera sentie, et auxquelles nous prions nos jeunes lecteurs de faire une attention particulière.

Il est en général vrai de dire que ceux qui parlent en public désirent de se distinguer par le mérite de l'action, dans la vue de plaire, ou du moins de ne pas déplaire à leurs auditeurs; et c'est précisément la cause pour laquelle plusieurs ont peu de succès, et quelques-uns même commettent des fautes graves dans cette partie. En effet, quand un orateur est une fois préoccupé de l'envie de plaire ou de la crainte de déplaire, il doit lui être bien difficile de se préserver de l'affectation et de la recherche, ou de ne pas se laisser aller à la pusillanimité et à la crainte.

Est-ce l'envie de plaire qui le presse? il a trop de confiance aux ressources de l'art; il essaie de le cacher, mais en vain; on le voit dans ses tons, dans ses gestes flattés, étudiés, outrés ou peu naturels; son affectation déplaît, il inspire le dégoût.

Est-ce la crainte de déplaire qui le domine? il se défie trop de lui-même, il se trouble souvent dès le commencement de son discours, il perd la liberté et l'aisance; des sons de voix étouffés ou faux, des inflexions coupées, suspendues, sans développement et sans mesure; des gestes étroits, des mouvements restreints, annoncent dans toute son action un embarras et une gêne qui fatigue l'auditeur et le met lui-même à la torture : il déplaît au delà même de ses craintes.

Ainsi, trop désirer de plaire, craindre trop de déplaire sont deux écueils également funestes. Ceux qui donnent dans le premier sont ordinairement plus hardis; ceux qui donnent dans le second, plus timides; mais les résultats sont les mêmes : leur action est mauvaise; leurs fautes ont une source commune, qui est un amour-propre déréglé et malentendu. Néanmoins l'action des uns déplaît plus que celle des autres, parce que l'affectation est voisine de l'orgueil, auquel personne ne pardonne, et que la timidité se rapproche plus d'une apparence de modestie, qui inspire toujours quelque intérêt.

Le moyen d'échapper à ces défauts, qui ne manquent jamais d'affaiblir plus ou moins le mérite oratoire de ceux qui en sont atteints, est d'abord de travailler efficacement à se défaire de toutes les illusions de l'amour-propre, et ensuite d'étudier à fond et longtemps d'avance les diverses parties de l'action, moins dans les livres que dans la nature, et beaucoup plus dans la pratique que dans la théorie.

C'est dans la vie ordinaire, dans la société même, que l'on contracte le plus aisément les bonnes comme les mauvaises habitudes. Accoutumez-vous donc de bonne heure, dans toute votre conduite et jusque dans vos conversations les plus simples, à tout ce qu'il y a de plus décent, de plus agréable, de plus noble, et en même temps de plus naturel, de moins gêné et de moins affecté, dans tous vos tons de voix et dans tous les mouvements de votre corps. Insensiblement vous acquerrez la liberté, l'aisance et cette grâce enfin qui communique un charme inexprimable à tout ce qui sort de la bouche du véritable orateur. Ainsi vous vous préparerez à plaire, et vous plairez en effet naturellement et sans effort. Montez alors, sûr de votre mémoire que rien ne pourra plus troubler, montez à la tribune ou dans la chaire; maître de vous-même, tout entier à votre sujet, vous ne désirerez plus de plaire, vous ne craindrez plus de déplaire, vous n'y penserez point, et c'est par là même que vous plairez au delà de toutes vos espérances.

Lisez dans Cicéron, dans Quintilien et dans le professeur Blair, ce qu'ils ont écrit sur l'*Action*, le premier à la fin du IIIe livre *de Oratore*; le second au livre XIe de ses Institutions, et le dernier au tome IIIe de sa Rhétorique.

Mais le moyen le plus efficace de se former à l'action, c'est l'exercice. Apprenez par cœur les plus beaux morceaux de nos orateurs modernes, et débitez-les devant vos condisciples réunis, après avoir longtemps préparé vos inflexions de voix et vos gestes. Quelques scènes de Racine ou de Corneille pourront aussi vous servir beaucoup (1). Rien n'est propre à faire saisir le ton naturel comme un dialogue vif et passionné. Avec de la patience, de la constance et de bons conseils, soyez sûr que vous réussirez à vous créer une action facile et noble.

---

(1) Le P. Porée considérait l'action dramatique comme un moyen très-efficace de former un jeune homme à l'action oratoire. Aussi n'épargnait-il aucune peine pour exercer ses élèves à jouer les pièces latines qu'il avait composées dans ce but. *Vix credibile est quantis curis infantes adhuc oratores ad perfectissimam dicendi et agendi artem erudiret. Quum eos plurimis laboribus in umbratili palæstra per dies multos exercuisset, prodibant in theatrum ea libertate quæ ingenuos adolescentes deceret.* (Præf. Fabul.)

APPENDICE

DE L'UNITÉ.

« Que le sujet soit simple et un (1). » C'est le premier précepte de l'*Art poétique* d'Horace; c'est aussi le plus important et celui qui apprend à donner aux ouvrages de l'art une véritable beauté.

Qu'est-ce que l'*Unité?* « Un corps est un dans la nature, dit Batteux (2), quand toutes ses parties sont liées naturellement entre elles, et séparées de celles de tout autre corps; et les parties sont liées naturellement entre elles, quand elles sont faites pour concourir à la perfection et à la conservation du tout. » Il est aisé, d'après cela, de se faire une idée de l'unité que doit avoir un discours. Elle consiste à former un tout de parties qui soient d'accord entre elles et qui aillent directement et sensiblement à une fin commune. C'est ce que Boileau a si bien exprimé, lorsqu'il a dit :

> C'est peu qu'en un ouvrage où les fautes fourmillent
> Des traits d'esprit semés de temps en temps pétillent;
> Il faut que chaque chose y soit mise en son lieu;
> Que le début, la fin répondent au milieu ;
> Que d'un art délicat les pièces assorties
> N'y forment qu'un seul tout de diverses parties.

C'est-à-dire donc que dans un poëme, comme dans un discours, il ne doit rien y avoir qui ne marche vers

---

(1) *Denique sit quodvis simplex duntaxat et unum.* (A. P.)
(2) Remarques sur la poétique d'Horace.

un seul et même but. Ainsi, dans l'Iliade d'Homère, tout se rapporte à la colère d'Achille; ainsi, dans la défense de Milon, tout concourt à prouver l'innocence de ce généreux citoyen; ainsi, dans un bel arbre, tout conspire à en faire un chef-d'œuvre admirable de la nature : le tronc, les branches, les feuilles, les fleurs et les fruits.

Il est clair que l'unité ainsi conçue vient de l'ordre; nous en avons fait sentir la nécessité ailleurs (1), on la sentira bien mieux ici encore. Point d'unité sans ordre, parce que sans l'ordre tout n'est que ténèbres et confusion. « Quiconque, dit Fénelon, n'en sent pas la beauté et la force, n'a rien vu encore au grand jour; il n'a vu que des ombres dans la caverne de Platon. » (*Lettre à l'Acad.*)

L'ordre doit régner partout : il distingue éminemment toutes les œuvres de Dieu; il doit distinguer toutes celles de l'homme, mais surtout les productions de son esprit.

Il suit des lois différentes, selon la différence des genres; mais, quel que soit le genre, il ne souffre pas que rien soit abandonné au hasard; son essence est de rappeler tout à un même centre ou de diriger tout vers un même but : ses ressorts sont souvent cachés, mais ses effets sont aussi admirables qu'infaillibles.

Horace a voulu en donner une idée dans ces vers :

Ordinis hæc virtus erit, et venus, aut ego fallor,
Ut jam nunc dicat jam nunc debentia dici,
Pleraque differat, et præsens in tempus omittat.
Hoc amet, hoc spernat promissi carminis auctor.

« Le mérite et la grâce de l'ordre, dans un ouvrage

(1) Voyez le chapitre I *de la Disposition*, p. 80 et 81.

« attendu du public, consiste, ce me semble, à dire
« d'abord ce qui doit être dit d'abord; à renvoyer en
« leur lieu la plupart des choses; à prendre ce qui
« convient, et à laisser ce qui ne convient pas. »

Ce langage est clair, mais qui osera se flatter de pouvoir toujours le bien mettre en pratique? Cependant rien n'est beau que ce qui est dans l'ordre, en physique, en morale, en politique, dans les arts, etc.; car tout ce qui est beau émane d'un seul et même principe, et ce principe est l'unité (1), qui ne peut subsister sans l'ordre, comme l'ordre ne peut subsister sans elle.

Nous ne parlerons ici que de l'unité considérée dans le discours oratoire. Jusqu'où doit-elle s'étendre? Quels sont les objets qu'elle renferme? Peut-on l'envisager sous plusieurs points de vue, pour s'en faire une idée plus précise et plus nette?

L'unité n'a de bornes que celles de la perfection, et elle n'est parfaite que quand elle est entière; elle s'étend à tous les objets dont se compose le discours, sans en excepter les plus petits détails. On peut l'envisager sous plusieurs points de vue, et nous distinguerons trois sortes d'unités dans le discours oratoire : l'unité de *Rapport* entre toutes ses parties; l'unité de *Proportion* entre le style et le sujet; et, lorsque le discours est prononcé, l'unité de *Convenance* entre les choses que dit l'orateur, et la manière dont il doit les dire.

Tâchons de bien concevoir, comme l'a dit un auteur célèbre, tout le prix de cette triple unité par les dispa-

(1) *Omnis porro pulchritudinis forma unitas est.* (S. AUG., *Epist.* 18.)

rates et par les contrastes ridicules où tombent les auteurs qui la négligent.

Nous distinguons donc, 1°. l'unité de *Rapport* entre toutes les parties qui composent le discours.

Tout discours doit pouvoir se réduire à une seule proposition. Le discours est cette proposition même développée, dit Fénelon; et cette proposition est le discours en abrégé. Elle est donc, cette proposition unique, elle est comme le centre de toutes les parties; elles doivent toutes y aboutir, toutes tendre vers elle; si quelqu'une s'en écarte, l'unité est rompue.

Or l'expérience prouve qu'il y a des orateurs qui bornent leurs soins à bien former chaque partie de leur ouvrage, sans penser au tout. Ils ne s'occupent qu'à faire de beaux morceaux, ornés et relevés par des traits brillants et par des figures éclatantes; ils cousent ensemble, comme dit Horace, ces deux ou trois bandes de pourpre, et leur discours est fait. Ils ont d'abord quelques succès : ils éblouissent la multitude; mais les connaisseurs ne s'y trompent point, et ils ne voient, dans ces beautés disparates et sans liaison, qu'une harangue froide et insipide. Ces orateurs rappellent tantôt ce peintre bizarre, qui rassemble sur une toile les membres de différents animaux et en forme une figure monstrueuse; tantôt ce potier malhabile qui, ayant commencé un vase majestueux, ne donne ensuite qu'une chétive burette; tantôt enfin ce statuaire borné qui réussit dans les détails et manque l'ensemble. (Hor. A. P.) Voulez-vous ne réveiller jamais de pareils souvenirs dans l'esprit de vos auditeurs : ayez toujours devant les yeux le but général de votre discours; dirigez-y clairement toutes vos pensées, et qu'il n'y en ait aucune de laquelle on ne puisse dire avec vérité, qu'elle concourt avec les autres à faire un tout qui mettra dans le plus grand jour la proposition principale.

L'on ne doit pas dire que, plus les parties sont belles, plus le discours est beau; mais il faut dire : plus les parties conviennent au tout, plus elles tendent au but qu'on se propose, plus elles sont belles elles-mêmes. La beauté d'un discours ne vient donc pas de quelques endroits où l'orateur aura épuisé tout son art et tout son feu, mais de l'ensemble de toutes les parties mêmes qui le composent. En un mot, un beau discours est un corps d'ouvrage où tout se tient, parce que tout y est lié et bien assorti. (GAICHIEZ.)

2° L'unité de *Proportion* entre le style et le sujet.

Nous avons déjà fait sentir ailleurs (1) combien cette espèce d'unité est nécessaire. En effet, peut-on dire qu'un style rampant et un sujet sublime, un sujet simple et un style pompeux aillent bien ensemble et tendent au même but? Peut-on dire que la gravité de la chaire s'accorde avec les fleurs de l'Académie, et les fleurs de l'Académie avec l'austère simplicité du barreau? Ce serait dire qu'un Pygmée peut porter la massue d'Hercule, ou un faible enfant les armes d'Achille.

Donnez donc aussi à vos discours cette seconde espèce d'unité; mesurez votre style sur vos pensées; qu'il soit fait pour elles. Choisissez vos couleurs, appliquez-les sagement (2). Évitez entre elles et le dessin qu'elles doivent embellir, une disproportion choquante

---

(1) Voyez nos Réflexions sur l'usage des figures, et l'article entier de la Convenance du Style.

(2) C'est ce qu'Horace appelle *servare vices et colores operum;* chose si importante, selon lui, que quiconque n'en est pas capable

qui détruirait manifestement ou du moins dégraderait la beauté du fonds par le contraste de la parure.

3° L'unité de *Convenance* entre les choses que dit l'orateur et la manière dont il doit les dire.

Rien ne contribue autant au succès d'un discours, que la manière de dire les choses qu'il renferme. Imaginez deux orateurs dont l'un débitera froidement des pièces d'éloquence très-brillantes et travaillées avec soin, tandis que l'autre animera, par les grâces et la vivacité de son action, des ouvrages moins ornés et moins parfaits : vous donnerez presque sans balancer la préférence au dernier. C'est qu'il parle d'un ton qui convient aux choses qu'il dit, et par là même il en rehausse l'éclat et la beauté ; au lieu que le premier éteint, par les glaces de son débit, tout le feu de son discours. L'un marche vers le but, l'autre s'en écarte ; l'un garde l'unité, l'autre la rompt.

Sachez donc, avant que de paraître en public, sachez l'art infiniment précieux de régler votre voix et les mouvements de votre corps sur les choses que vous aurez à dire. Vous en viendrez à bout, si vous étudiez la nature, si vous vous accoutumez à ne parler que d'après elle ; car, comme l'a observé Cicéron, la nature a marqué à chaque passion, à chaque sentiment, son expression sur le visage, son ton et son geste particulier : *Omnis enim motus animi suum quemque a natura habet vultum et sonum et gestum.* (De Orat., liv. III, c. 57, n. 216.)

ne mérite pas le nom de poëte : mériterait-il davantage celui d'orateur ?

Descriptas servare vices operumque colores,
Cur ego, si nequeo ignoroque, poeta salutor ?
(De Arte poet.)

CONCLUSION

DE TOUT L'OUVRAGE.

Pour rappeler au principe de l'*unité* l'ouvrage même que nous terminons, et pour donner à nos lecteurs un moyen facile de faire l'application de nos préceptes les plus généraux et les plus importants à un sujet unique, nous allons transcrire ici tout entier un des plus beaux discours que l'antiquité nous ait laissés, discours éminemment classique et l'un des plus capables, au jugement de Rollin (1), de former le goût des jeunes gens.

C'est celui de l'évêque Flavien implorant la clémence de Théodose pour les habitants d'Antioche, qui, dans une sédition, avaient renversé les statues de l'empereur et de l'impératrice. La cause est grande; elle est plaidée par un grand prélat et devant un grand prince; l'éloquence de l'orateur est digne de ces circonstances. Pouvant à peine contenir sa douleur, les yeux inondés de larmes, et d'une voix entrecoupée de sanglots, il essaie ainsi de calmer la juste colère de Théodose :

« Prince, notre ville infortunée a souvent été com-
« blée de vos bienfaits; et vos libéralités, qui faisaient
« autrefois sa gloire, sont aujourd'hui pour elle un
« nouveau sujet de honte et de douleur. Détruisez

---

(1) Ce grand maître en a fait sentir les beautés principales dans son t. II du *Traité des Études.*

« Antioche jusqu'aux fondements, réduisez-la en cen-
« dres, faites périr jusqu'à nos enfants par le tranchant
« de l'épée, nous méritons de plus sévères châtiments ;
« et toute la terre, épouvantée de notre supplice,
« avouera qu'il est encore au-dessous de notre ingra-
« titude.

« Déjà nous ne saurions plus ajouter à notre mal-
« heur. Accablés de votre disgrâce, nous sommes un
« objet d'horreur pour tout le reste de votre empire.
« Nous avons offensé dans votre personne l'univers
« entier ; il s'élève aujourd'hui contre nous, prince,
« plus fortement que vous-même : il ne reste donc
« plus qu'un seul remède à nos maux. Imitez la bonté
« de Dieu : outragé par ses créatures, il leur a ouvert
« les cieux. J'ose le dire, grand prince ! si vous nous
« pardonnez, nous devrons notre salut à votre indul-
« gence ; mais vous devrez à nos attentats l'éclat d'une
« gloire nouvelle : nous vous aurons préparé, par
« notre crime, une couronne plus brillante que celle
« dont Gratien a orné votre front : vous ne la tiendrez
« que de votre vertu.

« On a détruit vos statues. Ah ! qu'il vous est facile
« d'en rétablir qui soient infiniment plus précieuses !
« Ce ne seront point des statues muettes et fragiles,
« exposées dans les places publiques aux caprices et
« aux injures ; ouvrages de la clémence et immortelles
« comme la vertu même, celles-ci seront placées dans
« tous les cœurs, et vous aurez autant de monuments
« honorables qu'il y a d'hommes sur la terre et qu'il
« y en aura jamais.

« Non, les exploits guerriers, les trésors, la vaste
« étendue d'un empire, n'attirent point aux princes

« une gloire aussi pure et aussi durable que la bonté
« et la clémence. Rappelez-vous les outrages que des
« mains séditieuses firent aux statues de Constantin,
« et les suggestions de ses courtisans qui l'excitaient à
« la vengeance. Vous savez que ce prince, portant
« alors la main à son front, leur répondit en souriant :
« *Rassurez-vous, je ne suis point blessé.* On a oublié
« une grande partie des victoires de cet empereur;
« mais cette parole a survécu à ses trophées; elle sera
« entendue des siècles à venir, et elle lui méritera les
« éloges et les bénédictions de tous les âges.

« Mais qu'est-il besoin de vous proposer des exemples
« étrangers? Il ne faut vous rappeler que vos propres
« actions. Souvenez-vous donc de ce soupir généreux
« que la clémence fit sortir de votre bouche lors-
« qu'aux approches de la fête de Pâques, annonçant
« par un édit, aux criminels leur pardon, et aux pri-
« sonniers leur délivrance, vous ajoutâtes : *Que n'ai-je
« aussi le pouvoir de ressusciter les morts!* O grand
« prince ! vous pouvez faire aujourd'hui ce miracle.
« Antioche n'est plus qu'un tombeau ; ses habitants ne
« sont que des cadavres; ils sont morts avant le sup-
« plice qu'ils ont mérité : vous pouvez d'un seul mot
« leur rendre la vie.

« Si vous faites grâce à mon troupeau, les infidèles
« s'écrieront : *Qu'il est grand le Dieu des chrétiens ! des
« hommes il sait faire des anges : il les élève au-dessus
« de la nature.*

« Ne craignez pas que l'impunité corrompe vos
« autres villes : hélas ! notre sort ne peut qu'épou-
« vanter. Tremblant sans cesse, regardant chaque nuit
« comme la dernière, chaque jour comme celui de

« notre supplice, fuyant dans les déserts, en proie aux
« bêtes féroces, cachés dans les cavernes, dans les
« creux de rochers, nous donnons au reste du monde
« l'exemple le plus effrayant. Détruisez donc Antioche ;
« mais détruisez-la, comme autrefois le Tout-Puissant
« détruisit Ninive. Effacez notre crime par le pardon ;
« anéantissez la mémoire de notre attentat, en faisant
« naître dans tous les cœurs la reconnaissance et
« l'amour.

« Il est aisé d'incendier des maisons, de renverser
« des murailles ; mais changer tout à coup des ci-
« toyens parjures en sujets fidèles et affectionnés, c'est
« l'effet d'une vertu divine. Quelle conquête une seule
« parole peut vous procurer ! Elle vous gagnera la ten-
« dresse de tous les hommes. Quelle récompense vous
« recevrez de l'Éternel ! Il vous tiendra compte, non-
« seulement de votre bonté, mais encore de toutes les
« actions de miséricorde que votre exemple engen-
« drera dans la suite des siècles.

« Prince invincible, ne rougissez pas de céder à un
« faible vieillard, après avoir résisté à vos plus braves
« officiers : ce sera céder au Souverain des empereurs,
« qui m'envoie pour vous présenter l'Évangile, et vous
« dire de sa part : *Si vous ne remettez pas les offenses
« commises contre vous, votre Père céleste ne vous re-
« mettra pas les vôtres.*

« Représentez-vous ce jour terrible où les princes
« et les sujets comparaîtront au tribunal de la su-
« prême justice, et croyez que vos fautes seront alors
« effacées par le généreux pardon que vous nous aurez
« accordé. Pour moi, je vous le proteste, grand prince,
« si votre indignation s'apaise, si vous rendez à notre

« patrie votre bienveillance, j'y retournerai avec joie ;
« j'irai bénir avec mon peuple la bonté divine et célé-
« brer la vôtre. Mais si vous ne jetez plus sur Antioche
« que des regards de colère, je le jure devant vous,
« mon peuple ne sera plus mon peuple : je ne le re-
« verrai plus ; j'irai dans une retraite éloignée cacher
« ma honte et mon affliction ; j'irai pleurer jusqu'à
« mon dernier soupir le malheur d'une ville qui aura
« rendu implacable pour elle seule le plus humain et
« le plus doux de tous les princes (1). »

Tels sont les principes que nous avions à donner sur l'art de bien dire. On ne connaîtra jamais le mécanisme de l'éloquence, si on ne les possède parfaitement. On n'attendrait pas un édifice magnifique d'un homme qui ignorerait les règles de l'architecture. N'espérez jamais non plus faire un bon discours, si vous n'avez la théorie de votre art bien gravée dans l'esprit. Les préceptes ne suffisent pas, il est vrai, mais on ne peut s'en passer, et il ne faut pas oublier, pour la perfection de la nature et de l'art, ces vers d'Horace, que nous avons déjà cités et que nous répèterons volontiers en finissant :

Natura fieret laudabile carmen, an arte,
Quæsitum est. Ego nec studium sine divite vena,
Nec rude quid prosit video ingenium : alterius sic
Altera poscit opem res, et conjurat amice.

(1) S. Jean Chrysostome, t. I, hom. 2. Traduction libre de l'abbé Maury.

FIN

TABLE ALPHABÉTIQUE DES MATIÈRES

Académique (Éloquence), page 348.
Action, 378. — Observation sur l'action, 389.
Allégorie, 242.
Amplification, 112.
Analyse, 18.
Antithèse, 257.
Antonomase, 235.
Apodose, 214.
Apostrophe, 264.
Argument, 121.
Art d'écrire, moyens de s'y former, 355.
Art de louer, 84.
Art de raisonner, 121.
Auteurs qu'il faut lire, 357. — Comment on doit les lire, 359.

Barbarisme, 188.
Barreau (Éloquence du), 329.
Bienveillance nécessaire à l'orateur, 33.
Brièveté de la narration, 147. — Brièveté du style, 195.

Catachrèse, 228.
Chaire (Éloquence de la), 333.
Circonstances, 20.
Clarté de la narration, 146. — Clarté du style, 194.
Communication, 254.
Comparaison, 23, 269.
Compliments, 84.
Composition, 362, 365.
Concession, 252.
Conclusion de l'ouvrage, 398.
Conférence, 346.
Confirmation, 105.
Conjonction, 249.
Contraste, 284.
Convenance du style, 296.
Conversion, 249.
Correction, figure de pensée, 253. — Correction, travail essentiel à l'orateur, 366.

Définition oratoire, 21, 269.
Délibératif (Genre), 320.
Démonstratif (Genre), 320.
Déprécation, 267.
Description, 273.
Dignité du style, 223.
Digressions, 169.
Dilemme, 122.
Discours (Différentes parties du (82.

Disjonction, 249.
Disposition, 80. — Sa définition, 80. — Sa division, 82.
Division, 162.
Dubitation, 253.

Ecrire (Moyens d'apprendre à bien), 356.
Ellipse, 250.
Élocution, 172.
Éloquence, sa définition, 4. — Sa puissance, 11. — Son objet, 12.
Éloquence (politique), 327. — Du barreau, 329. — De la chaire, 333. — Militaire, 353. — Académique, 348.
Enthymème, 122.
Énumération des parties, 27, 270.
Épiphonème, 265.
Exclamation, 265.
Exorde, définition, but, 85. — Exorde simple, 90; — insinuant, 91; — magnifique, 91; — véhément, 94.

Figures, leur définition, 226. — Figures de mots, 227; — de pensées, 251. — Usage des figures, 290.

Galimatias ou Phébus, 199.
Genres de causes, 320.
Geste, 383.
Gradation, 261.

Harmonie, 204. — Harmonie imitative, 216.
Hyperbole, 259.
Hypothèse, 287.
Hypotypose, 262.

Images, 60.
Imagination, 57. — Sa définition, 58.
Imitation, son utilité, 371.
Imprécation, 266.
Induction, 272.
Interrogation, 262.
Intérêt de la narration, 148.
Invention, sa définition, sa division, 14.

Judiciaire (Genre), 321.
Jugement, nécessaire pour exciter les passions, 66. — Règles données par le jugement sur la manière de les exciter, 69.

Langue (Nécessité d'étudier sa), 190.
Latinisme, 193.
Lecture des bons modèles, 356.
Lieux oratoires, 21. — Lieux extrinsèques, 25.
Litote, 260.

Méditer son sujet, 20.
Mémoire, comment on la féconde, 387.
Métaphore, 236. — Règles de la métaphore, 238.
Métonymie, 230.
Militaire (Éloquence), 353.
Modestie, nécessaire à l'orateur, 33.
Mœurs oratoires, leur définition, 28. — Expression des mœurs, 36.
Musique, son utilité pour la prononciation oratoire, 381.

Narration oratoire, 145. — Ses qualités, 146.
Néologisme, 192.
Nombre oratoire, 205.

Obscurité, 201.
Obsécration, 267.
Occupation, 254.
Oraison funèbre, 345.
Orateur, définition, 32. — Avec des talents médiocres on peut devenir un bon orateur, 10.
Ordre, sa nécessité, ses avantages, 80, 393. — Ordre naturel des idées, 195.

Panégyrique des saints, 343.
Parallèle, 281.
Parenthèse, 197.
Passions, leur définition, 52. — Moyen de les exciter, 55.
Pensées, qualités qu'elles doivent avoir, 176.
Période, 210.
Periphrase, 256.
Permission, 252.
Péroraison, 139.
Plagiat, 376.
Plaisanterie, 156.
Plan, qualités d'un bon plan, 163.
Pléonasme, 259.
Poésie latine, importance de l'étudier, 360.
Poëtes, l'orateur doit les lire, 360.
Portrait, 277.
Précautions oratoires, 48.
Préceptes, leur nécessité, 6, 402.

Précision, 195.
Prétermission, 251.
Preuves, leur définition, leur division, 15. — Moyen de les trouver, 18. — Choix des preuves, 105. — Leur arrangement, 109. — Manière de les traiter, 111.
Probité, nécessaire à l'orateur, 32.
Prône, 342.
Prononciation, 379.
Proposition, 101.
Propriété des termes, 188.
Prosopopée, 263.
Protase, 214.
Prudence, nécessaire à l'orateur, 34.
Pureté du style, 188.
Purisme, 191.

Raisonnement, 120.
Récapitulation, 139.
Règles ou préceptes, nécessité de les étudier, 6.
Répétition, 248.
Réticence, 255.
Rhétorique, sa définition, 4. — Sa division, 13. — Son utilité, 5.

Sensibilité, 61.
Sentiments, leurs qualités, 182.
Sermon, 340.
Simplicité, 197.
Style, 186. — Ses qualités, 187. — Style simple, 303. — Style sublime, 306. — Style tempéré, 315.
Solécisme, 188.
Subjection, 253.
Supposition, 287.
Suspension, 255.
Syllogisme, 121.
Synecdoque, 233.
Synonymes, 189.

Topiques ou Lieux oratoires, 21.
Traduction, exercice très-utile à l'orateur, 363.
Transitions, 130.
Tribune (Éloquence de la), 327.
Tropes ou figures de mots, 227. — Leur origine, leur usage, 245.

Unité, qualité essentielle du discours, 392.

Variété du style, 302.
Vertu réelle nécessaire à l'orateur, 30.
Vraisemblance, qualité nécessaire de la narration, 146.

TOURS, IMPR. MAME.

OUVRAGES DE M. L'ABBÉ MAUNOURY

PETITE ANTHOLOGIE ou Recueil de Fables, Descriptions, Épigrammes, Pensées, contenant toutes les RACINES de la langue grecque, avec un Commentaire étymologique. 8ᵉ *édition*; in-12, cart. 1 fr. 75 c.
— LE MÊME OUVRAGE, avec traduction française. 2 fr. 25 c.
CHRESTOMATHIE ou Recueil de morceaux gradués tirés des auteurs grecs les plus faciles, à l'usage des commençants, avec Notes et Dictionnaire; in-12, cart.
— LE MÊME OUVRAGE, avec traduction française.
LETTRES A UN CHEF D'INSTITUTION sur la manière d'apprendre les mots grecs; in-12. 50 c.
GRAMMAIRE DE LA LANGUE GRECQUE. 5ᵉ *édit.*; in-8°, cart. 3 fr.
THÈMES gradués sur la Grammaire grecque, avec Dictionnaire; in-12, cart. 2 fr.
— CORRIGÉ du même ouvrage; in-12. 2 fr. 50 c.
VIE DE SAINT ANTOINE, par saint Athanase, texte grec avec Notes et Dictionnaire; in-12. 1 fr.
ÉVANGILE SELON SAINT LUC, texte grec revu avec soin sur les meilleurs manuscrits, avec Notes et Dictionnaire; in-12, cart. 1 fr.
— LE MÊME, texte seul; in-12. 60 c.
SELECTA PATRUM OPUSCULA edidit ac notis illustravit A. F. MAUNOURY.
— **RHETORICA SACRA**, sive S. AUGUSTINI de Doctrina christiana liber quartus; in-12. 60 c.
— LE MÊME, traduit en français; in-12. 75 c.
— **S. AMBROSII EPISTOLÆ** et Symmachi relatio de Ara Victoriæ; in-12. 50 c.
— **S. CÆCILII CYPRIANI** liber de mortalitate, cui accessit epistola ad confessores; in-12. 50 c.
— LE MÊME, traduit en français; in-12. 50 c.
GRAMMAIRE FRANÇAISE de Lhomond, revue, corrigée complétée et suivie d'un traité d'analyse grammaticale et logique; in-12. 1 fr.
EXERCICES GRADUÉS sur la Grammaire française; in-12. 1 fr. 25 c.
DANIEL dans la fosse aux lions, tragédie; in-12. 1 fr. 50 c.
MUSIQUE des Chœurs de DANIEL, par Chrétien et Rossignol. 3 fr.

HISTOIRE DE FRANCE A. M. D. G., nouvelle édition, corrigée et complétée par M. l'abbé Courval; 2 vol. in-18. 2 fr. 50 c.